Hans Wachenhusen

**Halbmond und Doppeladler**

Soldatenbilder aus zwei Feldlagern

Hans Wachenhusen

**Halbmond und Doppeladler**
*Soldatenbilder aus zwei Feldlagern*

ISBN/EAN: 9783742869524

Hergestellt in Europa, USA, Kanada, Australien, Japan

Cover: Foto ©Thomas Meinert / pixelio.de

Manufactured and distributed by brebook publishing software (www.brebook.com)

Hans Wachenhusen

**Halbmond und Doppeladler**

# Halbmond und Doppeladler.

## Soldaten-Bilder
aus zwei Feldlagern.

## Vorwort.

Es gab eine Zeit, eine schöne und harmlose Zeit, wo meine liebste Freundin, die Erinnerung, wenn ich wieder daheim saß, lächelnd mir über die Schulter blickte und zu mir sagte: Denkst Du wohl noch an diese und jene lustige Reisescene? Weißt Du noch, wie wir da uns durchschlugen, und dort uns aus der Klemme zogen?

Damals dachte ich Großes ausgerichtet zu haben, wenn ich einigen armseligen Straßenräubern ein Schnippchen geschlagen, oder glücklich davon gekommen war, wo ich aus Wißbegier oder aus Drang zum Abenteuerlichen unterwegs meine Haut zu Markte getragen hatte; und ohne mir selbst zu verhehlen, daß mir wohl zuweilen in kritischen Momenten die Courage auf den Gefrierpunkt der Gänsehaut gesunken war, blieb mir die Erinnerung an dergleichen Scenen doch immer von großem Werth.

Ich denke noch an das Gefühl, welches mich einst überkam, als ich, ein einsamer Reisender, am Wege einen Unglücklichen fand, der soeben erst ausgeplündert und getödtet worden war. Damals konnte ich nicht ahnen, daß der zweite Abschnitt meiner Reisejahre eigentlich nur ein etappenmäßiges Mit-Fortschreiten auf der blutigen Bahn sein werde, welche die letzten sechs Jahre einschlugen; daß ich noch ein Genüge darin finden werde, Zeuge der großen Aberlässe zu sein, welchen man im Namen der „Humanität," der „Civilisation", der „Völkerfreiheit" und wie alle diese schönen Dinge heißen, unsre im Schweiße ihres Angesichts strebende und schaffende Generation unterwerfen.

Wie süß und lächelnd war mir die Erinnerung damals, und wie ernst und traurig ist sie jetzt! An die Stelle jener lieben und trauten Freundin, die so lustig und heiter zu plaudern verstand, ist eine ernste und philosophische Mahnerin getreten, und oft erscheint sie mir wie ein Invalide mit dem Holzfuß, der nur von Blut und Schlachten zu erzählen weiß.

Sechs Jahre sind verstrichen, seit unsre Generation die blutige Schwelle eines politischen Labyrinths betrat, aus welchem sie nicht wieder hinaus zu finden vermag: sechs Jahre, während welcher unsre Civilisation rastlos gleich einem Ameisenvolk immer wieder den künstlichen Bau aufrichtete, den ihr der Fuß des Krieges so schonungslos zertretene. Sechs Jahre, während welcher wir in Forschung, Kunst, Wissenschaft und Industrie das Unerhörte leisteten und dennoch daneben Muße genug hatten, in dieser für die Geschichte so kurzen Spanne Zeit die Belagerungen von Kalafat, Silistria, Kars und Sebastopol, die Schlachten von Czetate, Giurgewo, Oltenizza, Alma, Inkjerman, Montebello, Palestro, Magenta und Solferino zu leisten! Sechs Jahre, in welchen wir, die wir unter den Wohlthaten und für die Zwecke des tiefsten Friedens erzogen, es dahin bringen konnten, zu einem Kriege zu gehen, wie man zu einem Frühstück geht, und Frieden zu schließen, wie man sich mit der Serviette den Mund wischt! Sechs Jahre, während welcher die europäischen Nationen, nach deren ökonomischen Erwerbsprinzipien jeder Thaler seine richtigen Zinsen tragen soll, sich den Luxus zweier Kriege erlauben durften — der blutigsten Kriege, die je geführt wurden, und zwar ohne Haß, ohne Leidenschaft, ja sogar ohne Nothwendigkeit!

Demselben Drange nach dem Abenteuerlichen folgend, von welchem ich oben sprach, sagte ich mir: hat unsre Generation Zeit und Geld, Kriege zu führen, nun, so darfst Du auch mit dabei sein! So eilte ich beim Ausbruch der Feindseligkeiten nach der Türkei; so wartete ich nach dem Friedensschlusse 1856 vier Wochen lang vergeblich in Madrid auf den Ausbruch der Revolution und erfuhr erst von ihr in den Steppen des nördlichen Afrika, als sie schon wieder vorbei war; so eilte ich nach Neuenburg, um eine der seltensten Scenen, eine royalistische Schilderhebung, freilich schon niedergeschlagen, zu sehen; so eilte ich endlich zum Ticino, um während vier Wochen der erschütterndsten Momente das Unglück einer der stolzesten und schönsten Armeen mit zu erleben.

Zwischen der ersten Schlacht, deren Donner ich hörte, zwischen der von Czetate, und der letzten, der von Solferino, liegt eine Kluft, in welcher unsre Generation mehr als eine halbe Million von Menschen verscharrte. Was ich Entsetzliches sah und erlebte, habe ich zerstreut und gesammelt bereits geschildert; der Aufenthalt am Kriegsschauplatz aber und das Lagerleben bieten trotz ihrer blutigen Kehrseite und trotz der harten Devise „heute roth, morgen todt!" auch so mancherlei heitere, ergötzliche Momente, und diese zu schildern, sei der Hauptzweck der nachfolgenden Blätter.

Zwar sind seit der letzten Katastrophe erst wenige Monate verstrichen, aber es ist mir doch gelungen, die trüben Erinnerungen, die sich an sie knüpfen, ein wenig zu verwischen, um auch den lichteren ihr Recht zu gewähren. Ihnen widme ich die Muße der Wintermonate, obwohl es mich wiederum nach derselben Küste zieht, die ich einst, berauscht von Andalusiens Orangendüften verließ, und an der sich ein neues Drama entwickelt. Vor mir liegt ein mächtig gesiegeltes Couvert mit dem Stempel Madrid, das die mir vom spanischen Kriegsminister, Marschall O'Donnel, dem Höchstcommandirenden der von Spanien gegen Marocco gesandten Armee, ertheilte Erlaubniß enthält, in sein Hauptquartier einzutreten. Der Marschall ist so liebenswürdig, mir die freundlichste Aufnahme und jede Erleichterung in seinem afrikanischen Hauptquartier zu verheißen. Gern folgte ich diesem Manne, den ich zuletzt im Sitzungssaale der Cortes die Exaltados durch eine fulminante Rede niederschmettern sah, auf seinem Vernichtungszuge gegen die Mauren; lockend ist es, sich inmitten einer so ritterlichen und liebenswürdigen Soldatesta wie der spanischen allen den Berberstämmen gegenüber zu sehen, unter deren Zelten ich oft ein gastfreies Dach fand, und die jetzt in allen Schattirungen vom schwarzen Tuarek bis zum weißen Mauren aus dem Schooß der unermeßlichen Wüste zur Küste der Meerenge strömen; doch die politischen Verwickelungen der Gegenwart verheißen noch so viele andere bluttriefende Resultate, daß es gerathen scheint, seine Lust an Mühsal und Strapazen für diese zu sparen.

Berlin, im Januar 1860.

Hans Wachenhusen.

# Türkische Jager-Scenen.

Der einzige Punkt, welchen während des Donaukrieges von 1853 und 1854 die Türken auf dem walachischen Ufer in ihrer Hand behielten, war bekanntlich das Dorf Kalafat. Bei dem Einrücken der Russen in die Walachei waren die Türken auch hier vor ihnen zurückgewichen und hatten sich jenseits der Donau, Kalafat gegenüber, in die Festung Widdin geworfen; da sie aber die inmitten der Donau, zwischen Widdin und Kalafat liegende verschanzte Insel nach wie vor besetzt hielten, so war es ihnen gelungen, sich, Dank der russischen Sorglosigkeit, auch des Dorfes Kalafat und mit diesem des ganzen Hügelrückens wieder zu bemächtigen, welcher, sich eine Stunde lang hinziehend, für sie eine uneinnehmbare, natürliche Schanze bildete.

Kalafat ist ein elendes, walachisches Dorf, aus wenigen, schmutzigen Baracken bestehend. Auf seiner Höhe liegt die großartige Fleischerei, welche das Hamburger Haus Bridgeman und Kopmann dort anlegte, um die unerschöpflichen serbischen, bulgarischen und walachischen Schweine- und Büffelheerden abzuschlachten und mit ihrem gesalzenen Fleische ganze Flotten zu versehen.

Die Russen hatten dieses Dorf besetzt, von welchem aus man auf die Festung und die Stadt Widdin herabsah. Die russischen Offiziere suchten sich in Kalafat einzurichten, so gut es eben des

Krieges Ungemach zuließ; sie bezogen von dem nahen Krajowa, der Hauptstadt der kleinen Walachei, ihre französischen Weine und sonstigen höheren Bedürfnisse, und waren daher im Stande gewesen, die etwas hoch liegende Locanda von Kalafat, eine von einem Griechen gehaltene Garküche, zu einem leidlichen Casino umzuschaffen.

In diesem einzigen anständig erscheinenden Hause standen also die russischen Offiziere eines schönen Tages, sich die Zähne stochernd, am Fenster, als sie plötzlich die Türken von ihrer Insel aus landen und das Dorf stürmen sahen. Unvorbereitet, wie sie waren, blieb ihnen nichts übrig, als in aller Hast Kalafat zu räumen. Die Türken besetzten dasselbe, errichteten formidable Schanzen auf der ganzen Länge des Hügels, der mit dem sich hier krümmenden Donau-Ufer gleichsam ein Dreieck bildet, verbanden ihre Befestigungen durch eine meisterhaft angelegte Sternschanze, und den Russen blieb nichts übrig, als sich vor diese Verschanzungen zu legen und sich fast ein Jahr lang vergeblich den Kopf an denselben zu brechen.

So war die kriegerische Lage, als ich im Winter 1854, gegen das Frühjahr, in Widdin anlangte, um zunächst mich in das Türkische Lager von Kalafat zu begeben.

Dies zu erreichen war damals keine geringe Aufgabe, da man Serbien passiren mußte und dieses Land, aufgewühlt durch russische Agenten, eben im Begriff war, sich zu Gunsten des Czaren zu erheben. Ein einziges Flinten- und Säbelgerassel ging durch ganz Serbien, als ich, von einem Tataren begleitet, dieses Gebirgsland unter mancherlei, schon früher in meinem Buche „Im türkischen Lager" geschilderten Abenteuern durchzog.

Der Serbe haßt den Deutschen und namentlich zu jener Zeit hatte er einen ganz besonderen Zahn auf ihn, denn hätte Oesterreich nicht von der Militairgrenze aus ihm stets mit dem Säbel gedroht, es wäre unbedingt zu der Schilderhebung gekommen, zu welcher Alles schon vorbereitet worden. Die waldigen und gebirgigen Straßen Serbiens (wenn man diese Steige überhaupt Straßen nennen kann) wurden von bewaffneten und vom Fanatismus für den heiligen Czaren oder von Slibowitza (Branntwein) berauschten Haufen durchzogen, die jede fremde oder verdächtige Gestalt wie einen Spion zu tractiren geneigt waren, und da ich damals in Serbien sicherlich der einzige Fremde — noch dazu ein Nemacz, ein Deutscher — war, so habe ich keinerlei Ursache, mich einer allzu liebevollen Behandlung von Seiten der ehrenwerthen Serben zu rühmen.

Genug, ich erreichte die türkische Grenze und überschritt den kleinen Grenzfluß Timok mit den seltsamsten, unheimlichsten Gefühlen, denn der Kanonendonner von Czetate erschütterte, während ich am Donau-Ufer dahin ritt, die Erde dermaßen, daß sich mein Pferd bäumte, seitwärts sprang und nicht wieder aus dem Gebüsch heraus zu bringen war. Der türkische Grenzposten, aus einigen berittenen Baschi-Bosuks\*) bestehend, lieferte mich an den Kommandanten des türkischen Grenzlagers ab, welches Serbien zu überwachen hatte und das aus den eben aus der Schlacht gekommenen Resten eines stark mitgenommenen Bataillons bestand.

Der Commandant dieses Lagers, Omer-Bei, Chef des 3. Bataillons vom 4. Rumelischen Armee-Corps, ein geborner Pole, von deutscher Mutter, nahm mich überaus freundlich auf, ließ von seiner Ordonnanz ein Frühstück auf der Trommel serviren, welches dieser nach türkischer Sitte mit den Händen zerlegte, indem er die Cotelettes auseinander riß, führte mich hinaus vor das Lager zum Talim, zum Exerciren, und entließ mich endlich, indem er mir zwei Baschi-Bosuks als Bedeckung, auch zugleich Empfehlungen an seinen Freund Iskender-Bei (Graf Illinski) und andere Offiziere gab. Ihm also verdanke ich haupt-

---

\*) Irreguläre.

sächlich den liebenswürdigen Empfang, welcher mir in dem türkischen Lager zu Theil wurde.

Bei meinem Eintritt in die Stadt Widdin kam mir eine ganze Reihe von Wagen mit Verwundeten entgegen, die aus der Schlacht gebracht wurden. Die armen Bursche sahen kläglich zerhauen aus. Ihre braunen blutlosen Gesichter mit den matten Augen, von denen manche vielleicht schon die Pforten des Paradieses sahen, boten einen bejammernswerthen Anblick. Sie waren schlechter verbunden, als es auf jedem andern Verbandplatz geschehen wäre, und Manchem rann das Blut unter dem verschobenen Verband aus der offenen Kopfwunde, ohne daß er Kraft genug besessen hätte, sich den Verband zurecht zu rücken. Warum man auch ganze Wagen voll Todte über die Donau herüber schaffte, war mir unverständlich.

Auch von den Empfehlungen, die mir Omer-Bei mitgegeben, waren manche durch die Schlacht unbestellbar geworden. Iskender-Bei, der bekannte Parteigänger Illinski, den man einen Polen nennt, der aber von bessarabischer Herkunft, hatte in der Schlacht drei Rippen gequetscht. Andere hatten Arme oder Beine verloren, denn die Säbelei war hart gewesen und die Türken hatten 5000, die Russen, wie man behauptete, 6000 Mann verloren. Tagtäglich kamen neue Transporte von Unglücklichen und ich, der ich bis dahin höchstens ein sehr unblutiges Manöver mit angesehen, hatte gleich bei meinem Entré vollauf Gelegenheit, die Brutalität des Krieges in einem ihrer scheußlichsten Acte erkennen und bemessen zu lernen.

Doch ich will dem Leser die Gemüthsbewegungen ersparen, die mir selber leider sehr geläufig werden sollten. Als ich in dem einzigen Gasthause Widdins, in der Locanda Alexo's, eines Erzschelms von Spion und Beutelschneiders, abstieg und eine Kothlache passirend, die von Schmutz strotzende, halb zerbrochene Treppe dieser schmierigen Baracke hinaufkletterte, betrat ich einen weiten

Hausflur, über welchem sich der morsche Dachstuhl wölbte, ganz ähnlich unseren Bodenräumen, nur mit dem Unterschiede, daß dieser in einen Tscharback, eine überdachte offene Galerie, auslief, von welcher man über die Donau nach Kalafat blickte.

Hier sah es wild und kriegerisch genug aus. Der Tag neigte sich bereits, denn ich war von Racowizza, dem Grenzlager, um Mittag aufgebrochen, und hatte fünf Stunden zu Pferde gemacht. Die Abendsonne vergoldete bereits die Donau und halbe Schatten fielen auf die Galerie.

Im Hausflur, auf beiden Seiten, lagerten die Ordonnanzen der in der Locanda anwesenden Offiziere, die hier ihren Sammelplatz hatten. In diesen Ordonnanzen stelle man sich jedoch keine civilisirten Soldaten, sondern alle die buntscheckigen Elemente vor, welche der Name Baschi-Bosuk, oder Irreguläre, buchstäblich übersetzt: „zerrüttetes Haupt," in sich faßt.

Dort links lagen einige riesige Arnauten, Kerle mit den unverstellteften Spitzbubengesichtern. Den großen rothen Feß auf dem Kopf, mit langem, auf den nackten braunen Hals herabhangendem, pechschwarzem Haar, ebenso schwarzem, langem Schnurbart, funkelnden Augen, griechischer, schöner Nase glotzten sie mich, ihren kleinen Tschibuck rauchend, an, während ich einen flüchtigen Blick auf ihre reich mit Schnüren besetzte griechische Jacke, ihre schmutzige, graue Fustane (das oft hundert Ellen fassende Hemd, das sie von den Hüften bis auf die Kniee tragen), ihre nackten Beine und namentlich auf das in ihrem Gürtel steckende Arsenal von langhalsigen Pistolen, Handschar, Dolch, Messer, Ladestock u. s. w. warf.

Auf der andern Seite vor einer nur mühsam in den Angeln hängenden Stubenthür lagerten die übrigen Baschi-Bosuks. Sie waren vom verschiedensten Alter, denn die türkischen Irregulären zählen oft bis siebzig und achtzig Jahre. Sie trugen den Feß mit dem Bund, also einen Turban, unter welchem sie den bis auf einen kleinen schmalen Zopf ganz kahl geschornen Schädel bargen, eine braune, reich mit Schnüren und Rosetten besetzte Jacke, die weiten blauen, türkischen Hosen, die sich eng und gamaschenartig vom Kniee bis auf die Fußgelenke herabsenken, und den dicken Shawl um den Leib, in welchem sie Alles bei sich führen, was ihnen unentbehrlich: Tschibuck (wenn sie diesen nicht in den Nacken stecken, so daß er ihnen über den Kopf hinweg ragt), Tabacks= beutel, Munition, Ladestock, Kohlenzange, Handschar, Pistolen, Geld= beutel und zwanzig andere Dinge.

Soldaten des Redif, der Landwehr, sowie des Nizam, des regulären Heeres, liefen in ihren blauen Jacken oder Waffen= röcken und Hosen zwischen diesen Baschi=Bosuks umher. Auch ein paar türkische Husaren stiegen an mir vorbei mit ihren nagel= schuhigen Tritten und den schweren Sporen; martialische, heraus= fordernde Gesichter, denen man auf den ersten Blick ansah, daß sie zu den unter Bem versprengten Resten der ungarischen Revo= lutions=Armee gehörten, die, als Alles vorbei, über die Donau setzten und in Turn=Severin Halim Pascha ihre Waffen über= gaben.

Es war ein wildes militairisches Chaos, eigenthümlich, aber doppelt fesselnd, weil so fremdartig. Auf diesen Gesichtern stand so ein „Hol's der Teufel!" geschrieben. Der Säbel, die Sonne, Wind und Wetter hatten dazu ihre Randzeichnungen gemacht, und wer in solchen Gesichtern zu lesen versteht, findet immer die aben= teuerlichsten Geschichten darin.

Im Hintergrund, oder eigentlich im Vordergrunde, d. h. im Tscharback, saßen die Offiziere, welchen die Baschi=Bosuks als Ordonnanzen, resp. als Leibgarde herüber gefolgt waren. Es mochten ihrer zehn sein, die zum Theil um den rohen gebrech= lichen Tisch, zum Theil auf der ebenso rohen Bank saßen, welche an der Galerie des Tscharback entlang lief.

Auch die Gesichter dieser Männer hatten vielfach ihr aben=

euerliches Gepräge; die Mehrzahl mußte aus Renegaten bestehen, denn selbst meinem, in dieser Unterscheidung noch sehr ungeübten Auge fiel sogleich der Abstand auf, welcher zwischen diesen Physiognomien und den echt türkischen herrschte, die stumpfsinnig in die Welt hinein schauten.

Der mir zunächst Sitzende führte das Wort; er erzählte in türkischer Sprache eine Geschichte oder Anekdote, blies dabei aus einer Cigarette den dicken Qualm vor sich hin und schlürfte in den Pausen seinen Kaffee. Sein Gesicht war interessant. Er hatte den Soldatenfeß so weit von der Stirn zurück geschoben, daß die kleine Messingplatte ihm beinahe im Genick saß, und daß sich ein breiter bleicher Streif über seine gebräunte Stirn hinzog, die Stelle kennzeichnend, welche der Feß sonst zu bedecken pflegte. Sein blonder Schnurrbart war herausfordernd in die Höhe gestrichen; die Sonne hatte seine hervorstehenden Backenknochen stärker verbrannt als die etwas eingesunkenen Wangen; aus seinen blauen Augen jedoch blickte es recht gutmüthig und, wenn es über die stumpfsinnig dasitzenden national-türkischen Offiziere hinstrich, auch wohl etwas schelmisch und sarkastisch heraus. Er trug die Majors-Uniform, doch verrieth der Zustand derselben sehr stark die Strapazen des Lagers.

Während ich heran getreten war, kam ein Soldat, wie es schien sein Privatdiener, und band ihm ein nasses Tuch um den Kopf, ohne daß er sich dadurch in seinem Vortrage hätte stören lassen.

Neben ihm saß eine lange Gestalt in einer blauen Pelesche, welche ich für die Uniform der türkischen Husaren-Offiziere halten mußte, wie viel poetische Freiheit ich auch in derselben zu entdecken glaubte. Ohne Bart, verriethen seine scharfen Züge Geist und Unruhe. Zerstreut und beweglich hörte er der Erzählung seines Nachbarn zu und wenn sein Blick über die kleinen, gedrängten Gestalten der Türken hinstrich, glaubte ich etwas wie Verachtung in demselben zu entdecken.

Meine Aufmerksamkeit sowohl wie die Erzählung des Majors wurden unterbrochen durch eine glänzende Uniform, welche eben aus einer an den Tscharbak grenzenden Thür trat. Es war ein junger, schöner Mann mit blondem Schnurbart, großen blauen Augen, die einem Mädchen unvergeßlich sein würden, und einer tadellos schönen Physiognomie. Was diesem Gesicht ein besonderes Relief gab, war die Uniform, welche die gut proportionirte, schmächtige Figur umschloß.

Es war die Uniform der türkischen Kosacken: scharlachrothe Jacke und Weste, scharlachrother Dolman mit blaugefütterten persischen Hängeärmeln, weite blaue Kosacken-Pantalons mit breiten, scharlachrothen Galons, endlich die große Bärenmütze mit dem silbernen Halbmond davor.

Der Kosackenoffizier schien etwas schwermüthigen Temperaments zu sein; es lag eine gewisse Schlaffheit in seinen Bewegungen und sein Auge verrieth nicht gerade einen Glücklichen. Daß er es in der That nicht war und auch jetzt noch nicht ist, bestätigte mir vor einem Jahre noch sein Bruder, mit welchem mich der Zufall bei Krakau in einem Eisenbahn-Coupé zusammenführte.

Drei andere jüngere Offiziere und ein sehr quecksilbriger Kavallerist, der stets nur französische Brocken in die Unterhaltung warf, completirten die Gesellschaft der Renegaten; die übrigen waren unverkennbare Stockturken.

Eine Pause der Unterhaltung benutzend, wandte ich mich jetzt an den Erzähler mit der Frage nach dem Colaßi*) Jacoub Aga.

„Der bin ich selbst!" war die Antwort, während der Major mich mit seinen schelmischen Augen musterte.

Ich richtete ihm einen Gruß von Omer-Bei im Lager von Racowizza aus, gab ihm das Blättchen Cigaretten-Papier, auf

---

*) Col-Agaßi, Vice-Major.

welches derselbe mir einige Worte für Jacoub geschrieben hatte (denn Papier war knapp hier, wo nur mit dem Säbel auf die Pergamente der Gesichter geschrieben wurde), und fand die freundlichste Aufnahme.

Jacoub Aga, von dem ich früher als von dem „Prügel-Major" bereits Manches erzählt habe, stellte mich den übrigen Offizieren vor. Jacoub selbst war der aus der polnischen Revolution bekannte Constantin von Jacubowsky, intimer Freund des seligen Dichters Adam Mickiewicz, später Hauptmann der polnischen Legion in Italien, nach der Capitulation Roms in der ungarischen Armee dienend und endlich mit Bem versprengt. In türkische Dienste tretend, ward er Mahomedaner, jedoch mit der Bedingung, daß er bei diesem Act von einer gewissen schmerzhaften Ceremonie verschont bleibe, die man ihm denn auch erließ. Gegenwärtig commandirte er in Kalafat eine Abtheilung Baschi-Bosuks.

Sein Nachbar in der blauen Pelesche war Hidast Aga, dessen Familien-Namen ich nie gehört, weil er ihn geheim hielt. Er war Renegat, diente jedoch nur als Freiwilliger und war aus Freundschaft einer der Galopins Iskender Beis.

Der scharlachrothe Kosack war der Major des Kalafater Kosackencorps Wersbicki, ebenfalls Pole und nicht Renegat, da jenes Corps gewissermaßen eine christliche Fremdenlegion bildete, die von den Türken stark bemißtraut und wenig verwendet wurde, weil die Türken, die keinem Giaur trauen, immer fürchteten, dieses Corps könne bei irgend einer Gelegenheit zum Feinde übergehen.

Die Uebrigen waren: Omer Aga, Galopin des Marschalls Omer Pascha, der soeben dem Commandanten der Schanzen drüben Depeschen überbracht hatte. Er war der Sohn eines Banliers in Temesvar, hatte in der ungarischen Revolutions-Armee gedient, war kaum einige zwanzig Jahre alt und ein Windbeutel, dem das

Spiel über Alles ging. Ferner: Hauptmann Depuis, ein Franzose, als Instructeur der Kavallerie auf unbestimmte Zeit dienend; Apollony, ein Walache, der sich vielfach um die Bildung einer walachischen Fremdenlegion bemüht hatte; endlich Hußein Aga, ein junger national-türkischer Genie-Offizier, in europäischen Kriegsschulen gebildet, und etwa drei andere türkische Hauptleute.

Im Laufe des Gespräches äußerte ich den Wunsch, Iskender-Bei kennen zu lernen. Jacoub Aga sagte mir, er liege drüben in dem Zimmer, aus welchem ich den Kosacken hatte treten gesehen, ich könne ihn hernach sprechen.

Man bot mir Kaffee und die Ordonnanzen mußten mir die Blechbüchsen reichen, welche sie stets für die Offiziere mit selbstgefertigten Cigaretten gefüllt halten müssen. Man plauderte über die bisherigen Ereignisse des Krieges, der erst seiner ganzen blutigen Entwickelung entgegen ging, da die westmächtlichen Truppen erst eben einige tausend Mann, noch ganz kriegsuntüchtig, bei Gallipoli gelandet hatten; über die Schlacht von Czetate, in welcher Jacoub seinen Freund Iskender Bei herausgehauen hatte (für welche Heldenthat er vom Padischah einen Ehrensäbel erhielt) und über hundert andre Dinge.

Endlich, als die Stocktürken sich entfernt hatten, um, wie sie es stets thun, nach Sonnenuntergang in ihre Zelte zu kriechen, wagte ich, Jacoub Aga zu einer Flasche Wein einzuladen. Ich wußte nämlich nicht, ob er als Renegat, da doch den Türken der Wein verboten ist, diese Offerte annehmen werde.

Jacoub schien dies aus der Seele gesprochen zu sein. Er erzählte mir, daß er wegen eines rheumatischen Kopfleidens, welches er eine Folge des Campirens während der Winterzeit nannte, auf kurze Zeit Urlaub genommen, und da ich mich doch vor Allem nach einem Obdach umsehen mußte, so lud ich ihn ein, dieses Obdach mit mir zu theilen, sobald ich ein solches gefunden.

Einen gemüthlicheren Kameraden als Jacoub hätte ich mir

nämlich nicht wählen können. Jacoub war trotz seines Kopfleidens von unverwüstlicher Laune, hatte stets die drolligsten Schnurren bei der Hand, und namentlich wenn er mit mir deutsch sprach, kauderwelschte er so überaus ergötzlich, daß ich mir oft die Seiten halten mußte.

Jacoub war mit meinem Vorschlag einverstanden. Der Wirth der Locanda, Alexo, wurde herbei gerufen; er erklärte sich bereit, mir das Zimmer, dem Iskenders gegenüber einzuräumen, da dies zufällig frei geworden, und in der nächsten Viertelstunde war ich einquartiert.

Jacoub Aga hatte nichts bei sich, als seinen Mantel und seine beiden Baschi Bosuks, Mehmet und Osman, von denen der eine ein baumlanger Arnaut. Diese beiden hörten kaum, daß ihr Colaßi in der Locanda bleiben werde, als sie sich wie ein paar Kettenhunde vor unsere Schwelle legten, um diese nur zu verlassen, wenn ihnen ein besonderer Auftrag ertheilt wurde.

Das mir angewiesene Zimmer war von einer patriarchalischen Einfachheit. Es besaß nämlich zwei Fenster, von denen das eine nach der Donau, das andere nach der schmutzigen Gasse hinaus ging, von welcher die Treppe in's Haus führte. Beide Fenster waren ersichtlich einst mit Scheiben versehen gewesen, davon zeugten die in den Ecken der Rahmen noch sitzenden kleinen Scherben; da ich aber bezweifelte, daß in ganz Widdin sich ein Glaser befand (denn der Türke bedarf keiner Glasscheiben), so war der Wirth einigermaßen zu entschuldigen; nur hätte er wenigstens darauf bedacht sein sollen, die Fenstergitter herzustellen, welche bei den Türken üblich.

An Mobiliar enthielt das Zimmer ein einziges Bett, in welchem weiße Wäsche nicht gebräuchlich zu sein schien und dessen Hauptbestandtheil ein mit hartem Bohnenstroh gefüllter Sack war. Auf unseren Wunsch erhielten wir noch einen Tisch, dessen eines Bein um einen halben Fuß kürzer als die drei andern war, und das durch unsere Ordonnanzen erst künstlich durch einen von der Straße herauf geholten Feldstein verlängert werden mußte, so wie einen Stuhl, so daß der Tisch an das Bett getragen werden mußte, wenn wir Beide sitzen wollten, was übrigens nicht oft vorkam, da der Colaßi sich bereits seinen Teppich auf der Erde hatte ausbreiten lassen, um à la turca sich einzurichten. Die Wände unseres Zimmers waren zum Theil noch weiß, d. h. da, wo nicht der Kalk mit der Tünche abgefallen war. Am Fuße derselben befand sich eine ganze Galerie von Rattenlöchern, auf welche namentlich der baumlange Mehmet sofort sein Augenmerk gerichtet hatte, indem er Scherben von Flaschen, Gläsern und Schüsseln herein trug, um die Löcher auszufüllen.

Es war Abend geworden und stiller ward's in der Locanda. Der Mond warf sein weißes Licht auf den ruhigen Spiegel der Donau, über welche noch einige verspätete Kaik's und Schenakel hinglitten. Von meinem Fenster aus sah ich, wie derselbe Mond die Schneedecke küßte, welche drüben den Höhenzug des Balkan umhüllte, und ein seltsam wehmüthiges Gefühl beschlich mich, als von Kalafat in langen Hörnerklängen der dumpfe, klagende Zapfenstreich des Lagers zu mir herüberdrang.

Die orientalischen Städte haben nach Sonnenuntergang etwas Unheimliches. Der Mahomedaner steht mit den Hühnern auf und geht mit ihnen zu Bette, wenigstens schließt er sich, sobald er nach Sonnenuntergang aus der Moschee kommt, je nach den Umständen, in sein Haremlik oder Selamlik (Männer und Frauenwohnung, die immer getrennt liegen) ein, oder verträumt die kurze Zeit der Dämmerung in dem Tscharbak, der Galerie zu ebener Erde, auf seinem Hofe.

Vor der Locanda Alexo's herrschte am Ufer der Donau fast zu jeder Tageszeit ein bunt bewegtes Leben, denn hier war der Ein- und Ausschiffungsplatz zwischen Kalafat und Widdin, und unaufhörlich gingen die Truppen- und Magazin-Transporte hin und her. Jetzt, während ich allein in dem Tscharback stand und nach dem Ufer hinabblickte, war Alles still; die letzten Böte verschwanden als Schatten am jenseitigen Ufer, die melancholischen Hörnerklänge schwiegen. Dunkel lag die Straße zu meinen Füßen, nur die wilden Hunde, deren Widdin nach einer ungefähren Annahme etwa dreißigtausend (bei ebenso viel Einwohnern), besitzt, traten ihre nächtlichen Streifzüge durch die Straßen an und erfüllten dieselben mit einem widerwärtigen Geheul.

Im Hintergrunde des Hausflurs hatten sich die Ordonnanzen auf ihren Teppichen ausgestreckt, so weit sie deren besaßen. In den Mantel gehüllt, den Kopf im Turban versteckt (denn der Orientale darf nicht baarhäuptig schlafen) waren sie in tiefen Schlummer versunken. Nur Mehmet und Osman wachten noch an unsrer Schwelle. Ich sah nach meiner Uhr; dieselbe zeigte auf sieben.

„Um Gotteswillen, was soll daraus werden, wenn Du hier schon um sieben Uhr sollst schlafen gehen!" murmelte ich, nach dem Colaßi umherschauend. Mehmet mochte annehmen, ich vermisse den Major; er zeigte auf die uns gegenüber liegende Thür und sagte: „Orda colassi!" (der Major ist dort!)

In demselben Augenblick trat dieser auch aus der bezeichneten Thür.

„Ich habe Alexo beauftragt, uns ein Abendmahl zu bereiten," sagte er. „Wir wollen es bei Iskender einnehmen; der arme Kerl hat auch Langeweile!"

Mit diesen Worten führte er mich in das Zimmer desselben. Ich stund also vor dem gefeierten Parteigänger, vor dem Grafen Illinski, der seit einer Reihe von Jahren überall dabei und voran war, wo es Beulen gab, und von dessen Bravour die Zeitungen damals überströmten.

Sehr selten passirt es uns, daß wir in der Persönlichkeit irgend eines gefeierten oder vielgenannten Mannes das Bild bewahrheitet sehen, welches wir uns von demselben entworfen. Unter hundert Fällen werden wir neunzig Mal zu uns sagen: „So sieht der aus? Ich hatte ihn mir ganz anders vorgestellt!"

Also erging's mir auch bei Iskender Bei. Ich sah einen Mann vor mir, dessen Alter ich etwa auf fünfzig Jahre taxirte und der selbst wenn seine Persönlichkeit sonst imponirend gewesen wäre, augenblicklich nicht in der Lage war, zu imponiren, da er in Folge seines Sturzes mit dem Pferde mitten in den feindlichen Haufen, nicht im Stande, sich ohne Schmerz aufrecht zu erhalten.

Iskender Bei, oder was kürzer: Skender Bei, ist ein Mann von massiver Figur; sein Kopf steckt auf einem kurzen Halse zwischen den hohen und breiten Schultern. Sein Antlitz ist keineswegs schön, und ein Leben, wie er es führt, wäre auch nicht dazu angethan gewesen, eine von Hause aus vorhandene Schönheit zu conserviren, denn das Abenteurer-Leben giebt jedem Gesichte schließlich etwas Hartes, Schroffes: es härtet die Gesichtszüge wie die Seele.

Iskenders kleines, schwarzes Auge hat etwas Stechendes, Durchbringendes; seine Habichtsnase giebt ihm den Anstrich eines Raubvogels. Wenn er aber als Commandeur der Baschi-Bosuks, von seinen halbwilden Ordonnanzen umgeben, in seinem schwarzen, mit weißen Schnüren verzierten Waffenrock zu Pferde sitzt, imponirt er dennoch.

Es geht ihm wie Napoleon III., der zu Fuß eine kleine ramassirte Figur mit langem Oberkörper spielt, im Sattel aber imponirt, da hier die Beine eine Nebenrolle haben.

Skender Bei empfing mich sehr freundlich und meinte unter Andern, er könne sich jetzt vorstellen, wie dem Adam zu Muthe gewesen sein müsse, als ihm der Herrgott eine Rippe genommen; indeß war er trotzdem bei guter Laune und froh, wenigstens schon das Bett verlassen zu können.

Alexo, der Wirth, trug unser Abendmahl auf, nämlich ein

großes Stück gekochten Hammelfleischs, mit einer Art von Zuckerguß überdeckt, welcher sich bald als geronnene Milch zu erkennen gab. Auf und neben dem Fleisch lagen große Schoten rothen Pfeffers, den Glanzpunkt aber bildete der lange Knoblauch, von welchem etwa sechs Stück auf die Person fielen.

Iskender befahl, von seinem Rhum zu bringen; Alexo setzte uns von dem rosafarbigen bulgarischen Landwein vor, und ich holte noch die große Flasche süperben serbischen Weins dazu, die ich aus Negotin mitgebracht — eine Traube, welche an Feuer und Intensität der spanischen nichts nachgiebt.

Unser Mahl war ein recht gemüthliches. Der Hammel hatte mir damals noch nicht den Abscheu eingeflößt, welchen täglicher und unvermeidlicher Genuß desselben später in mir verursachte, und was den Knoblauch betraf, so habe ich von Anfang an demselben Geschmack gefunden, zumal er der Gesundheit sehr zuträglich und hier, wo der Typhus fortwährend grassirte, gewissermaßen unentbehrlich war.

Iskender Bei trinkt und spielt gern. Für den Soldaten sind das im Felde unentbehrliche Mittel gegen die Langeweile, namentlich aber inmitten uncivilisirter Völker. Nach dem Mahl wurden die Karten und Würfel hervor geholt. Man trank, so lange noch ein Tropfen vorhanden, und endlich um zehn Uhr suchte ich mit dem Major das Lager.

Jacoub lachte mich aus, als ich ihm großmüthig meinen Bohnenstrohsack offerirte. Er, der seit dem vorigen Herbst im Zelt gelebt, wies eine solche Verweichlichung entschieden zurück, streckte sich auf seinen Teppich, hüllte sich in seinen grauen Mantel und begann schon in den nächsten fünf Minuten ein Conzert von Stoßschnarchern.

Ermüdet war ich, denn ich hatte während der letzten acht Tage im Sattel, und zwar in einem Sattel gesessen, der selbst einen großherrlichen Tartaren mürbe gemacht haben würde. Trotz dem mir an der Militairgrenze ertheilten Rath, mir einen eigenen Sattel anzuschaffen, da die serbischen Sättel mich in wenigen Tagen zur Leiche machen würden, war ich ohne diese Vorsichtsmaßregeln abgereist und erlebte unsägliche Qualen auf einem elenden Holzgestell, das man Sattel nannte. Meine Glieder waren daher in beklagenswerthem Zustande.

Trotz dieser Ermattung schlief ich nicht sogleich ein, denn die Hunde begannen auf der Straße ein fürchterliches Geheul, das mich kein Auge schließen ließ; und um dies Conzert zu vervollständigen, erhob sich ein kalter Nachtwind, der in das eine Fenster herein, zum andren hinausfuhr und mein Bett mit Sand und trockenem Koth überwarf.

Kaum war ich endlich eingeschlafen, als mich ein neuer Lärm weckte. Ich hörte ein Klirren und Rasseln, dazwischen Flüche und Würfe gegen die Wand.

Mich verwundert im Bett aufrichtend, sah ich den Major auf seinem Teppich sitzen und mit den von Mehmet hereingetragenen Scherben nach den Ratten werfen, die sich trotz Mehmets Vorsichtsmaßregeln den Weg in's Zimmer forcirt hatten.

„Um Gotteswillen, was treiben Sie?" rief ich ihm schlaftrunken zu.

„Die Viecher da halten mein Gesicht für einen Tanzboden!" antwortete er, seine Kanonade fortsetzend, und rief seinen Mehmet als Verstärkung herein, der mit seinem Handschar ein Blutbad unter den die Wände hinan und zum Fenster hinaus kletternden Thieren anrichtete.

Früh am Morgen um fünf Uhr erwachte ich durch den Lärm des vor der Locanda befindlichen Einschiffungsplatzes.

Der Major klapperte bereits mit seinem Säbel im Zimmer herum und ertheilte seinen Ordonnanzen in türkischer Sprache Befehle, von denen ich kein Wort verstand. Der klarste Sonnenschein fiel auf die von Schenakeln\*) bedeckte Donau; am Ufer standen ganze Reihen von Ochsenkarren, mit Brod, geschlachteten Hammeln und Anderem beladen, und die mit Befrachtung der Böte beschäftigten Türken begleiteten ihre Arbeit durch jenen Heidenlärm, ohne welchen die faulen orientalischen Nationen auch nicht das geringste Stück Arbeit verrichten können; denn Alles, was über schlafen, Rauchen und Kaffeetrinken hinausgeht, ist diesen glücklichen Völkern eine so große Anstrengung, daß sie durch ihr Geschrei gleich alle Welt zum Zeugen derselben herbeirufen müssen.

Während ich dastand und diesem, namentlich durch die Costüme so poetisch gefärbten Treiben zuschaute, vernahm ich plötzlich das dumpfe Brummen schwerer Geschütze, welches von drüben herüber dröhnte.

„Die Moskows sind heute wieder früh aufgestanden!" hörte ich die Stimme des Majors hinter mir, der eben auf den Tscharback trat. . . . . „Sehen Sie nur, wie elend die Kerle schießen!" setzte er hinzu, indem er mit seinem pelzverbrämten Arm nach der Mitte des Flusses deutete, wo das Wasser aufspritzte und durch weite, zitternde Ringe den Fall eines schweren Gegenstandes bezeichnete.

Es war eine russische Kugel in die Donau gefallen, und wenn man die große Entfernung der kalafater Schanzen von dem Flußufer berechnete, so mußte man allerdings vermuthen, daß der russische Artillerist noch nicht ganz ausgeschlafen habe.

„So geht das schon seit dem Herbst," fuhr der Major fort. „Selbst wenn man hier in Widdin sitzt, riskirt man, daß sie Einem die Augen aus dem Kopf schießen! . . . Da sollten Sie unsre Topschis\*\*) sehen. Ihre preußischen Instructeure haben dem Padischah gute Dienste geleistet, aber wie Jederhier in der Türkei,

---

\*) Transportkähne.
\*\*) Artilleristen.

haben auch sie nur Hundslohn davon. Die Bestien sind ja nicht zu curiren!"

Schon am Abend hatte ich aus den Reden sowohl Iskender Bei's als auch Jacoub Aga's eine entschiedene Verachtung der Türken hervorstechen gesehen. Dieselbe hatte mich um so mehr befremdet, als Beide doch Renegaten waren; allmählich aber erkannte ich, wie diese Verachtung eben nichts weiter als eine Revanche für das Mißtrauen war, welches die Türken gegen den Renegaten hegen. Die ersteren sind Philosophen genug, um sich zu sagen: wer seinen Glauben wechselt, meint es mit dem einen Glauben so wenig ehrlich wie mit dem andren; und daß am Ende keiner von Allen aus Ueberzeugung zum Islam übergetreten, bedarf auch wohl nicht der Erwähnung.

Der Zufall verfehlte nicht, zu bestätigen, was der Major soeben geäußert. Ich sah eine türkische Batterie aus der Festung daher kommen, um nach Kalafat eingeschifft zu werden. Zu meinem Erstaunen waren die Geschütze so blank, daß sich die Morgensonne darin spiegelte. Alles an ihnen zeugte von einer dem Türken sonst gar nicht eigenthümlichen Ordnungsliebe und die schwarzweißen Farben an den Geschützen erschienen mir wie ein Gedenkzeichen für die preußischen Offiziere, die etwa acht Jahre früher nach der Türkei gingen, um die Artillerie des Sultans zu organisiren, welche bekanntlich bei der vorigen Belagerung von Schumla sich noch der Ochsen bediente — gar nicht zu reden von den Ochsen, welche die Geschütze selbst bedienten.

Mit klingendem Spiel kam die Batterie daher und die gab mir den ersten Eindruck der Türkischen Militair-Musik, den ich nie vergessen werde. Ich glaube kaum, daß ein Einziger in dem kleinen Musik-Chor eine Note kannte; die Hornisten stießen Töne aus wie die eines Brüllfrosches, wenn er einsam in den Sümpfen des Urwalds sitzt, und dabei fingerirten sie mit einer musikalischen Durchdrungenheit, daß es Schade um die Anstrengung war.

Alexo, der Wirth, ein Slowake, störte uns in unsrer Betrachtung, indem er uns den Kaffee, a la franca zubereitet, auf den Tisch setzte. Man hatte mir schon am Abend von diesem Mann so viel erzählt, daß ich ihn genauer betrachtete. Sein verschmitztes Gesicht rechtfertigte allerdings seinen Ruf eines Spions, aber es rechtfertigte auch zugleich die Geschicklichkeit, mit welcher sich dieser Mann schon mehrmals wieder aus den Händen des türkischen Gouverneurs, Sami Pascha, herausgezogen. Alexo war schon zweimal durch die Kawassen (Polizeisoldaten) des Pascha's abgeholt und zum heimlichen Verhör gebracht worden, durch seine Schlauheit und die Intervention des österreichischen Vice-Consuls, dessen Diener er gewesen und gewissermaßen noch war, hatte er sich jedoch wieder aus der Schlinge gezogen. Ohne diese Protection des letzteren würde Sami Pascha zuverlässig viel kürzeren Prozeß mit diesem Ohrwurm gemacht haben, der hier als Wirth zugleich die Unterhaltungen der im türkischen Heere dienenden ungarischen Offiziere belauschte und sie dem Vice-Consul, einem Manne zutrug, der seine diplomatische Duodez-Bedeutung auf „ellenhohe Hacken" setzte und sich gern in Dinge mischte, die ihn nicht angingen, nur um sich zu einer wichtigen Person zu machen.

Ein scharfer Wind blies durch den Tscharbak, als wir uns hinsetzten, um den Kaffee zu genießen, der uns in großen Gläsern servirt wurde. Als Imbiß hatte man uns Commißbrod vorgesetzt, und dieses war es, was mir den ersten Begriff von der Verpflegung der türkischen Armee gab.

Wenn man viel, ja fast immer auf Reisen ist, lernt man mit Allem vorlieb nehmen; dieses Commißbrod aber war ein Nahrungsmittel, das ich meinem Hunde nicht vorgesetzt haben würde.

Denke Dir, Leser, ein rundes, flach gedrücktes Stück Teich,

welches durch eine mehr gedörrte, als gebackene Rinde zusammengehalten wird; drückst Du es in der Hand, so läuft das Wasser heraus; nimmst Du es zwischen die Zähne und kaust es, so knirschen die gleich Rosinen in den Kuchen hineingebackenen kleinen Steine dermaßen, daß es Dir in die Augen sprüht; thust Du es in den Kaffee, so löst es sich zum Brei auf und der Kies sinkt auf den Boden.

Das war das Brod, welches man den armen türkischen Soldaten an der Donau reichte, wo sie sich von Czetate bis Silistria mit einer so bewundernswerthen Bravour für ihren Padischah schlugen!

Ich machte Alexo Vorwürfe, wie er mir ein solches Brod vorsetzen könne. Dieser zuckte die Achsel und behauptete, er habe kein Andres, ich solle mir Schekelli*) kaufen. Der Major lachte dazu und meinte: „was schadt's; wir fressen es Alle!"

Jetzt trat der brave Mehmet zu dem Major und raportirte.

„Unser Boot ist bereit," sagte der letztere. „Wollen Sie mit hinüber nach Kalafat? Bis zum Abend sind wir wieder zurück!"

Mir war dieser Vorschlag höchst willkommen. Der Major hüllte sich tiefer in seinen pelzverbrämten grauen Mantel und trat noch in Iskenders Zimmer, während ich in das meinige ging, um meinen Burnus anzulegen. Fünf Minuten darauf saßen wir in einem großen Boot, das allerlei Proviant nach Kalafat hinüber trug. Mehmet und Osman hatten an der Stelle, wo wir sitzen sollten, den Teppich des Majors ausgebreitet und seinen Tschibuk nebst Tabacksbeutel bereit gelegt; vor uns hockte eine Anzahl türkischer Soldaten vom Nizam (Linie) in ihren blauen Waffenröcken, die von dem Major gar keine Notiz nahmen und ohne zu salutiren ihre Unterhaltung fortsetzten. Hinter uns manövrirte der Bootsmann in einer so lärmenden Weise, um das Fahrzeug vom

---

*) Ein türkisches Kuchengebäck.

Ufer zu bringen, daß man vor seinen Fußtritten sich kaum zu schützen vermochte.

Ein penetranter Geruch herrschte in dem Boot. Dasselbe enthielt nämlich neben etwa fünfzig abgeschlachteten und abgezogenen Hammeln, die von einem Fliegenschwarm dicht übersäet waren, eine Fuhre Commißbrod, allerlei Früchte, namentlich aber eine Flora von Knoblauch, die sich hoch über den Rand des Bootes erhob. Daneben Gurken, Kürbisse, Kukuruz (Maiskolben) und andre Delicatessen. Namentlich der Knoblauch und der Fleischgeruch wirkten auf meine Nase der Art, daß ich zu meiner Feldflasche meine Zuflucht nehmen mußte — ein Rettungsmittel, das freilich auch von keiner bedeutenden Wirkung.

Der Major war in seiner schönsten Laune; er ließ einige der delicatesten Knollen aus dem Knoblauchhaufen herausziehen, in der Donau waschen und zurechtschneiden. Mehmet that dies mit so viel Grazie als möglich, reichte uns Brod aus seiner Feldtasche und der Major nahm seine mit Rakih (Schnaps) gefüllte Flasche hervor, um das Frühstück zu beginnen.

Schon in Serbien hatte ich den Geschmack des Knoblauch viel besser als seinen Geruch gefunden. Der Major schilderte mir die wohlthuende Wirkung dieses Gewächses, er behauptete, daß jeder Mahomedaner (und er sei ja auch einer) das Paradies verschmähen würde, wenn man ihm sage, es wachse jenseits kein Knoblauch, und begann jetzt, mir von seinen Fahrten an Omer Pascha's Seite, dessen Adjutant er im Libanon, in der Walachei und in der Herzegowina gewesen, zu erzählen.

Höchst ergötzlich war die Schilderung des häuslichen Glückes, welches Jacoub in Serajewo, in Bosnien, genossen, wo er vor Ausbruch des Krieges in Garnison gelegen. Dort in Serajewo hatte er sich vor zwei Jahren mit einer sehr schönen Bosniakin, einem Mädchen von dreizehn Jahren, verheirathet. Was aus ihr geworden, wußte er nicht, da er seit dem Herbst keine Nachricht von ihr erhalten. Er vermuthete sie sei bei ihren Eltern, sehr vermögenden Leuten, und dies beruhige ihn; dahingegen hatte er zwei andre Vermuthungen, die weniger tröstlich waren. Erstens meinte er, könne es immerhin sein, daß seine schöne junge Frau, an das eheliche Leben gewöhnt, sich während seiner Abwesenheit die kleinen heimlichen Freiheiten nehme, welche bei den türkischen Frauen nichts Ungewöhnliches seien, und zweitens: wenn seine Frau ihm treu geblieben, was werde sie sagen, wenn er nach Beendigung des Krieges zurückkehre und sie ihn, der frisch und kräftig, wie je ein Mann von vierzig Jahren gewesen, ausgezogen, nun kränklich und gebeugt wiederkommen sehe!

In der That sagte man mir später, daß der Major noch im Herbst einer der übermüthigsten, kerngesunden Männer gewesen, durch das feuchte ungesunde Lager drüben aber zum Invaliden geworden sei. Wie dem sein mochte, Jacoubs gute Laune hatte jedenfalls nicht gelitten; er war glücklich wenn er seine Schnurren erzählen konnte und wie ich später bemerkte, wurzelte auch der Gedanke an seine Frau gar nicht so tief in ihm, wie er sich mitunter den Anschein gab.

Unter dem melancholischen, näselnden Gesang der im Boote befindlichen Soldaten erreichten wir die zwischen Widdin und Kalafat liegende Insel, die hier in doppelter Mannshöhe über den Wasserspiegel hinausragt.

Wildes Geschrei empfing uns, als wir unter dem hohen Uferrand dahinfuhren. Die Insel schien im ausschließlichem Besitz der Herren Arnauten, einer wilden Bande, deren ganze Beschäftigung im Absingen ihrer Lieder aus den schwarzen Bergen und im Abfeuern ihrer Pistolen besteht — einem korybantischen Lärm, durch welchen sie auch ihren Marsch stets begleiten, da sie ein Musikchor nicht besitzen und bei ihrer rastlosen musikalischen Thätigkeit auch nicht gebrauchen können.

Einige dieser ehrenwerthen albanesischen und czernegorzischen

Baschi-Bosuks saßen trotz der herrschenden Kälte ganz nakt am Ufer und wuschen sich ihre Fustanelle, das einzige unentbehrliche und hauptsächliche Kleidungsstück, welches sie nebst ihrer kurzen griechischen Jacke besitzen. Diese Fustane oder Festanelle ist ein Ungeheuer, eine Art männlicher Crinoline; der Arnaut trägt sie in kleinen Falten von der Hüfte herabfallend, und zwar mit einer gewissen Koletterie, die jedem griechischen Abkömmling eigenthümlich ist. Wird diese Fustane von dem gewöhnlichen Albanesen wirklich einmal gewaschen, so geschieht dies höchstens jedes Jahr einmal und zeugt von einer keineswegs durchgängigen Reinlichkeitsliebe; als Regel ist jedoch anzunehmen, daß der in Kriegsdienste tretende Albanese seine Fustane niemals reinigt.

Diese nakten Kerle mit ihrem langen auf die Schulter herabhängenden, schwarzen Haar und den braunen Leibern wurden, wie sie da halb im Wasser saßen, von einigen ebenso braunen Mädchen unterstützt, deren Gesichter die Zigeunerin verriethen und die nicht minder über jede Pruderie hinweg zu sein schienen, da auch sie bis an die Knie im Wasser standen und ihr einziges Kleidungsstück, ein graues über den Hüften durch einen Strick gehaltenes Hemde bis an diese Hüften aufgeschlagen hatten. Diese unbefangenen Naturkinder hatten offenbar einander nichts zu verheimlichen und liebevoll verhüllte der Schmutz die noch nicht durch Berührung der Seife entweihten paradiesischen Reize.

Lebendiger wurde die Scene, als wir um die Insel herum uns der von derselben nach Kalafat führenden Schiffbrücke näherten. Hier entwickelte sich ein Tableau von seltener Ursprünglichkeit, übertragt von dem eisernen Kanonentrotz, welchen zwölf Feuerschlünde über das Hürdengeflecht der Verschanzungen hinweg streckten.

Um die Schiffbrücke herum lagerten einige hundert Arnauten, mit nakten Beinen, nur von der Fustane bekleidet. In Gruppen lagen sie um die Reisigfeuer und rauchten ihre kleinen Holzpfeifen. Einzelne waren beschäftigt, rohe Gurken zu schälen und zu verspeisen.

Andre bereiteten sich ihre Mameliga, den warmen, der italienischen Polenta ganz ähnlichen Maisbrei; wieder Andre kochten in kleinen Blechbüchsen den unverwüstlichen Kaffee; und noch Andre endlich waren mit dem Putzen ihrer langhalsigen Pistolen, ihrer Jatagans oder ihrer langen Arnautenflinten beschäftigt.

Unter wildem chaotischen und näselnden Gesang, Geschrei, Pistolenschüssen und anderem Lärm betrat ich mit dem Major und seinen beiden Ordonnanzen die Insel, eine große runde Fläche, die vor Ausbruch des Krieges stark bewaldet gewesen sein mußte, da überall die Baumstümpfe noch aus der Erde hervorragten, jetzt aber von grauen, halb zerrissenen Arnautenzelten bedeckt war.

In diesen Zelten sah es wüst aus. Ich fürchte mich, die Beschreibung derselben zu übernehmen, aus Furcht, die Leserin zu verletzen, welche etwa diese Blätter in die Hand nehmen könnte. In der Hölle kann es nicht wüster aussehen als in diesen von Feuern umflammten Zelten.

Während wir durch die von der Kalafater Seite zu aufgeworfenen Verschanzungen schritten, umringten mich von allen Seiten die Arnauten, mir die Hand hinstreckend mit dem Ausruf: wer para, Adam! (Gieb Geld, Mann!) Ich vertheilte an kleiner Münze so viel ich eben bei mir hatte, bis der Major mich beim Arm nahm und mit sich fortzog. Hinter mir hörte ich des braven Mehmet Stimme, der seine Kameraden und Landsleute zurück wies und sie aufforderte, den Giaur in Ruhe zu lassen.

In der Mitte der Insel angekommen, sahen wir vor uns ein größeres Zelt, das sowohl durch Form als durch Reinlichkeit, ja sogar durch einen gewissen Luxus aus dem Elend der übrigen hervorstach. Schon die ehrerbietige Entfernung, in welcher sich die übrigen Zelte von diesem hielten, verrieth die Wohnung eines Häuptlings. Drei oder vier sorgfältiger costumirte Arnauten lagen vor dem Eingang des Zeltes und diese erhoben sich respectvoll, als sie den Major auf sich zuschreiten sahen.

Jacoub wechselte mit den Arnauten einige mir unverständliche Worte, winkte mir, hob den Zeltvorhang zurück und trat mit mir ein.

Das Zelt war leer. Rings umher lagen Kissen ausgebreitet, deren bunte Ueberzüge wenn auch keine Eleganz, doch eine gewisse Behäbigkeit verriethen. An den Zeltwänden hingen sehr schöne mit Perlmutter, Silber und Gold ausgelegte Gewehre, Handschars und Pistolen.

„Wir sind beim Arnaut-Pascha," sagte der Major. „Setzen wir uns; er wird hoffentlich bald hier sein!"

„Sehr viel Ehre!" antwortete ich lächelnd, während ich mich neben dem Major auf's Kissen niederließ und mein Studium im Sitzen mit untergeschlagenen Beinen fortsetzte, das uns anfangs viel Unbequemlichkeit macht, da uns die Füße einschlafen, später aber desto geläufiger und angenehmer wird.

Nicht viel erwartend, wurde ich durch den Eintritt eines ausnehmend hübschen, sehr jugendlichen und mit großer Sauberkeit gekleideten Arnauten überrascht, der uns auf jeder flachen Hand ein Schälchen schwarzen Kaffee präsentirte und sein: Bujurun Effendim! (Ist's gefällig, Herr!) mit natürlicher Grazie, aber etwas weibischem Anstand sprach.

Ein andrer Arnaut präsentirte uns zwei elegante Nargileh's oder Wasserpfeifen und der junge Arnaut setzte sich vor mich hin, um mir, dem Fremden, die Ehre zu erweisen, das Nargileh anzurauchen — eine Mühwaltung, welche der Orientale stets seinem Diener überläßt.

Der Major blinzelte mir mit den Augen zu, als ich diesen Pagen, seinen weibisch entblößten Nacken, seine ebenso entblößten Arme und Beine betrachtete.

„Liebäugeln Sie mit dem Jungen nicht so, sonst setzt er sich Ihnen auf den Schooß!" rief der Major mir lachend zu.

„Um Gotteswillen, er wird doch nicht?" antwortete ich, indem ich unwillkürlich von dem schönen Pagen fort rückte.

„Eine Ehrenbezeugung, wie so manche andere, die wir Franken nicht zu schätzen wissen!" lachte der Major, während er seinen Kaffee schlürfte.

Plötzlich öffnete sich der Vorhang und eine große schlanke Gestalt stand vor uns. Es war der Arnaut-Pascha.

Meine Vorstellung von diesem Mann entsprach auch nicht im entferntesten der Wirklichkeit. Ich hatte mir unter einem Arnaut-Pascha einen alten, mürrischen Czernagorzen-Häuptling aus den schwarzen Bergen gedacht, vor mir aber stand ein junger Mann von etwa dreißig Jahren mit schönem, kriegerischem Gesicht, einer fein geschnittenen Adlernase, langem, sorgfältig gepflegtem schwarzem Schnurbart und vollem, unter dem großen, rothen Feß herabhangendem Lockenhaar.

Es war mir, als müsse dieser Mann aus dem ersten besten Heldengedicht herausgetreten sein. Seine breiten Schulter trugen eine Bunda von tadellos reinem und weißem, flockigem Schaaffell, welche über der Brust von einer goldenen Agraffe gehalten wurde; über dem weißen Hemd hing eine Schnur, die den großen Handschar in silberner, mit Steinen besetzter Scheibe trug: seine Fustanelle war schneeweiß und übermäßig weit und faltenreich; lederne Schienen bedeckten die Beine vom Knie bis zum Fußgelenk.

Der Häuptling war makellos, ein albanesischer Mars, weiß wie ein Schwan. Noch heute steht er vor mir wie das Sinnbild männlicher Schönheit!

Ich war ausgesöhnt mit all dem Schmutz, der mich draußen umgeben, und wollte ihn grüßend vom Kissen aufstehen. Der Arnaut-Pascha winkte mir lächelnd, meinen Platz zu behalten, ließ sich neben mich auf das Kissen nieder und machte den unglücklichen Versuch, mit mir eine Unterhaltung einzufädeln.

Während eines vierzehntägigen Aufenthaltes in Orsowa hatte ich einige frühere unvollkommene Vorstudien der türkischen Sprache zwar so gut als möglich fortzusetzen gesucht, war aber doch bis dahin nicht weit über den nöthigsten Hausbedarf von einstudirten Phrasen und Vocabeln hinaus gekommen und der Häuptling sah daher bald ein, daß er seine Liebenswürdigkeit nutzlos aufbiete.

Der Major seinerseits fand ein grausames Vergnügen darin, diese unglückliche Unterhaltung nicht zu stören, und that erst den Mund auf, als der Häuptling sich zu ihm wendete. Dieser wollte von ihm erfahren, wer ich sei, und wie die in der Armee des Sultans dienenden europäischen Offiziere stets ihre Langeweile dadurch zu tödten suchten, daß sie den armen türkischen Kameraden tüchtig die Haut voll logen, so erzählte der Major auch diesem Häuptling, ich sei einer der ausgezeichnetsten fränkischen Hekim-Baschi (Militair-Aerzte) und von dem Marschall Omer-Pascha nach Schumla in's Hauptquartier berufen worden.

Da die Türken alle Franken für geborne Aerzte halten, zweifelte auch der Arnaut-Pascha durchaus nicht an meiner medizinischen Bedeutung, und verdoppelte seine Aufmerksamkeit gegen mich während der Viertelstunde, welche wir in seinem Zelte verbrachten.

Als wir dasselbe verließen, hatte die Sonne die kalten Morgennebel bereits niedergekämpft. Hinter uns breitete sich die Stadt Widdin mit der Festung aus; vor uns sahen wir die Hütten von Kalafat zerstreut an dem sanften Abhange liegen, in welchem sich der Hügel zur Donau hinabsenkt.

Durch die Haufen der Arnauten, begleitet von dem Häuptling, schritten wir zur Schiffsbrücke, verabschiedeten uns hier von dem letzteren, und standen alsbald auf walachischem Boden.

Der Schiffbrücke gegenüber erhob sich das bereits erwähnte Kaffeehaus. Es war von Baschi-Bosuks belagert, die hier gleichsam ihre Börse hielten. Neben dem Hause stand ein anderes, eine Garküche, durch deren eiserne Fenstergitter den Baschi=Bosuks gekochtes und gesottenes Fleisch, Pillaw u. A. gereicht wurde.

Der Major führte mich zunächst in das Kaffeehaus. Hier fanden wir eine Anzahl Offiziere der Kalafater Garnison, meist Renegaten, die sich durch Billardspiel die Zeit vertrieben und uns mit großem Jubel empfingen.

Hidaet Aga war eben bei einer Partie engagirt und leistete mit der Queue in der Hand das Erstaunlichste. Dieses Billard mochte nämlich, wie alle, einst eine Zeit gesehen haben, wo es neu gewesen, in seiner gegenwärtigen Verfassung aber machte es dem größten Spielkünstler seine Berechnungen zu Schanden.

Der grüne Ueberzug war überall zerfetzt und mühselig mit grobem Bindfaden wieder geflickt; stellenweise fehlte der Ueberzug ganz und wieder an andern Stellen bäumte er sich zu kleinen Hügeln auf. Wie dem sein mochte, das Billard blieb ein sehr nützliches Stück Möbel, denn Tags fanden sich stets Partien um dasselbe zusammen, und Nachts diente es regelmäßig als Schlaf= stelle, namentlich für die vom Hauptquartier kommenden Galopins des Marschalls oder die in Widdin garnisonirenden Offiziere, die sich in Kalafat verspäteten.

Irre ich nicht, so verdankte man das Vorhandensein dieses schätzbaren Gegenstandes den Russen, die es zu ihrer Unterhaltung von Krajowa herüber schaffen ließen, denn selbst in Widdin war der Luxus eines Billards etwas nie Geseheues, wie also hätte ein Dorf zu dergleichen kommen sollen.

Von dem Kaffeehause führte mich der Major in Begleitung eines sehr liebenswürdigen jungen türkischen Genie=Offiziers, der in deutschen Kriegsschulen erzogen worden und also leidlich deutsch sprach, in die Läger. Als wir wieder in's Freie traten, hörten wir lebhaften Trommelwirbel; das Bombardement der Russen, welches bis dahin nur sehr schwach und in langen Zwischenräumen fortgesetzt war, hatte während der letzten Viertelstunde sehr zu=

genommen; das Dröhnen der Geschütze folgte sich rascher und rascher und zeitweise geschah es von beiden Seiten a tempo. Wir konnten deutlich die Dechargen der Türken und der Russen unterscheiden.

„Ismael hatte um die Erlaubniß gebeten, heut in aller Frühe einen Ausfall von Tchippetschene zu machen, Ahmet=Pascha aber hat es nicht zugegeben!" sagte der junge Türke. „Wir hätten einen ganzen Kosacken=Pulk abfangen können, der sich zu weit vorgewagt!" setzte er mit einem gewissen Unwillen hinzu.

„Wenn es so fortgehen soll, verfaulen wir hier Alle!" brummte der Major. „Den Winter hindurch hat uns das Ungeziefer hier fast aufgefressen und jetzt holt uns der Typhus! Die Lazarethe sind überfüllt, die Nebel sind Gift um diese Jahreszeit und die Liederlichkeit, uns hier förmlich mit Aas zu garniren, thut das Uebrige dazu, uns in's Spital zu bringen.

In der That war die Stimmung in Kalafat unter Ahmet=Pascha's Commando keine günstige. Alles schimpfte auf diesen General, der zwar zu den gebildetsten türkischen Militairs gehörte und eine ganz europäische Bildung besaß, die er sich aus Wien und Paris geholt, im Uebrigen aber ein unentschlossener General war.

Die Russen hatten, wie man berechnete, den Winter hindurch hauptsächlich durch Krankheit 15,000 Mann vor den Schanzen von Kalafat verloren, aber auch die Verluste der Türken in den unterirdischen Semlits\*) und durch das feuchte Lager waren sehr bedeutend gewesen. Man hatte in dem unerschrockenen und tollkühnen Tscherkessen Ismael=Pascha, in Iskender=Bei u. A. tüchtige und unternehmende Kavallerie=Offiziere, welche wohl im Stande gewesen wären, den Russen durch kluge und kühne Ausfälle manche Schlappe beizubringen; aber das Alles lag nicht im Sinne Ahmet=Pascha's,

---

\*) Erdhöhlen.

und es ward auch erst besser, als er von seinem Freunde Omer Pascha, dem Serdar, nach Schumla in's Hauptquartier als Generalstabs-Chef gerufen und durch den kleinen kugelrunden Halim-Pascha mit der ewig heiseren Stimme ersetzt wurde. Wie dem indeß sein mochte, Kalafat war und blieb doch die einzige Position, welche die Türken auf walachischem Ufer inne hatten.

Durch die Zeltreihen schreitend, vor welchen wir die Reserven in Bereitschaft halten sahen, hörten wir das Schießen der Russen von Minute zu Minute sich verstärken. Die Trommel der Türken wirbelte unaufhörlich; man schleppte auf Bahren Verwundete an uns vorüber und in die Feldlazareths, bleiche Bursche, denen Arme und Beine beim Bedienen der Geschütze weggerissen worden und denen schwerlich ein langer Aufenthalt im Lazareth beschieden war.

Jämmerlich zugerichtet wurde von zwei Topschis ein junger türkischer Offizier herbei getragen, welchem eine Kugel die Beine unter'm Knie weggerissen hatte. Der junge Mann war vom Blutverlust kreideweiß im Gesicht; man hatte ihn auf eine Bahre gelegt. Die Stümpfe seiner Beine waren zwar verbunden, aber Bluttropfen bezeichneten den Weg, welchen man von den Schanzen hierher mit ihm zurückgelegt hatte. Seine Augen waren geschlossen, und dennoch verrieth ein zeitweises Zucken seiner Gesichtsmuskeln, daß noch Leben in ihm sei.

Es war kein angenehmer Spaziergang, denn von Zeit zu Zeit hatte die eine oder die andere der russischen Hohlkugeln einen so phantastischen Flug genommen, daß sie mitten zwischen den Zelten einschlug, platzte, auf hundert Schritte Kies, Sand, Steine und was sie sonst packte, sammt ihrem eisernen Eingeweide um sich warf und Alles verwüstete.

„Das ist so unser tägliches Frühstück hier!" brummte der Major, indem er den Scherben einer vor Kurzem erst geplatzten Granate aufnahm, betrachtete und wieder von sich warf.

Pferdegewieher ganz in unserer Nähe zog unsere Aufmerksamkeit von dem russischen Bombardement ab. Eine leichte Welle des Terrains überschreitend, sahen wir etwa zwei Schwadronen Baschi-Bosuks vor uns, die des Commando's gewärtig schienen, aber trotzdem sich all die Bequemlichkeit gestatteten, welche des Krieges Ungemach eben zuließ.

Zum ersten Male sah ich diese Baschi-Bosuks beisammen. Ungeduldig stampften die kleinen zierlichen Pferde unter den hohen türkischen Sätteln und den in ganz kurz geschnallten Steigbügeln sitzenden Reitern den Rasen, während die letzteren plaudernd und zum Theil den kurzen Tschibuck rauchend, sich die Zeit zu vertreiben suchten.

Es waren Männer jedes Alters, ja sogar Greise darunter mit langen weißen Bärten, die zur Vertheidigung des Glaubens dem Padischah ihre Dienste geboten und mit Pferd und Waffen in die Irregulären eingetreten waren. Ihre Uniform war etwa die jedes Türken: die weiten Pluderhosen oder Schalwars, die kurze gestickte Jacke, der Feß und darüber der Shawl als Turban um die Stirn gewickelt. Im Gürtel steckten, wie schon vorhin beschrieben, die Waffen.

Iskender-Bei war der Commandeur dieser Kalafater Baschi-Bosuks, einer wilden Bande, die Niemand außer ihm zu zügeln verstand, und an der auch der französisch-afrikanische General Jussuf in Varna vergebens seine Kunst versuchte, als er mit französischer Anmaßung sich Omer Pascha gegenüber anheischig machte, diese spröden Elemente zu formiren.

Der Leser erinnert sich vielleicht all des Unfugs, welchen diese Baschi-Bosuks verübten; die Zeitungen haben darüber lange und oft entsetzliche Mittheilungen gemacht. Wie viel brave Kerle nun auch unter ihnen dienten, waren diese doch in der Minderzahl, und die Art und Weise, wie man diese irregulären Regimeuter organisirte, mußte nothwendig des Gesindels in Masse zusammen führen.

Die Pascha's der verschiedenen Ejalets erhielten nämlich den Befehl, so und so viel Irreguläre zu stellen. Der Pascha verkündete dies in seinem District und rief die waffenfähigen Männer zum freiwilligen Dienst unter die Fahne des Padischah, resp. des Propheten. Also bald meldeten sich die Freiwilligen. Man gab ihnen ein Pferd, man gab ihnen Waffen und befahl ihnen, um eine bestimmte Stunde zum Abmarsch bereit zu sein. Diese Stunde kam, vielleicht kam auch eine ganze Anzahl der Recruten, die Mehrzahl aber machte sich, sobald sie beritten, heimlich aus dem Staube, oder aber sie stellten sich auf dem Sammelplatz auf und wenn der Pascha rechts commandirte, wandten sie sich links, ritten in die Berge und setzten den Krieg auf den Landstraßen für eigene Rechnung fort.

So kam es, daß sogar militairische Transporte von solchen Banden angefallen, niedergemacht und geplündert wurden, daß dieselben ganze Dörfer plünderten und Alles brandschatzten, was ihnen in die Hände fiel.

Anders war es natürlich mit Denen, welche bereits in die Armee eingestellt waren; wer sie zu führen verstand, hatte in ihnen eine brave und todesmuthige Truppe und namentlich die Baschi-Bosuks von Kalafat bewiesen dies kurz darauf in dem Gefecht bei Slatina, wo sie, etwa zweitausend Mann, ohne Feldgeschütz, plötzlich von den Russen umzingelt wurden. Iskender-Bei und Ismael-Pascha commandirten sie. Als der Erstere sich mit den Seinigen so fest umzingelt sah, daß kaum eine Maus hätte entwischen können, ließ er die Baschi-Bosuks einen Kreis formiren und hielt ihnen eine begeisterte Anrede. Obgleich ganz gut türkisch sprechend, verwickelte er sich in seiner Begeisterung doch in seine Sätze und konnte nicht vorwärts.

„Ismael!" rief er diesem zu, „sprich Du weiter!" Und

Ismael that dies mit all dem Tscherkessen eigenthümlichen Feuer. Die Baschi-Bosuks warfen sich auf den Feind, durchbrachen dessen Linie und trieben die Russen auf die enge Slatina-Brücke. Auf dieser strauchelte ein Pferd von der Bespannung der vier russischen Geschütze. Alles drängte nach; es entstand eine unübersteigbare Barrikade. Was nicht über die Brücke konnte, stürzte sich in die Slatina — die Türken aber fingen die vier russischen Geschütze mit Bemannung und Bespannung ab, so blank, als seien sie eben erst aus dem Gießhause gekommen.

Ich selbst hatte Gelegenheit, die Leiche des in diesem Gefechte gefallenen Obersten Karamsin (Sohn des berühmten Historikers) zu sehen, dessen prächtiges, bessarabisches Pferd einer der Offiziere für den Spottpreis von 1000 Piaster erstand. —

Während ich die Baschi-Bosuks musterte, kam ein Reiter von der Höhe herabgesprengt, hinter ihm zwei andre, wie es schien, Adjutanten. Er überbrachte dem Anführer der Irregulären einen Befehl. Diese setzten sich im Sattel zurecht und ritten links ab.

Der Reiter schwang sich vom Pferd und trat auf Jacoub Aga zu. Es war ein noch junger Mann mit tief gebräuntem Antlitz, feurigem Auge und einer Lebendigkeit im Wesen, das gegen das Phlegma der Türken auffallend abstach. Seine Uniform verrieth den Rang eines Obersten. Nach einigen mit meinem Major gewechselten Worten warf der Oberst einem seiner Adjutanten den Zügel seines Pferdes zu, nannte ihnen den Namen Ahmet Pascha und eilte in das Dorf, in welchem in einem unscheinbaren kleinen Häuschen der Oberkommandant residirte.

Wie mir der Major sagte, war dieser Oberst derselbe Ismael Pascha, von welchem ich oben erzählte, derselbe, dem man namentlich den Sieg von Czetate verdankte, ein geborener Tscherkesse und Reitergeneral von unbegrenzter Bravour. Ismael hatte dem Major gesagt, die Russen seien bereits wieder in Rückzuge. Das

Bombardement wurde in der That schwächer und nur dann und wann brummte ein vereinzelter Kanonenschuß herüber.

Eine fast unheimliche Stille trat ein. Ohne Sang und Klang sahen wir die Soldaten von den Schanzen zurückkehren. Die Aerzte schienen reichlich Arbeit bekommen zu haben, denn die Russen hatten in der That einen Sturm versucht, waren jedoch mit blutigen Köpfen zurückgewiesen worden. Der Major führte mich in diese Schanzen. Hier trafen wir zuerst auf den unter dem Schutz einer Terrain=Erhöhung belegenen Verbandplatz, von welchem aus die Verwundeten in die Lazarethe geschafft wurden. In den Schanzen selbst sah es, den Umständen nach, sehr sauber aus. Zwei Geschütze lagen mit zerschmetterten Lafetten da; an einzelnen Stellen hatten die Kugeln des Feindes in dem Erdwerk starke Verwüstungen angerichtet, doch war man bereits wieder bei der Wiederherstellung beschäftigt.

Die Artilleristen hatten sich in der kleinen Grube, welche der „Topschi" sich stets hinter den Schanzen gräbt, in größter Ge= müthlichkeit niedergelassen, hatten ihre Tschibuks zur Hand ge= nommen und hielten ihr „Käff," ihr dolce far niente — ein Ge= nuß stillen gedankenlosen Hinbrütens, der dem Türken über Alles geht.

Dergleichen Gruben bildeten hier, wie in Silistria, während der Belagerung stets die Kaffeehäuser der Geschütz=Bedienung. In träger Ruhe saßen die Soldaten da, legten, wenn es galt, ge= mächlich den Tschibuck fort und griffen zur Lunte, und kehrten nach dem Kampf in ihr halb unterirdisches Kaffehaus zurück.

Nichts geht über die Gemüthsruhe der Türken selbst in den kritischsten und blutigsten Momenten! Ihr Fanatismus ist ein Prinzip, eine Lehre, die für den halbcivilisirten Soldaten unbezahl= bar. Der Fanatismus spornt ihn aus seinem Phlegma; der Fa= talismus überzeugt ihn, daß, wenn es nicht seine Bestimmung, zu sterben, alle Geschütze, deren Schlünde ihm entgegen gähnen, dem Braven nichts anzuhaben vermögen. „Es steht geschrieben," sagt er. Sein Loos ist schon mit seiner Geburt bestimmt, und das Schicksal läßt nicht mit sich feilschen.

Gerade wie hier in den Kalafater Schanzen saßen während der gleich darauf folgenden Bestürmung Silistrias die irregulären Aegypter hinter der nach ihnen benannten Schanze „Arab=Tabia" (arabische Schanze), hinter welcher sie während eines dreißigtägigen, stets auf diese eine aus bloßem Erdwerk bestehende, Schanze gerichteten Sturms den Russen einen heldenmüthigen Widerstand leisteten. Diese Schanze, welcher Silistria wahrscheinlich seine Rettung verdankte, wurde nämlich erst spät errichtet, als Omer=Pascha vor Beginn der Belagerung die Festungswerke inspicirte. Grach, mein liebenswürdiger, unglücklicher Landsmann, war es, der, den Marschall begleitend, es für zweckmäßig hielt, auf diesem, die Festung beherrschenden Punkt noch eine Schanze anzulegen. Der Marschall war nicht der Meinung, Grach indeß, der damals die Stellung eines Artillerie=Instructeurs inne hatte und als Bombardier mit den übrigen preußischen Offizieren nach der Türkei gegangen war, legte diese Schanze trotzdem an, und sie war es, auf welche die Russen ihre ganze Aufmerksamkeit richteten!

Dieselbe war, wie ich sagte, von Aegyptern vertheidigt. Als befänden sie sich im sichersten Kaffeehause, saßen sie hinter der Schanze, Kaffee kochend, in der Grube. Rückten die Russen heran, so erhoben sie sich kaltblütig, ließen die stets im Paradeschritt herankommenden Russen bis auf kleine Schußweite vordringen und empfingen sie dann aus der Schanze sowohl wie aus den Laufgräben. Irre ich nicht, so war es am 26. Mai, an welchem die Russen mit 16 Bataillonen stürmten und 2000 Mann liegen ließen. Sie waren bereits so weit gedrungen, daß sie die Geschütze mit Haken und Stricken aus der gänzlich demolirten Schanze zu ziehen suchten — noch einmal aber rafften sich die Aegypter zusammen und der Feind zog sich zurück. Die Arab=Tabia ward nicht genommen. Während der Waffenruhe, wenn man die Todten begrub, war aber das Geschäft des Kaffeekochens sehr im Gange; man reichte sogar den russischen Todtengräbern die kleinen Schälchen mit dem schwarzen Mocca, gab ihnen Taback dazu und träge sahen die Uebrigen, auf dem zu einem großen Maulwurfshügel umgewandelten Schanzwerk liegend und rauchend, der traurigen Arbeit zu.

Einmal sogar war es den Russen auch gelungen, eine Mine bis dicht vor die Schanze zu graben. Grach's Aufmerksamkeit jedoch gelang es, dieselbe aufzufinden und sie zu sprengen, während einige hundert Arbeiter darin beschäftigt waren, die Alle ein entsetzliches Ende nahmen. Die Aegypter jedoch ließen sich durch die Explosion in ihrem Käff nicht stören; ein Masch-Allah! war Alles, was dieses ungewöhnliche Ereigniß ihnen entlockte, während die Erde unter ihnen bebte. Gott ist groß!

Doch zurück zu den Kalafater Schanzen! So viel wie jene von Silistria hatten diese hier nicht zu bestehen, denn man wußte sich den Feind vom Leibe zu halten. Trotzdem der Letztere längst hätte einsehen müssen, daß Kalafat nicht zu nehmen war, lag er doch davor von dem Herbst bis zum Anfang Juni, wo Paskewitsch im russischen Lager erschien, die Zwecklosigkeit des Krieges in der Walachei erkannte, die Magazine angesichts der verwunderten Türken abbrennen ließ und das russische Lager nach Slatina, an die Grenze der großen Walachei zurück verlegte. —

Der Mittag war während unsrer Promenade durch die Lager gekommen. Trotz der Jahreszeit entwickelte die Sonne bereits eine ungewöhnliche Wärme, und mit dieser begann sich ein unerträglicher Geruch zu entwickeln, den der Wind über die Zelte dahin trug.

Die Ursache desselben sollte mir bald klar werden. Aller Unrath des Lagers, die Reste des Schlachtviehs, die gefallenen Pferde, kurz Alles war auf einen Anger in unmittelbarer Nähe des Lagers gebracht, der den ganzen Tag von Geiern, Raben und andrem Gevögel umschwärmt war und die wilden Hunde der ganzen Umgegend herbeigelockt hatte, die zu Hunderten sich mit den Vögeln um diese Beute stritten. Natürlich verpestete dieser Geruch mit der stinkenden Ausdünstung der Sümpfe umher die Luft und füllte die Lazarethe mit Fieber- und Typhuskranken. Rechnet man hiezu die durchaus ungesunde Nahrungsweise des Türken, so giebt dies ein Krankenfacit, das für den im Lager Anwesenden sehr beunruhigend ward.

Hungrig wie wir waren, der Major und ich, nahmen wir die Einladung des französischen Instructeurs Depuis an, in seinem Zelte unser Mittagsmahl zu halten.

Dies war so frugal, wie es unter den obwaltenden Umständen eben sein konnte. Das sehr geräumige Zelt enthielt außer einer invaliden Trommel drei mit verschossenem Zeug bekleidete Kisten, auf welchen wir Platz nahmen, um den Tschibuk zu rauchen und zur Reizung des Appetits den bei den europäischen Offizieren hier üblichen Rum aus einer orientalischen Trinkschale zu genießen.

Dann erschien der On-Baschi (Unteroffizier oder: Haupt von Zehnen, wörtlich übersetzt) mit einer hölzernen Schale, auf welcher ein gebratenes Lamm lag, setzte die Trommel in unsre Mitte und den Hammelbraten darauf. Der Rittmeister, unser Wirth, gab ihm einen Wink, das Tranchiren zu beginnen. Der On-Baschi packte also den jungen Hammel, riß ihn mit den Händen in Stücke (denn der Gebrauch von Messern und Gabeln ist dem Orientalen versagt) und uns blieb nur übrig, uns je eines Stückes zu bemächtigen.

Ein Pillaf, die landesübliche Reisspeise, mit Fleischklumpen dazwischen, die ebenfalls wieder von besagtem Hammel kommen, folgte dem Braten; dann kam der ebenso landesübliche Knoblauch mit einer sauren Bohnensuppe dazu, Kaffee, Tschibuk — das

Diner war zu Ende. Wir streckten uns auf die Kissen, um unsren Mittagsschlaf zu halten.

Während unserer Tafel hatte ich verschiedene national-türkischen Subaltern-Offiziere vorbeikommen gesehen, wie sie, eine rohe Hammelkeule in der einen, ein Bund Knoblauch in der andern Hand haltend, ihre Zelte aufsuchten, um sich ihr Mahl zu bereiten. Die Armen dauerten mich. Ihre Uniform sah schäbig und reduzirt genug aus; am Ellenbogen schaute wohl ein Stück isabellfarbigen Hemdes heraus, wenn sie einen solchen Luxus überhaupt noch besaßen; ihre Schuhe waren niedergetreten und schlappten ihnen an den Füßen, und mitunter saß auch wohl an dem einen dieser Schuhe ein langer spitzer Sporn, der den Hauptmann charakterisirte.

War es aber ein Wunder, daß die Armen äußerlich so verkommen? Seit fünf Monaten hatte der Padischah ihnen keine Gage mehr gezahlt und die Wintercampagne war hart und schwer gewesen! Trotzdem schlugen sie sich für diesen ihren Padischah mit ungebeugtem Muth; es fiel ihnen nicht ein zu klagen, und wenn man über Ausbleibung der Gage und Kriegszulage räsonniren hörte, so geschah dies immer nur von den im Heere dienenden europäischen Offiziere, die durch Bons bei der Regimentskasse wenigstens zu einigem Gelde zu kommen wußten.

Als die Sonne sich neigte, führten mich der Major und der Rittmeister wieder in's Lager hinaus, und hier war ich Zeuge einer ergreifenden Ceremonie. In langen Reihen knieten die Soldaten vor dem Imam oder Feldprediger, der das Abendgebet vorlas. An bestimmten Stellen berührten die Soldaten den Boden mit den Lippen, ein dumpfes Allah! Allah! lief durch die Reihen, und dies wiederholte sich wohl fünfmal. Dann begannen die Soldaten, sich die Arme und auch wohl das Antlitz mit Sand zu reiben, wie es der Prophet vorgeschrieben, für den Fall, daß kein

Wasser bei der Hand ist, um die befohlenen Waschungen anzudeuten, und das Abendgebet war vorüber.

In langen und tiefen, klagenden Tönen drang wieder der Zapfenstreich zu uns, wie ich ihn schon am Abend vorher aus der Entfernung gehört. Die Soldaten kehrten in ihre Zelte zurück und kauerten sich um die zwischen denselben flackernden Feuer, ihren Kaffee bereitend und dazu ein Stück des schon beschriebenen Brotes genießend. Dann ward es dunkler und dunkler; die Feuer erloschen bis auf die Wachtfeuer, die von allen Seiten uns noch in gewissen Entfernungen umgaben. Das Lager war wie ausgestorben, und nur der Schritt der Wachen und das ferne Gebell der wilden Hunde war noch hörbar.

Der Major führte mich, um meiner Neugier zu genügen, noch in einzelne Zelte der türkischen Hauptleute, in denen es allerdings höchst ärmlich aussah, deren einziger Luxus aber stets ein vergoldetes Kaffeeschälchen, eine Trinkschale mit Koransprüchen und ein Nargileh (Wasserpfeife) mit vergoldetem Kopfe und buntem Glase bildeten.

In dumpfem Hinbrüten fand ich den jungen Genie-Oberst, von dem ich früher gesprochen, mit gekreuzten Beinen auf seinem Kissen sitzen; gedankenlos ließ er die Perlen des Rosenkranzes, den der Türke Spielerei halber nie aus der Hand legt, durch seine Finger gleiten und eintönig beantwortete er unser: Ackscham-la-chairolso! (guten Abend).

Wir überließen ihn seiner Einsamkeit. „Glauben Sie nicht, daß er sich langweilt!" meinte der Major. „Der Türke hat nie Langeweile, denn er ist so glücklich, nie von Gedanken belästigt zu werden, die ihn unruhig machen könnten!"

Ich decke einen Schleier über Das, was ich in zwei andern Zelten türkischer Offiziere sah, und was mich leider von der Wahrheit Dessen überzeugte, was ich bereits von der griechischen Verirrung dieser Armee gehört hatte. Als ich in eins dieser Zelte hineinschaute und der dasselbe mit seinem On-Baschi bewohnende Hauptmann ohne sich in seiner unbegreiflichen Beschäftigung stören zu lassen, mir ein Bujurun Effendi! (setz Dich, Herr) zurief, konnte ich nicht umhin, ihm aus Herzensgrunde ein „Cochon!" zuzurufen und ihm den Rücken zu wenden. Der Major lachte aus vollem Halse über meine sittliche Entrüstung und führte mich in das Zelt des Rittmeisters zurück, in welchem wir zu übernachten beabsichtigten.

Die wenigen Zelte der europäischen Offiziere waren die einzigen, welche noch Leben verriethen und aus denen ein matter Lichtschimmer herausdrang. Zu meiner Verwunderung sah ich das unsrige sehr belebt. Es hatten sich etwa sechs Offiziere zusammengefunden, die, während die Rumschale umherging, um die Trommel saßen und knöchelten.

Es mochte etwa neun Uhr sein, als die Offiziere sich trennten. Etwas benebelt von dem Rum wollte ich mich auf das Kissen strecken, als der Rittmeister, ein noch junger und lebhafter Franzose, mir sagte, er habe noch eine Ueberraschung für uns in petto; an Schlafen sei noch nicht zu denken. Bei diesen Worten holte er eine große, vielleicht drei Oka (die Oka $2\frac{1}{4}$ Pfund) haltende Flasche mit feurig gelbem serbischem Wein aus dem Hintergrunde des Zeltes. Fast gleichzeitig steckte sein On-Baschi den Kopf in das Zelt herein und rapportirte dem Rittmeister etwas. Dieser nickte mit dem Kopf und zu meinem Erstaunen sah ich hinter dem On-Baschi zwei andre braune Köpfe mit blanken, blitzenden Augen erscheinen.

„Girla! ... Maritza!" rief der Rittmeister winkend, während er eins der Kissen in den Mittelgrund des Zeltes warf und dem On-Baschi einen Wink gab, die Trinkschale mit Wein zu füllen, was dieser, listig zu mir herüberschielend, auch that.

Das Interesse der Romantik verlangte jetzt eigentlich von mir, dem Leser in diesen beiden wohlklingenden Namen zwei Peri's vorzuführen und dieselben mit all' den Reizen auszustatten, welche der Feder des Poeten wohl anständig. Indeß, ich will auch hier, wie überall, bei der baaren Wirklichkeit bleiben.

Girla und Maritza waren zwei Zigeuner=Kinder von etwa zwölf und dreizehn Jahren, aber körperlich so vollständig entwickelt, wie es die Töchter Hindostans in diesem Alter schon zu sein pflegen. Offenbar hatte die Seife auch diese beiden braunen Engel noch nicht entweiht. Mit keckem Schritt, einem Lächeln auf dem dunklen Gesicht und einem wahren Wetterleuchten in den schwarzen funkelnden Augen traten die beiden Zigeunermädchen in's Zelt, begrüßten uns, indem sie nach türkischer Weise die rechte Hand an Brust, Lippen und Stirn führten, und hockten sich dann auf das ihnen gebotene Kissen nieder.

Die beiden Mädchen mußten Schwestern sein, denn sie hatten dieselbe scharf geschnittene Nase, dieselben kleinen, aber starken und wollüstigen Lippen und denselben Schnitt der Augenbrauen, dem sie nach Zigeunerweise dadurch nachgeholfen hatten, daß sie mit schwarzer Farbe dieselben wie eine Brille über der Nasenwurzel zusammengeführt, was bei den Zigeunern für schön gilt. Ihr schwarzes dichtes Haar mußte nie von einem Kamm berührt sein, denn es hing ihnen in einem dicken Wust auf den Nacken herab; an der rechten Schläfe steckte in diesem Haar kokett ein lebendige Blume.

Ihre Kleidung zeigte in der noch kalten Jahreszeit von einer unanfechtbaren Gesundheit, denn sie bestand nur aus einem grauen Männerhemde, vorn über der ganzen Brust offen, und über der Hüfte durch ein kurzes, grobes braunes Röckchen gehalten. Dieses Hemde machte aus der schönen jugendlichen Brust durchaus kein Geheimniß, ja dieselbe schien absichtlich dieser Freiheit zu genießen, denn außer der schwarzen Malerei an den Augenbrauen bemerkte ich auf der Brust der Mädchen zwei braun gefärbte Punkte, die, wie ich mich später überzeugte, selbst bei den Frauen und Töch=

tern der Bojaren in der Walachei ein Gegenstand künstlicher Sorgfalt und also wohl bestimmt sind, selbst diejenigen Männer, welche den Lockungen der schwarzen walachischen oder hindostanischen Augen zu widerstehen vermögen, durch diese beiden Verführer in ihren tugendhaftesten Grundsätzen zu erschüttern — Grundsätze, die übrigens in der Walachei nicht zu Hause sind.

Als die beiden Zigeunermädchen ihre Babuschen von sich warfen und die Beine unter sich kreuzten, sah ich, daß nicht nur die Nägel ihrer Hände, sondern auch die ihrer Füße mit Hennah gefärbt waren, ein Luxus, dessen selbst die ärmste nomadisirende Zigeunerin sich nicht entschlagen kann.

Während ich noch beschäftigt war, die Mädchen zu betrachten und mir vorzustellen, wie schön und plastisch die Formen derselben sein müßten, wie verführerisch dieser braune Teint ihrer Haut sein könne, wenn die Besitzerinnen derselben sich nur die leichte Mühe geben wollten, diese ihre Reize ein einziges Mal dem Donau-Wasser anzuvertrauen, hatte der Major sich mit ihnen in ein Gespräch vertieft. Die Mädchen zeigten beim Sprechen ein paar Reihen der weißesten Perlzähne und entwickelten in lebhaften Bewegungen eine natürliche Grazie, die ich später bei allen ihren Schwestern zu beobachten Gelegenheit hatte.

Der On-Baschi reichte ihnen die Schale mit Wein, die sie ohne abzusetzen leerten. Dann kamen sie an den eigentlichen Zweck ihres Hierseins. Beide stimmten einen näselnden Gesang an, erhoben sich gleichzeitig und begannen einen Tanz aufzuführen, der „Hora" oder so etwa heißen sollte und einem Bärentanz sehr ähnlich war.

Diese musikalische und choreographische Leistung der Mädchen währte, oft unterbrochen von den Scherzen des Majors und der Gesprächigkeit des Rittmeisters, etwa eine Stunde. Mir steckte noch der scharfe Ritt der letzten acht Tage in den Knochen; der feurige Wein that auch das Seinige dazu, um meine Lebensgeister zu erschlaffen — ich streckte mich auf mein Kissen hin, und unter dem näselnden Gesang der braunen Syrenen schlief ich ein, um erst mit Tagesanbruch zu erwachen, als der Rittmeister eben im Begriff war, in den Sattel zu steigen.

Das war mein erster Tag im türkischen Lager.

## In der türkischen Festung.

Etwa acht Tage lang befand ich mich in der Festung Widdin einquartirt, und zwar bei einem jungen Arzt, einem gebornen Ungarn, der bereitwillig sein auf dem Hofe, zu ebener Erde liegendes Zimmer mit mir theilte.

Etwas Langweiligeres, als der Aufenthalt in einem befestigten türkischen Platz, der sich noch dazu im Kriegszustande befindet, giebt es kaum auf dieser sonst so schönen und stellenweise sehr amüsanten Welt.

Denke Dir, lieber Leser, ein von starken Wällen umgebenes, von der daran stoßenden Stadt abgesondertes Fort. — Die Straßen desselben sind eng, krumm, schmutzig und wie alle orientalischen Straßen mit einem Pflaster versehen, das seiner Oberfläche nach etwa einem frisch aufgewühlten Acker gleicht. Die an sich schon düsteren Straßen sind von Strohmatten und Decken überhängt, welche von einem Hause zum andern reichen und nur hier und da einem Sonnenstrahl den dürftigen Raum lassen.

In diesen verhängten Straßen erhält sich ein penetranter Geruch von Knoblauch, faulem Gemüse und eau de mille choses; todte Hunde oder Katzen, allerlei aus den Häusern hierher geworfener Unrath parfümiren die Atmosphäre. Die Häuser kehren der Straße gewissermaßen den Rücken zu, und bieten derselben höchstens eine fensterlose Lehmwand mit einer niedren, in den Hof führenden Thür; nur die Kaffeehäuser zeigen der Straße die Schriftseite und in diesen sieht man die faulen Türken zu jeder Tageszeit mit dem Tschibuck oder dem Nargileh am Boden hocken, kein Wort sprechend, den Rauch in dicken Wolken vor sich hinblasend.

Truppenabtheilungen bewegen sich hin und her in diesen düstren, öden Straßen; Ochsenwagen, mit Brod oder Gemüse gefüllt, ziehen schwerfällig und knarrend über das entsetzliche Pflaster, neben ihnen ein gebräunter Walache mit großem Schnautzbart, unter seiner Pelzmütze schwitzend, nur mit einem über den Hüften gehaltenen grauen Hemd und grauen Hosen bekleidet und den beiden Ochsen mit dem großen Stock ins Hinterviertel stoßend.

Zuweilen auch kommt wohl ein total betrunkener Derwisch mit einer Art von Partisane, wie sie unsre alten Nachtwächter trugen, oder einem blanken Handschar in der Faust. Unter den gemeinsten Gliederverrenkungen und unanständigen Pantomimen, wenn ihm ein verschleiertes Weib begegnet, taumelt er die Straße entlang, stößt die wildesten Verwünschungen gegen die „Giaur", die Ungläubigen aus, welche den Padischah mit Krieg überziehen, und schwingt dabei die Waffe, als wolle er alle ihm begegnenden Ungläubigen auf der Stelle abschlachten.

Schon bei meinem ersten Eintritt in die Festung, als ich dem Gouverneur Sami Pascha, einem alten griechischen Luchs, Depeschen überbrachte, die ich aus Gefälligkeit zur Besorgung übernommen, begegnete mir einer dieser wunderlichen Heiligen; denn heilig sind alle Derwisch-Orden.

Unglücklicherweise geschah diese Begegnung gerade auf der über den Festungsgraben führenden Brücke. Ich sah diesen weißbärtigen Patron mit einem gemeinen Gesicht, auf welchem Sinnlichkeit und Brutalität geschrieben stand, durch das Festungsthor kommen und mit dem Handschar um sich hauen. Die Passage war eng; ich hörte ihn über die Giaur schimpfen, lehnte mich der Vorsicht halber an das Brückengeländer und zog meinen Revolver hervor.

„Was will der Kerl?" fragte ich meinen Begleiter, den ungarischen Arzt.

„Seien Sie vorsichtig," warnte dieser; „der Mensch ist betrunken; er schreit, er wolle allen Ungläubigen den Hals abschneiden!" flüsterte mir der Hekim zu.

„Das käme doch auf den Versuch an!" antwortete ich, mit dem Schloß knackend.

„Um Gotteswillen, wir sind verloren hier in der Festung!" rief der Hekim, indem er mich beim Arm nahm und hinter einen Pfeiler des Brückenthors zog.

In demselben Augenblick schoß der Derwisch auf die Stelle zu, an welcher ich gestanden. Mein Begleiter rettete sich und mich hinter den Thor-Posten und flüsterte ihm etwas zu. Dieser nickte; er stellte sich gerade vor uns und so schlüpften wir durch das Thor.

Meines Führers Besonnenheit rettete uns jedenfalls hier vor einem Auftritt, in welchem die ganze, durch den Krieg doppelt fanatisirte Bevölkerung gegen uns Partei genommen und selbst die Uniform des Sultans keinen Schutz verliehen haben würde.

Also ich befand mich in der Festung Widdin. Es war, als wälze sich mir ein Stein auf die Brust, als ich in dieses Schmutz-Eldorado eintrat, ja mir kam es vor, als hingen mir die dunklen Strohmatten bis auf den Scheitel, als sei ich eine Art von Kriegsgefangener.

Ich sprach dem Hekim meine Unlust aus, mich lange in dieser Umgebung aufzuhalten, und sehnte mich wieder in die frische Luft des Lagers hinaus; er aber gab mir die Versicherung, wir würden uns schon nach Möglichkeit die Zeit vertreiben, — eine Möglichkeit, die mir unbegreiflich erschien.

Der Hekim führte mich zunächst in das Serai des Paschas, ein Gebäude, das etwa einem deutschen Pächterhofe glich. Durch ein hohes, von Kawassen (Polizeisoldaten) belagertes Portal, welches auf beiden Seiten die Pferdeställe zeigte, gelangten wir in den Binnenhof.

Gott steh' mir bei! dachte ich. Dies also ist ein Serai! Dies also ist der Inbegriff Dessen, was Du Dir an türkischen Serai-Wundern vorgestellt! — Der Hof bestand zum größten Theil aus einem großen Misthaufen. Seitwärts von demselben führte ein schmaler Steig an den Dienstwohnungen der Unterbeamten vorbei zu einer Holztreppe, über welche man in die Dienstgemächer des Pascha's gelangte.

Die türkischen Pascha's stehen morgens um fünf Uhr auf; die Empfangszeit beginnt schon morgens sieben Uhr, und außer den Stunden der Mahlzeit ist Se. Excellenz den ganzen Tag hindurch zu sprechen.

Ueber einen weiten, mit Dienern und Kawassen besetzten Vorraum gelangte ich in das große Empfangszimmer des Pascha's, in dessen einer Ecke ich eine kleine Figur mit weißen Beinkleidern, lackirten Stiefeln, braunem Waffenrock, listigen kleinen Augen und grauem Bart entdeckte.

Es war der Pascha. Ich trat auf ihn zu, meldete mich ihm in französischer Sprache und wurde von ihm mit Aufmerksamkeit empfangen, auch sogar mit einer Schale Kaffee traktirt, welche mir auf einen Wink ein reich in Gold gestickter Diener auf der flachen Hand präsentirte.

Nach diesem Besuch konnte ich gehen und ließ mich von meinem Hekim in seine Wohnung führen. Durch eine kleine Thür, die mir eben nur wie ein Loch in der Wand erschien, traten wir in einen kleinen Hof, in welchem mehrere alte Weinstöcke verdrießlich und lebensmüde ihre grauen Zweige über die Erde dahin streckten. Rechts auf dem Hofe stand ein einstöckiges Häuschen,

in welches man durch eine offene Gallerie zu ebener Erde
eintrat.

In der Thür erblickte ich eine riesige Frauengestalt in heuschreck=
grünem Mantel, unter welchem ein paar plumpe, gelbe Ritter=
stiefel hervorschauten. Ueber diesem grünen Mantel zeigte sich
ein halb verschleiertes, rabenschwarzes Gesicht von erschreckender
Häßlichkeit, mit starken Backenknochen und tief liegenden, dumm
in die Welt hinein blickenden Augen.

„Ich habe die Ehre, Ihnen hier meine treue Zena vorzu=
stellen!" sagte der Hekim zu mir, als wir eintraten und vor der
riesigen Heuschrecke standen, die uns mit der thierischen Gut=
müthigkeit einer Negerin anlächelte, bei meinem Anblick einen
orientalischen Gruß in Scene setzte, auch Miene machte, sich zu
beugen und meinen Rockzipfel zu fassen, um ihn an ihre dunklen
Lippen zu drücken.

Mein Hekim wechselte einige türkische Worte mit ihr; sie zog
sich in's Haus zurück, während wir in dem Tscharback der Gallerie,
auf den daliegenden Polstern Platz nahmen. Schon in der nächsten
Minute kehrte Zena zurück, uns zwei Tschibuks und die Zange
mit der glühenden Kohle bringend. Sie hatte ihren grünen Mantel
abgelegt und erschien in einer Art von weißer Soutane, in welcher
sich ihre mammuthartigen Glieder so scharf abzeichneten, daß ich
erschrack. Auch den Schleier hatte die keusche Zena abgelegt und
präsentirte uns ein schwarzes Gesicht, aus welchem zwei Reihen
elfenbeinweißer Zähne hervorstachen und das als besondere Zierde,
oder vielmehr als Familien=Erkennungszeichen, auf jeder Wange
ein paar vernarbte Kreuzschnitte zeigte. In ihren beiden Ohren
hingen an großen Messingringen verschiedene schwere Zierrathe,
die ich anfangs für ein paar Schlüsselbunde zu halten geneigt war.

Erlaube mir, lieber Leser, Dir in dieser Zena unsere Haus=
göttin vorzustellen. Mein Wirth, der junge Hekim, hatte sie von
seinem Vorgänger geerbt, als dieser Marschordre bekommen, und

da auch er diese Marschordre jede Woche erwarten konnte, so war Zena, eigentlich eine Sklavin, so zu sagen, ein festes Mobiliar dieses kleinen Hauses geworden, das einem alten Türken gehörte.

Zena war damals für mich eine ganz merkwürdige Erscheinung. Sie maß ihre sechs Fuß und darüber, und blickte stets mit Wohlwollen auf uns herab. Sie schien auch für mich ein sehr schnelles Vertrauen gefaßt zu haben, wenigstens umgab sie mich vom ersten Augenblick an mit den erdenklichsten Aufmerksamkeiten.

Damals stand ich erst an der Schwelle des Orients; später hatte ich Gelegenheit zu finden, ohne daß ich mir jemals über die Ursache klar geworden, daß ich immer bei den Schwarzen ohne Unterschied des Geschlechts einige Fortune machte. In Kalafat befand sich z. B. unter den Baschi-Bosuks ein riesiger Neger, der mir unaufgefordert stets seine Dienste leistete, und wenn er mich im Kothe waten sah, mich in seine sehnigen Arme nahm und hinübertrug; in Varna folgte mir ein anderer Schwarzer wie ein Hund und in Afrika hatte ich ähnliche Gelegenheiten, solche Inclinationen zu erfahren. Ich muß also wohl für die Schwarzen etwas ganz besonders Sympathisches an mir haben.

Zena kredenzte uns auch den Kaffee in den üblichen kleinen Porzellanschälchen, verneigte sich dabei, indem sie die Hand erst zur Erde senkte, dieselbe dann auf die Brust legte und sie endlich an Mund und Stirn führte, eine umständliche, aber äußerst gefällige Ceremonie, welche in zwei Abtheilungen besagen will: „ich küsse den Staub zu Deinen Füßen," und: „was das Herz fühlt, spricht der Mund und dieser grüßt Dich."

Während wir unser „Käff" hielten (etwa dasselbe, was den Italienern die Siesta ist) war Zena nicht mehr sichtbar. Der Abend dunkelte allmählig auf uns herab. Mich beschlich ein Gefühl unendlicher Langerweile.

Ich hatte meine besonderen Gründe dazu, eine kurze Zeit in dieser Festung zu verweilen, und diesen Aufenthalt konnte ich mir nicht erträglicher wünschen, als in der Gesellschaft meines jungen, liebenswürdigen Wirthes. Hätte ich damals den Orient bereits länger gekannt, ich würde mich unendlich wohl gefühlt haben, so aber, während dieser ersten Zeit waren es namentlich die Gedanken, die mich auf dem weichsten Divan immer belästigten und mir wie Flohstiche zusetzten.

Oft blickte ich zu meinem Wirth hinüber, der neben mir mit einem Behagen auf dem Teppich lag, um welches ich ihn beneidete. Mit langen Zügen schwelgte er im Genuß seines Tschibuk, gab keinen Laut von sich und schaute in's Blaue hinein.

„Sagen Sie mir, um Gotteswillen," rief ich endlich, „an was denken Sie eigentlich!"

„An nichts, lieber Freund!" antwortete er, ohne eine Miene zu verziehen.

„Aber, mein Gott, wir liegen hier doch schon eine ganze Stunde wie ein paar Scheintodte!"

„Sie werden bald einsehen, daß dies der höchste Genuß des Orients ist!" antwortete er. „Lernen Sie an nichts denken, studiren Sie einen Zustand, in welchem Sie nur physisch vorhanden sind; machen Sie um sich her eine Demarkationslinie für die Gedanken, über welche diese sich nicht zu Ihnen wagen dürfen, mit einem Worte: lernen Sie an nichts denken!"

„Ich werde mir Mühe geben!" sagte ich ebenso trocken wie er, und wiederum trat dasselbe Schweigen ein.

Endlich erschien Zena in der Thür. Sie hatte das schwarze Haupt dicht in den Schleier gehüllt, den heuschreckgrünen Mantel um die Schulter gehängt, und hielt einen großen irdenen Krug in der Hand.

„Aha," dachte ich mir. „Die schöne Zena geht Wasser holen!"

Kaum war Zena über den Hof und in der kleinen, zur Straße führenden Thür verschwunden, als auch mein Wirth wieder ein Lebenszeichen gab. Er erhob sich langsam und schlug mir vor, eine Promenade auf den Wällen der Festung zu machen; er selbst erwarte noch einen Kameraden.

„Zena kehrt ebenfalls erst in einer Stunde zurück, denn sie hat jetzt ihre Conversationsstunde," sagte der Hekim, und jetzt setzte er mir auf mein Befragen auseinander, wie die Stunde des Sonnenunterganges für Zena und ihres Gleichen eine Zeit hohen Genusses sei.

„Wenn die Sonne untergeht," erzählte er, „begeben sich die türkischen Effendi (Herren) in die Moschee, und dies ist der Augenblick, welchen die Weiber benutzen, so fern sie nicht, wie die der Vornehmen, durch einen Aga oder einen Diener bewacht werden. Um diese Zeit schleichen die alten Weiber in den Häusern der jungen umher, um ihnen süße Geheimnisse zu erzählen, Winke und Rathschläge zu ertheilen, mit der Zunge der Verführung zu ihnen zu sprechen und ihnen zu verrathen, wie das Herz dieses oder jenes schönen jungen Effendi (wenn er Civilist), oder Aga (wenn er Militair), von ihren feurigen Blicken entzündet worden u. s. w. „Dschanim" (meine Seele), sagt sie, „der Effendi ist schön wie die Jünglinge des Paradieses; er schmachtet nach Dir, seiner Peri, und sendet Dir diese Blume; und zürnst Du ihm nicht, so erwartet er eine andere zurück, und Kusum (mein Lamm), Ihr könnt Euch sprechen im Selamlik meiner guten Freundin!"

Auch Zena beschäftigte sich, wie mir mein Wirth erzählte, gern mit Gelegenheitsmachereien, jedoch immer in Interesse ihres Herrn. Ihre Geschäfts-Börse befand sich am Brunnen, wo um Sonnenuntergang die Weiber zusammenkamen; und wie ich mich schon an demselben Abend überzeugte, da ich die Promenade abgelehnt und mich in das Haus zurückgezogen hatte, war Zena's Wirksamkeit keine erfolglose. Ich sah sie mit einer anderen weiblichen Gestalt in den Hof treten, die ebenfalls einen Krug in der Hand hielt, aber nachdem sie diesen in den Tscharback gesetzt, den groben Mantel abgeworfen und neben meinem glücklichen Freunde Platz genommen, sich in ein reizendes junges Weib verwandelte.

Ich beobachtete dies ungesehen. Als endlich das Schäferstündchen meines Wirthes vorüber war, stellte ich Zena, so unvollkommen meine Sprachkenntnisse auch noch waren, vor, wie auch ich Sinn für das Schöne besitze, ein Herz in der Brust trage, das gern in der Gesellschaft eines Andren klopfe, und wie es doch unbillig sei, wenn ich so leer ausgehen solle.

Zena lächelte, zeigte mir ihre weißen Zähne und antwortete: „Bakalym! Wir wollen sehen!"

Die Nacht kam. Wir zogen uns in das einzige Wohnzimmer zurück, über welches mein Hekim disponirte. Nach orientalischer Sitte war nämlich auch dieses Häuschen in ein Selamlik und ein Haremlik eingetheilt. Auf der einen Seite war das Selamlik, und dies bewohnten wir Beide; auf der andren befand sich das Haremlik, und da Zena unser ganzer weiblicher Contingent war, so bewohnte sie das andre Zimmer.

Meine Uhr zeigte auf acht, als wir Beide in das Zimmer traten, welches Zena durch eine kleine Lampe erhellt hatte, und in welchem der schwarze Kaffee, nebst einigen Schekelli und Zuckerwerk auf uns wartete. Dies war für heute unser Abendmahl, das jedoch von meinem Wirth noch durch eine Flasche serbischen Weins completirt wurde.

Durch die Unthätigkeit erschlafft, suchte Jeder von uns auf dem an den drei Seiten des Zimmers herumlaufenden Divan die Stelle, welche ihm als Schlafstätte die geeignetste erschien. Diesen Divan mag sich der Leser jedoch nicht als ein schwellendes Lager vorstellen; er besteht nämlich aus einer Art von Estrade von etwa anderthalb Fuß Höhe und Breite, einem mit Lehm gefüllten Kasten, über welchen ein Teppich gebreitet ist. Hat man weiche Kissen, wie dies in den behäbigen Wohnungen der Orientalen stets der Fall ist, so ist gut ruhen auf diesem Divan, ich aber wohnte hier bei einem Soldaten, dessen orientalischer Luxus mir sehr spartanisch erschien.

Mein Wirth streckte sich an der einen Wand hin und deckte sich mit seinem grauen Mantel zu. Ich suchte mir die andre Wand, placirte meinen Mantelsack als Kissen unter meinen Kopf und lag so hart, wie man eben auf einem Lehmboden liegen konnte.

Kaum glaubte Zena uns im Schlummer, als sie wie ein Engel durch das Zimmer schwebte, niederkniete, die Lampe nahm und mit derselben verschwand. Mir kam sie vor wie das schwarze Kameel, das nach der sehr poetischen orientalischen Sage zur Zeit der Pest des Nachts durch die Straßen schleicht und vor den Häusern Derjenigen niederkniet, welche für den andern Tag dem schwarzen Tode geweiht sind.

Um Sonnenaufgang waren wieder auf den Beinen. Meine Knochen schmerzten von dem harten Lager; ich nahm mir deshalb vor, den nächsten Abend dasselbe durch Heu oder Stroh polstern zu lassen. Mein Wirth verschwand schon nach fünf Uhr, indem er mir erklärte, er müsse die Lazarethe besuchen und werde vor Mittag schwerlich zurückkehren können; für den Abend jedoch werde er einen „Jümbüsch" veranstalten, der mir Gelegenheit geben werde, die Offiziere der Festungs-Garnison kennen zu lernen.

Ich wußte den Vormittag, nachdem ich schon um sieben Uhr mehre Kaffeehäuser absolvirt hatte, nicht besser zu verbringen, als durch eine Visite beim Pascha, mit dem ich mich einmal gründlich auszusprechen wünschte. Der Pascha war nämlich einer der reichsten der ganzen Türkei und in so fern merkwürdig, als er früher Mehmet Ali als Günstling und Divan-Effendi, d. h. Secretär gedient, die Revolutionspläne desselben an die hohe Pforte verrathen hatte und von dieser reich beschenkt, nach London und Paris geflohen war, wo er mit einer schönen Engländerin in intimem Verhältniß lebte. Sami Pascha war von Geburt ein Grieche, war zum Islam übergetreten und hatte es, nach Mehmet Ali's Fall zurückgekehrt, bis zu einem der einträglichsten Paschaliks gebracht.

Leider wurde mir im Serai gesagt, der Pascha sei mit wichtigen Depeschen aus dem Hauptquartier beschäftigt. Ich beschloß daher, den Vormittag in einem türkischen Bade zu verbringen.

Dies gelang mir besser. Hätte ich nicht schon in einem früheren Buche die orientalischen Bäder so umständlich beschrieben, ich würde dem Leser auch hier den ganzen Schmerzens- und Mißhandlungsprozeß, eine Folter schildern, durch welche man mir die fürchterlichsten Geheimnisse hätte entreißen können, wenn ich deren bewahrt und man dergleichen mir abgefordert hätte.

Gänzlich zerschlagen sammelte ich, so zu sagen, meine Glieder im Taschentuch und trug sie nach Hause; wie Schlemihl ohne Schatten, war es mir, als gehe ich ohne Haut nach Hause, denn der Schlingel von Badediener hatte mich wie ein Pferd gestriegelt, nachdem er mir alle Gelenke auseinander gerissen.

Zu Hause anlangend, glaubte ich eine Heldenthat verrichtet zu haben. Mein Hekim, der schon vor mir eingetroffen, sah mir meine gänzliche physische Auflösung an und fragte nach der Ursache.

Ich erzählte ihm, daß ich eben aus dem Bade komme, daß mich aber keine zehn Pferde jemals wieder in ein „Hamam" bringen würden. Er erschrak sichtbar, während ich den mir von Zena dargebotenen Tschibuk und den Kaffee nahm.

„Wie leichtsinnig!" rief er. „Sie kennen den Gesundheitszustand hier; Sie wissen, daß Typhus und Dyssenterie hier grassiren — wer bürgt Ihnen dafür, daß man Sie nicht in eine Decke gewickelt, aus welcher soeben ein Typhus-Kranker geschlüpft?"

Der Doctor schleuderte eine Bombe in mich hinein. Ich hatte mich mit einer solchen Wonne nach dem Bade auf die freie Galerie bringen, dort in Tücher wickeln lassen und, mich mit

Rauchen und Kaffeetrinken unterhaltend, eine ganze Stunde in der frischen Luft geruht; und jetzt ward auch dies mir verhängnißvoll!

Indeß vergaß ich bald in den Armen des Schlummers alle meine Besorgnisse. Ich erwachte erst, als es bereits dunkelte. Neben mir saß Zena, mit gekreuzten Beinen am Boden hockend und mich anlächelnd, als ich die Augen öffnete.

Unwillkürlich fiel mir ein, wie meine Mutter mir als Kind von dem Schutzengel erzählte, der neben meinem Lager sitze und wache, wenn ich schlummre; aber so schwarz wie diese Zena hatte ich mir diesen Schutzengel doch niemals vorgestellt.

Gleich nach Sonnenuntergang begann also unser „Jümblüsch." Zena erhellte unser Selamlik auf eine magische Weise durch seinige Lampen, legte die Teppiche auf dem Divan zurecht, einen anderen und größeren breitete sie in der Mitte des Zimmers auf dem Steinboden aus.

Es währte nicht lange, da erschienen verschiedene türkische Uniformen, in welchen ich mehre mir bereits flüchtig bekannte türkische Gesichter wiederfand. Auch die beiden Leibärzte des Pascha's erschienen und endlich zwei Adjutanten Omer Pascha's, die mit Depeschen vom Hauptquartier an den Gouverneur eingetroffen, und morgen mit Sonnenaufgang wieder in den Sattel steigen sollten, um die 80 Stunden nach Schumla zurück zu machen.

Die Gesellschaft ward bald eine sehr heitere. Die Ungarn sangen, tanzten und weinten, denn sie hatten sich alsbald in eine so tiefe Rührung hineingesungen, daß es auch mir endlich zu Muthe ward, als sei auch ich ein unglücklicher Ungar, der aus seinem Vaterlande verbannt worden. Diese Natursöhne voll des glühenden Patriotismus habe ich immer so gefunden: erst Czardas mit ausgelassener Freude, dann wehmüthige, molltönige Heimathslieder, und schließlich einige verstohlene Thränen. — Baßamateremtete! Es sind brave Leute, denen Herz und Kopf an der rechten Stelle sitzen, aber sie können nie begreifen, daß auch Andre eine Heimath haben.

Ich bin viel in der Pußta umhergestreift und habe die Ungarn kennen gelernt; aber es giebt doch auch noch andre Völker, die auch gern glücklich sein möchten!

Ich weiß, die Ungarn sind leicht verletzbar und wie es scheint vergessen sie auch nicht leicht; denn bei meiner kürzlichen Anwesenheit in Pest sagte mir Freund L., man habe mir einige leicht hingeworfene Aeußerungen, die ich vor Jahren während einer Reise in Ungarn gethan, noch nicht verziehen. Und doch waren auch jene Zeilen keineswegs böse gemeint. Ich habe oft, sehr oft mit den Ungarn getanzt, gesungen und getrunken, habe sie stets geschätzt und ihre Ritterlichkeit anerkannt, einem guten Freunde soll man also nichts übel nehmen.

Zu meiner Verwunderung sah ich auch die zu unsrem Jümbüsch geladenen Türken sehr stark dem serbischen Wein zusprechen, welchen uns Zena aus einem großen Kruge schenkte, und hier machte ich zuerst die Bemerkung, daß der Türke, wenn er einmal die Gebote des Propheten übertritt, kein Ziel im Genusse kennt. So ging denn auch hier die vergoldete Trinkschale bei den Türken fleißig von der Hand zum Mund; auch sie begannen einige näselnde türkische Melodien, bis endlich Zena eine etwa einen Fuß hohe runde Holzplatte in Gestalt eines Tisches vor uns setzte, das Brod in der Hand brach, rings herum auf den Rand der Platte Stücke von der Größe einer Hand legte und endlich ein geröstetes Lamm auf einer Holzschüssel hereintrug.

Das Mahl begann, indem wir die Beine auf dem Boden um diesen niedren Tisch kreuzten. Zena ging mit der Zinnkanne, dem Handtuch und einer großen Zinnschüssel umher, die Waschung zu veranstalten. Dann bohrte unser Wirth dem gerösteten Lamm den Zeigefinger in die Seite, sich ein Stück heraus reißend. Wir folgten seinem Beispiel, und alsbald lag das Skelett vor uns, als sei es von Raubthieren zerrissen oder abgenagt.

Dem Lamm folgte ein Fleischpillaf, dem Pillaf eine Art

Dessert, aus Rosinen, Mandeln und geknackten Wallnüssen bestehend. Den Schluß bildete der ewige Kaffee.

Gegen eilf Uhr war unser „Jümbüsch" zu Ende. Der schwere Wein war mir ein wenig zu Kopf gestiegen. Kaum hatten die Gäste uns verlassen, als ich mich auf den Divan streckte, den Kopf auf den Mantelsack warf und selig entschlief. Wie schwer mein Schlummer gewesen sein mußte, begriff ich am andren Morgen, als ich mich mit heftigem Schmerz an den Schläfen erhob. Ich hatte auf dem Absatz eines meiner in dem Mantelsack befindlichen Stiefel geschlafen, der denn auch für den ganzen folgenden Tag einen getreuen Abdruck seiner Umrisse auf meine Schläfe zurückließ.

Die Langeweile bemächtigte sich meiner in den folgenden Tagen auf eine entsetzliche Weise. Meine Angelegenheiten mit dem Pascha rückten nicht vorwärts; ich sah wohl, daß der alte Fuchs einen besonderen Haß gegen die Deutschen hatte, und beschloß, ihn endlich ganz links liegen zu lassen. Ich sandte dafür der Augsb. Allg. Ztg. eine Charakteristik Sami Paschas, welche ihm später überbracht und übersetzt wurde.

Sami Pascha war auch bei den Kalafater Offizieren nicht sehr gut angeschrieben. Gott mag wissen, wie ich mit einigen von diesen eines Tages auf die Idee kam, ihm einen kleinen Streich zu spielen, der mir selber um ein Haar schlecht bekommen wäre. Der Pascha sollte nämlich außer seinen ihm angetrauten vier Frauen (der Padischah selbst darf deren nur sieben haben) in seinem Harem noch zwanzig schöne Weiber, größtentheils Tscherkessinnen, besitzen, von deren Schönheit Alles sprach, obgleich sie wohl Niemand gesehen haben mochte.

Dieses Haremlik lag nun mit seinen Fenstern nach dem oben Platze vor dem Serai, und zwar nach einer Seite, auf welcher sich nie eine Wache befand. Oft hatte ich, wenn ich das Serai betrat, auf dem großen stets von dreißig Pagen oder Oglan's bevölkerten

Flur nach der Seite hinüber geblickt, wo ich die Thür zum Haremlik vermuthete, nie aber hatte ich den Schimmer einer Odaliske entdeckt. Nur den Aga des Harem, den Wächter, einen alten Eunuchen, mit krummem Säbel bewaffnet, hatte ich zuweilen auf der Estrade herum lungern gesehen, allenfalls auch wohl einen Diener, der mit einem der zarten Kinder des Paschas auf dem Arm durch die offenen Säle schlich.

Die Neugier ist eine große Verführerin. Eines Tages, gegen Sonnenuntergang, kam ich mit zwei Bekannten von einem Besuch der Wälle zurück und an dem Serai vorbei.

„Dort oben ist der Taubenschlag des Pascha's," sagte ich, zu den Fenstern des Haremlik hinauf zeigend, welche der Pascha, damit ihm Niemand hineinschaue oder damit seine Weiber ja in keine Versuchung gerathen sollten, mit großen Palissaden hatte zunageln lassen, so daß nur von oben das Tageslicht hinein fallen konnte.

Meine Gefährten waren von fast größerer Neugier als ich. Wir stellten uns den verpalissadirten Fenstern gegenüber, um möglicherweise durch eine Spalte irgend einen feurigen Blick oder überhaupt einen Schimmer des dahinter verborgenen süßen Geheimnisses zu erhaschen.

Wir hörten kichern und an die Bretter des Fensters klopfen. Man lachte uns aus; vergebens aber strengten wir unsre Augen an; die Bretter waren undurchdringlich. Endlich fiel eine Rosenknospe über die nach oben zugespitzten Bretter und vor unsre Füße.

Sechs Hände griffen gleichzeitig danach. Mit einem „Ew Allah, güsel kiss!" (Dank, schönes Kind!) drückte ich diese Knospe an's Herz; Ein großes Gelächter beantwortete diese zarte Phrase. Dann ward Alles wieder still.

Wir glichen dem Tiger, der Blut geleckt. Einer meiner Begleiter hatte inzwischen ein Werkzeug entdeckt, das seine Neugier befriedigen sollte; er kam mit einer langen Stange herbei, die er in der Nähe gefunden.

Vorsichtig um sich spähend, schlich er damit an der Wand des Hauses entlang und begann, die Spitze der Stange unter eine der Palissaden zu practisiren. Dies gelang. Mit verhaltenem Athem standen wir da, den Blick nach dem Fenster gerichtet, auf den Moment gespannt, wo der hölzerne Schleier verschwinden sollte.

Unser guter Freund arbeitete so geräuschlos wie möglich. Es war ihm gelungen, die Spitze der Stange zwischen das erste Brett und die Mauer zu bringen. Ein heftiger Ruck — die Palissade löste sich und polternd fiel sie herab.

Ein halbes Dutzend großer, pechschwarzer und funkelnder Augen mit olympischen Brauen, ein paar rothe Käppchen, ein paar volle weiße Nacken und Arme tauchten vor uns auf und waren wie ein Traumbild verschwunden. In demselben Augenblick aber rief uns unser Freund ein sauve qui peut zu, und ehe wir uns selbst von Dem Rechenschaft geben konnten, was uns eigentlich jagte, liefen wir die enge krumme Straße hinab.

Anfangs glaubte ich, das böse Gewissen setze uns seine Sporen in die Seite, bald aber hörte ich eilige Schritte und ein paar schreiende Stimmen hinter uns. Die Kawassen des Pascha, wahrscheinlich aufmerksam geworden durch das Poltern des herab=fallenden Brettes, waren uns auf den Fersen.

Wir waren schon verschiedene der krummen, bergab führenden Gassen durchlaufen, als der Erste von uns plötzlich in ein kleines Kaffeehaus sprang, vor welchem ein türkischer Offizier stand. Wir folgten ihm. Die Thür erreichend, erkannte ich Omer=Aga, einen Adjutanten des Marschalls Omer Pascha, einen Ungarn, mit welchem ich bereits bekannt geworden war.

„Um Gotteswillen, verrathen Sie uns nicht!" flüsterte ich ich ihm im Vorbeihuschen zu und hockte mich neben meine beiden

Gefährten auf die Matte, die ihre Aufregung verbergend, mit möglichster Ruhe Kaffee verlangten.

Omer-Aga verließ seinen Platz an der Thür nicht. Wenige Secunden darauf sah ich drei Kawassen athemlos vorbei kommen. Der erste von ihnen sprach Omer-Aga an. Ich hörte, wie er keuchend ihn etwas fragte, wie dieser aber nach türkischer Gewohnheit den Kopf hob, die Augen zum Himmel schlug und mit der Zunge schnalzte, — ein Zeichen der Verneinung. Die Kawassen jagten vorbei; wir athmeten wieder auf. —

Ohne Omer-Aga's Autorität würde uns unser Leichtsinn, das Verbrechen von Giaurs gegen die Heiligkeit der Wohnung, namentlich einer Frauenwohnung, sicherlich schlecht bekommen sein. — Da ich in der Festung nichts mehr zu suchen hatte, auch annehmen durfte, daß der Pascha auf die Spur der Thäter kommen könne, so hielt ich es für zweckmäßig, am andren Morgen bei Sonnenaufgang nach der Stadt und von da nach Kalafat zurückzukehren.

## Hauptquartier Schumla.

Eine der hartneckigsten Belagerungen, welche nur Pelissier durch die von Sebastopol zu übertreffen vermochte, die Belagerung von Silistria war vorüber.

Vierzig Tage lang hatte man dieser Donaufestung auf's härteste zugesetzt, dreißig Tage lang hatte man die einzige schon erwähnte Schanze, welche die Festung beherrschte, die Arab-Tabia, beschossen und zu stürmen gesucht; die in dieser Schanze liegenden arabischen Irregulären hatten dem mit Uebermacht andringenden Feind eine Tapferkeit und Ausdauer entgegen gesetzt, welche allen russischen Anstrengungen trotzte. Tausend Mann widerstanden dreißig Tage lang dem Sturm der Belagerer.

Wie ich schon damals an einer andren Stelle erzählt, gebührte unsrem Landsmann Grach, der als preußischer Bombardier sieben Jahre früher zur Reorganisation der türkischen Artillerie in den Dienst der hohen Pforte getreten, die Ehre der Erhaltung Silistrias. Er war es gewesen, der diese Schanze errichtete; ohne sie wäre Silistria selbst bei dem größten Heldenmuth der Vertheidiger verloren gewesen. Die Festung war investirt, zwei Brücken waren vom Feind über die Donau geschlagen, die Kosacken schwärmten meilenweit auf bulgarischem Boden umher. Die Westmächte hatten allerdings bereits bei Varna debarquirt; ein andrer Truppentheil derselben marschirte über Burgas zum Balkan, aber eine wirkliche Hülfe der hart bedrängten Feste zu bringen, wäre ihnen ebenso wenig möglich gewesen, wie dem Serdar Omer eine Entsetzung derselben durch die eigenen Truppen. Die Westmächte lagerten in Gallipoli, Adrianopel und Scutari, also weit von der Donau, und von dieser durch den Balkan getrennt; derjenige Theil ihrer Truppen, der in Varna gelandet, war allerdings nur drei bis vier Tagemärsche von Silistria, einen einzigen Tag vom türkischen Hauptquartier entfernt, aber eben dieser nächste Theil war gänzlich kriegsuntüchtig, und wie kläglich es mit ihnen bestellt war, das zeigte die einzige Recognoscirung, welche General Espinasse, der spätere Minister, in die Dobrudscha unternahm, für welche er nach Paris beordert wurde, um sich zu rechtfertigen.

Die Herren Franzosen begnügten sich daher, von der Küste des schwarzen Meeres aus nach Hause, an ihre Zeitungen zu schreiben, sie würden Silistria demnächst entsetzen, und Omer Pascha konnte beim besten Willen nichts weiter thun, als seine Lager echelonsweise vom Hauptquartier zur Donau vorzuschieben.

So standen die Dinge, als die Türken eines schönen Morgens um 3 Uhr einen Ausfall machten und zu ihrem großen Erstaunen die Russen nicht mehr vorfanden. Mehre russische Generale waren gefallen und verwundet, unter ihnen der greise Jelwan, dessen Leiche in die Hände der Araber gerathen, die ihm den Kopf abschnitten. Als General Schilder in die Festung sandte, um die Leiche fordern zu lassen, antwortete ihm Mussa Pascha beschämt, sie sei nicht gefunden worden. Auch Mussa Pascha, der tapfere Kommandant von Silistria war bald darauf gefallen. Die Russen hatten mindestens 12,000 Mann fruchtlos geopfert, die Türken 2 bis 3000 Mann von ihrer Garnison verloren. Das war der zweite Abzug der Russen, den ich an der Donau erlebte. Sie waren vor Kalafat so still abgezogen, wie sie sich vor Silistria zurückgezogen.

Omer Pascha versammelte seine Generalstabs-Offiziere im Hauptquartier Schumla, um über eine zu ergreifende Offensive zu berathen. Was von diesen in Silistria, gekämpft fand sich in Schumla ein. Es hieß, man werde den Russen nachrücken; doch war dies eben nur eine Vermuthung, an die Niemand recht glauben wollte, da man des Serdar's Abneigung gegen jede Offensive kannte.

Silistria war mit Eisen gepflastert. Die Spitäler waren von Kranken und Verwundeten gefüllt; die ganze Festung befand sich bei Aufhebung der Belagerung in einem Zustande, in welchem sie sich nur noch wenige Wochen zu halten vermocht hätte. Die Garnison wurde abgelöst. Truppen über Truppen bewegten sich auf der wieder practikabel gewordenen Straße zur Donau; der vierundzwanzig Stunden lange Weg von Silistria nach Schumla bot den Anblick eines ununterbrochenen militärischen Karavanenzuges; Truppen- und Magazin-Transporte kreuzten sich fortwährend, und zwischen den türkischen Colonnen sah man wohl zuweilen einen gemischten Trupp von französischen und englischen Offizieren dahin sprengen, welche die Neugier jetzt, da die Luft rein war, nach Silistria zog, um die halb zerstörte Feste in Augenschein zu nehmen.

Nur Oberst Dieu, ein Franzose, der auch jetzt noch in Frankreich, resp. Italien seine Rolle spielt, und die beiden Engländer Oberst Butler und Capitain Nasmith, von denen der erstere zugleich als Artillerist und Correspondent wirkte (er fiel während der Belagerung) waren die einzigen fremden Amateurs in Silistria. Als die Katastrophe vorüber war, fehlte es nicht an neugierigen Nachtigallen; so lange aber hatte man großmüthig die armen Türken sich selbst und ihrem Heldenmuth überlassen, den sie sowohl in den Laufgräben, als auf den Wällen und in den Schanzen so glorreich zeigten.

Während der Belagerung Silistria's hatte das Hauptquartier etwa die besorgte Miene eines Arztes gezeigt, der mit dem Puls eines im Todeskampf liegenden Patienten in der Hand dasteht und seine letzte Zuckungen erwartet, ohne ihm helfen zu können. Den Gedanken an eine Entsetzung der Feste hatte man bereits aufgegeben und seine Maßregeln getroffen, um nach dem Fall derselben dem Vordringen des Feindes einen Damm entgegenzusetzen, denn es unterlag keinem Zweifel, daß die Russen sogleich auf Schumla marschiren würden, das zu nehmen ihnen diesmal noch weit weniger gelungen wäre, als im vorigen türkisch-russischen Kriege, wo das russische Heer unter der persönlichen Anführung des Kaisers Nicolaus zweimal umsonst versuchte, Schumla zu nehmen, das die Türken seitdem als „Gasi," das siegreiche, bezeichnet.

Langsam und wellenförmig steigt das Terrain von der Donau zum Balkan hinauf, der seine Ausläufer phantastisch nach Bulgarien hineinstreckt. Der Balkan selbst hat nur drei Pässe, nämlich den von Sophia, von Tirnowa und von Pravadi, alle drei waren von den Türken auf's beste verschanzt; es war anzunehmen, daß den Russen diesmal, selbst wenn sie vom größten Glück begünstigt wurden, eine Forcirung dieser Pässe zum Marsch auf Constantinopel nicht gelingen könne, denn den Weg über Sophia, den westlichen Paß, hatten sie durch den Rückzug aus der kleinen Walachei aufgegeben; eine Erzwingung des engen, von steilen Höhen umschlossenen Janra-Thales vor Tirnowa hätte eine zeitraubende, kolossale Anstrengung erfordert; der Paß von Pravadi (der östliche, am schwarzen Meere) war von den englisch-französischen Vorposten-Lagern bewacht, die, wenn sie auch augenblicklich noch kriegsuntüchtig waren, doch den vordringenden Russen in die Flanke gefallen sein würden. Eine Operation in Bulgarien hinein hätte also den Russen in keiner Weise von Erfolg sein können, und was nutzte ihnen also im besten Falle der Besitz von Silistria, wenn sie erwarten mußten, daß die Alliirten, sobald sie mit ihrem Kriegsmaterial eintrafen, sich an der russischen Küste des schwarzen Meeres eine Stelle suchten, von welcher aus sie möglicherweise die russischen Truppen in der Walachei mit den Türken vereint in die Mitte nehmen konnten?

Jetzt, nach Aufhebung der Belagerung Silistria's, hatte das Hauptquartier seine Physiognomie gewechselt. Man athmete wieder auf, man sprang gleichsam aus den Fesseln heraus, in welche die Besorgniß, daß Silistria jeden Tag genommen werden könne, Alles gelegt hatte.

Omer Pascha hatte sich sogleich in die Festung begeben. Ich traf in Schumla einen Tag vor seiner Rückkehr ein. Aber in welchem Zustande! Mein Rock war zerrissen, und was ihm auch der türkische Schneider eines kleinen Donaustädtchens noch an Wohlthaten erwiesen hatte, war längst durch den Drang der Ereignisse und die Strapatzen des angestrengtesten Rittes wieder vernichtet, die Nähte schienen eine allgemeine Trennung verabredet zu haben und der Ellbogen streckte schon die weiße Friedensfahne heraus. Mein sämmtliches Schuhzeug war bereits geopfert und ich wanderte auf einem Paar in Tirnowa gekaufter Schuhe, die für irgend eine türkische Schönheit bestimmt gewesen, da sie, ehe sie in meine Hände geriethen, mit zwei hübschen rothen Bandschleifen geziert waren. Meine Pantalons waren in desolatem Zustande und meine ganze Leibwäsche, Dank dem Ungeziefer und dem communistischen Zuge türkischer Kameraden, bis auf das Unentbehrlichste reduzirt. Die Nothwendigkeit, stets den Feß zu tragen, hatte, da der Sommer mit einer wahren Gluth hereingebrochen, mein Gesicht mit einer Mulattenfarbe überzogen, und so debutirte ich denn im türkischen Hauptquartier als Baschi=Bosuk vom reinsten Wasser.

Mit seltsamen Gefühlen erreichte ich, von meinem Tartaren begleitet, die Anhöhe, zu deren Füßen ich Schumla erwartete. Der Ritt war scharf gewesen über die steilen Plateaux, an den Abgründen entlang, welche mich der schmale Gebirgspfad geführt. Am Morgen um fünf Uhr war ich von dem Balkan=Dorf Dschumaja aufgebrochen; es war ein Uhr Mittags, als ich die

beiden auf dem Rande des Plateau errichteten Schanzen erblickte;
ich hatte also acht Stunden in der heftigsten Sonnengluth im
Sattel gesessen.

Wie viel ich auch in den Lägern von Schumla gehört, ich
war doch überrascht, als ich, mich plötzlich an dem Höhenrande
befindend, hinab schaute und tief unten im Kessel, von steilen
Felswänden umschlossen, die Stadt Schumla erblickte. Die Oert-
lichkeit derselben ist eine sehr originelle, von allen übrigen befestigten
Plätzen so verschiedene, daß ich überrascht hinabschaute.

Schumla, das siegreiche Schumla, ist von keinerlei künstlichen
Wällen oder Befestigungen geschützt, die Natur selbst hat ihm seine
Wälle in dem Hochgebirge gegeben, welches es schützend umschließt;
und an diesen natürlichen Wällen hat sich der moskowitische Riese
mehrmals vergeblich die Stirn zerbrochen. Von Blut getränkt
sind die sämmtlichen, sich östlich und nördlich hinstreckenden Hoch-
ebnen; noch heute sieht man die Hügel dort, unter welchen die
Opfer jener vergeblichen russischen Anstrengungen verscharrt worden, und sicherlich wären sie ohne die Einmischung der Westmächte
auch diesmal der Schauplatz der fürchterlichsten Kämpfe geworden.

Zwischen den beiden Schanzen hindurchreitend, über welchen
der Halbmond mit dem Stern in rothem Felde wehte, begann
ich mit meinem Tataren den gewundenen Felspfad hinab zu klimmen.
Zu meinen Füßen lag eine friedliche Stadt mit weißen Minarets,
neuen Casernen, im Uebrigen aber ganz im orientalischen Gepräge.
Nach einer kleinen halben Stunde erreichten wir die Stadt selbst.
Eine Anzahl türkischer Soldaten lag vor einem Wachtgebäude.
Respectvoll erhoben sie sich, griffen zu ihren Gewehren und salu-
tirten mit einer Ehrfurcht, als sei ich der Serdar selbst.

Auf meine Frage nach dem Platz-Commando gab man mir
eine Richtung an, die so confus bezeichnet wurde, daß ich mich
lieber meinem Instinct überließ, und so vertiefte ich mich in das
Gewirr der Straßen.

War es in den Lägern schon bunt genug gewesen, so bot sich mir hier bald ein neuer, weit originellerer Anblick. Ich erreichte einen Platz, der vorherrschend mit Baschi-Bosuks bevölkert war. Türkische Schleifer hatten sich ringsherum aufgestellt, beschäftigt, die ihnen anvertrauten Handschar's auf den Steinen zu wetzen, daß die Funken sprühten. Gruppen von Irregulären hatten sich um einzelne Personen gebildet, welche Pistolen und lange Arnauten-Flinten zum Verkauf ausboten; Sättel, Schabracken und Zaumzeug wurden an verschiedenen andern Stellen geprüft — mit einem Wort: ich befand mich auf dem Waffenmarkt.

Durch einen Zickzack von Straßen, in welchen sich dichte Menschenknäuel gesammelt und in welchen Alles beschäftigt war, sich die näheren Umstände des Rückzuges der „Moskows" zu erzählen, erreichte ich den Markt, auf welchem sich das Platz-Commando befinden sollte. Hier an dieser Stelle begegneten mir zuerst einige europäische graue Hüte, sah ich zum ersten Male die fränkische Kleidung. Es waren dies Armee-Lieferanten und andere Speculanten, welche aus dem blutigen Conflicte hier Honig zu saugen suchten und auch wirklich zu saugen verstanden.

Durch sie wurde mir das Platzcommando bezeichnet. Es befand sich im ersten Stockwerk eines Hauses. Dem Tataren mein Pferd übergebend, stieg ich hinein und befand mich zu meiner großen Verwunderung in einem Kaffeehause. Hinter den der Oeffentlichkeit gewidmeten Zimmern trat ich in ein kleines mit Stein gepflastertes Gemach, in welchem ich einen Offizier am Tisch und hinter ihm auf einem Kissen einen türkischen Schreiber sitzen sah.

Ich stand vor dem Platzmajor, Namens Klitzschinsky, einem Polen, der mir bereitwillig mein Quartier anweisen ließ, und so befand ich mich denn nach einer Viertelstunde in dem Hause eines Bulgaren, und zwar so vortrefflich und bequem einquartiert, wie es mir in diesem Feldzuge noch nicht geboten worden.

Das Haus lag in einer ganz versteckten Gasse. Ueber zwei Außenhöfe gelangte man in den kleinen, von Akazien bewachsenen Binnenhof. Ein mit Kissen belegter Tscharbat winkte mir schon beim Eintritt entgegen. Der Bulgar, ein stämmiger Kerl von etwa vierzig Jahren, mit großem Schnauzbart und einer hohen Pelzmütze, empfing mich auf der Schwelle seiner zugleich als Wohnung dienenden Küche, und führte mich die Treppe, eine Hühnerstiege, hinauf, in zwei hübsche Zimmer, die er mir als mein Quartier anwies, zugleich auf den großen, in der Ecke stehenden Tschibuk von Jasmin zeigend, der mir zu Diensten stehe.

Sehr ermattet verschlief ich den ganzen Nachmittag. Als ich erwachte, stand einer der Offiziere aus Kalafat vor mir. Er hatte im Platzcommando meinen Namen gehört und mich um so lieber aufgesucht, als sich an der Donau das Gerücht verbreitet hatte, der Arnaut-Pascha, welcher in Nicopol commandirte, habe mich als vermeintlichen russischen Spion füsiliren lassen. In der That lag es nicht an dem guten Willen jenes Pascha's, wenn ich nicht in Nicopol begraben lag, denn ohne die zufällige Dazwischenkunft eines Adjutanten, der die Nachricht von dem Rückzuge der Russen nach Widdin und Kalafat trug und mich zufällig als Gefangenen fand, hätte man mit mir kurzen Prozeß gemacht.

Mein alter Freund schleppte mich zum Abendessen nach der Kottop'schen Loconda, dem Wirthshause eines Ungarn, welches den Sammelplatz namentlich der europäischen Offiziere bildete. Hier fand ich im Hofe unter einem weißen Zeltdach, bei magischem Lampenschein einen Kreis von Offizieren, unter welchen ich manchen Bekannten wiedersah.

Die Befreiung Silistrias bildete auch hier den Stoff des Gespräches. Iskender-Bei, Jacoub-Aga und manche andere Freunde waren nach den verschiedensten Märschen hier angelangt; die meisten campirten vor Schumla und Alle waren der Ueberzeugung, daß Omer Pascha, der heute Abend von seinem Ausfluge nach Silistria zurück kehrte, schon morgen die Defensive aufgeben und den Russen nachrücken werde.

Bekanntlich geschah dies etwa vierzehn Tage später; die Russen wurden von den nachbringenden Türken bei Giurgewo auf dem andern Donau-Ufer angegriffen und geschlagen.

Etwas benebelt durch den „schwarzen" Wein, welchen man hier trank, fand ich nach einhalbstündigem Suchen in den finstren und krummen Straßen und nachdem ich mich in mindestens zehn Sackgassen festgelaufen, mein Quartier wieder. Aber welch eine Nacht! All' das Ungeziefer in den so weichen Polstern, das bei Tage sich ruhig verhalten, begann in dem Dunkel der Nacht mobil zu werden. Trotz meiner Müdigkeit erwachte ich, angegriffen durch hunderte von schmerzhaften Stichen. Ich fühlte ein heftiges Brennen im Gesicht, denn einer der einsamen Tausendfüße, die hier selbst die Wohnungen heimsuchen, hatte seinen Weg über meinen Kopf genommen und mir eine förmliche Schmarre über das Gesicht gezogen, die am andern Morgen giftig aufgelaufen war. Gefoltert eilte ich in der Nacht auf den offnen Tscharback hinaus, deckte mich mit meinem Mantel zu und genoß jetzt endlich einige Stunden ruhigen Schlummers.

Am Morgen ganz zeitig kam ein früherer schleswig-holsteinischer Offizier, der seit mehren Jahren in türkischen Diensten stand, mit der Meldung, wenn ich dem Serdar vorgestellt werden wolle, so sei es jetzt Zeit. In der That, es war sechs Uhr Morgens, und das ist ja die türkische Visitenstunde! Seit vier Uhr war ich schon auf den Beinen, ja ich hatte bereits Wichtiges geleistet, indem ich mir ein Hemde gewaschen, und Lieutenant v. W. fand mich gerade, wie ich in der Ecke der Küche, meinen Kaffe kochend, auf meinem Mantelsack saß, um dem unter demselben liegenden, frisch gewaschenen und erst halb getrockneten Hemde durch die Schwere einige Politur zu geben. Mein Wirth bewohnte sein Haus mit einem kleinen Mädchen von etwa acht Jahren ganz allein, und da ich keinem von Beiden zumuthen konnte, mir diesen wirthschaftlichen Dienst zu leisten, so hatte ich ihn selbst übernommen.

Lieutenant v. W. mußte mit mir Kaffee trinken, dann trat ich, mir der frischesten Wäsche bewußt, mit ihm den Weg zum Serdar an.

Omer Pascha bewohnte ein ziemlich geräumiges Haus, dessen Vorraum von staubbedeckten Adjutanten und Ordonnanzen belagert war. Mindestens ein Dutzend schweißtriefender Pferde hielt vor dem Hause; unaufhörlich kamen die Rapporte, gingen die Instructionen; es war ersichtlich etwas im Werke.

Nirgends ist man von Dem, was geschehen soll, was vielleicht schon in der nächsten Stunde geschehen ist, so wenig unterrichtet, wie in einem Hauptquartier. Niemand hört und sieht, Alles ist in das tiefste Geheimniß eingehüllt, und nur die Kanzlei ist die einzige Mitwisserin. Aber auch sie schickt alle Geheimnisse versiegelt hinaus und oft sieht man eine Depesche sich an der Nase vorbeitragen, welche das Signal zu Ereignissen von der größten Bedeutung enthält.

So war es auch hier. Alle die im Konak des Serdars wartenden Offiziere waren überzeugt, daß etwas Großes im Werk, Alle aber hatten sie nur Vermuthungen, und da wir keine Veranlassung hatten, rückwärts zu gehen, so war man in diesen Vermuthungen einig, daß es vorwärts gehen müsse.

Während wir plaudernd dastanden, sprengte einer der Adjutanten des Serdars heran, den ich öfter im Lager von Kalafat hatte erscheinen sehen; ein geborner Ungar. Ganz von Staub bedeckt, sprang er vom Pferde. Er hatte dem Obergeneral St. Arnaud in Varna die Nachricht von dem Rückzuge der Russen gebracht, und kehrte mit dem für Omer Pascha bestimmten Großkreuz der Ehrenlegion zurück.

Nach anderthalbstündigem Warten schien der Marschall endlich Muße gewonnen zu haben. Lieutenant v. W. hatte sich in die Locanda begeben, um zu frühstücken. Jacoub Aga, der zufällig in den Hof trat, erbot sich daher, mich dem Marschall vorzustellen.

Dies geschah. Abermals stand ich vor einer kriegerischen Notabilität, deren Persönlichkeit ich mir im Geiste ganz anders ausgemalt hatte, und die auch in keiner Weise mit den Porträts übereinstimmte, welche man daheim verbreitet.

Omer Pascha stand vor einem von mehreren schreibenden Offizieren besetzten Tische, als ich mit Jacoub eintrat. Der Marschall reichte seinem alten Kriegsgefährten im Libanon, in der Herzegowina, und in der Walachei freundlich die Hand und lud mich ein, Platz zu nehmen. Als ich ihm in französischer Sprache sagte: ich sei ein Deutscher, unterbrach er mich mit der Bemerkung: gut, so sprechen wir Deutsch mit einander.

Unsere Unterhaltung währte nur wenige Minuten, da der Marschall häufig gestört wurde und von seinen Geschäften sehr beansprucht erschien. Die ersteren genügten mir jedoch, um zu bemerken, daß er für Deutschland keine besondere Sympathien empfand, und daß er speziell von Oesterreich nichts wissen wollte.

Dies durfte mich nicht Wunder nehmen. War der Pascha, ein geborner Kroate, Namens Latas, doch in seiner Jugend als Unteroffizier in einem Grenzer-Regiment über die Militairgrenze nach Banyaluka in Türkisch-Kroatien geflohen, wo er bei einem türkischen Krämer als Gehülfe ein Obdach fand, bis er auch von Banyaluka heimlich entwich und in dem damaligen Gouverneur von Widdin, Ibrahim Pascha, einen Beschützer fand, der ihm die militärische Carriere eröffnete.

Ich kann nicht sagen, daß die Persönlichkeit dieses damals so gefeierten Mannes auf mich einen angenehmen Eindruck gemacht hätte. Ich vermißte in seiner derben, musculösen Gestalt alles

Edle, in seinem groben und breiten Gesicht mit dem halb ergrauten Bart jeden Zug von Geist. Er kam mir vor wie ein Wachtmeister, und seine schlichte, etwas schäbig gewordene Uniform trug zu diesem Eindruck auch das ihrige bei.

Ich würde die Unwahrheit sagen, wenn ich behauptete, Omer Pascha habe sich gegen mich sehr freundlich gezeigt; im Gegentheil, er beobachtete in unserm kurzen Gespräch eine merkbare Zurückhaltung. Später erfuhr ich, daß gerade meine Mittheilungen in der Augsb. Allg. Zeitung „Aus dem türkischen Heerlager" ihn gegen mich gestimmt. Der Marschall las die Augsb. Allgemeine so wie einige Wiener Journale sehr aufmerksam, und einige Personen seiner deutschen Umgebung hatten nicht unterlassen, mich ihm zu empfehlen.

Namentlich mochten einzelne Mittheilungen, welche ich bereits von der Militärgrenze über ihn gemacht, den Marschall nicht sehr angenehm berührt haben, denn er selbst erzählte die Veranlassung seiner Flucht aus dem Grenzer-Regiment ganz anders, als sie mir dort von einem alten Militair, seinem einstigen Vorgesetzten, bezeichnet worden war.

Omer Pascha wurde mir als sehr liebenswürdig gegen seine Civil-Umgebung geschildert, desto rücksichtsloser aber war er gegen seine Offiziere im Dienst. Er protegirte die in der türkischen Armee angestellten europäischen Offiziere sehr ungern, weil er fürchtete, den National-Türken, namentlich den ihm untergebenen Pascha's hiedurch Veranlassung zum Mißtrauen zu geben; denn diese betrachteten ihn stets als einen Renegaten, dem kein Mahomedaner gern traut, und der damals noch allmächtige Riza-Pascha, sein Antipode, unterließ nichts, um ihn zu stürzen.

Als wir den Marschall verließen, trafen wir vor dem Hause einen Trupp Offiziere, deren Uniform mir auffiel, da ich sie weder für eine französische noch sardinische halten konnte. Mein Begleiter sagte mir, es sei dies der spanische General Prim, der von der Königin Isabella II. hierher geschickt worden.

Prim hielt sich nur einige Wochen am Donau-Kriegsschauplatze auf und kehrte dann über Deutschland nach Spanien zurück. Er verkehrte zuweilen in der Locanda, schien sich jedoch hier unter den Offizieren nicht sehr heimisch zu fühlen. Mit Unrecht verbreitete man damals die Nachricht, daß seine Rathschläge großen Einfluß auf die Haltung Omer Pascha's und der rumelischen Armee gehabt hätten. Omer Pascha war selbst gescheidt genug, zu wissen, daß nur in der Defensive sein Heil sei.

Die acht Tage, welche ich im Hauptquartier Schumla verbrachte, waren für mich eine Zeit der Ruhe, deren ich nur allzu sehr bedurfte. Als mich eines Morgens Jacoub Aga einen langen Brief schreibend auf der Erde liegen sah (denn eine andere Position war unmöglich) stellte er sich lachend neben mich und fragte, was ich da treibe. „Jacouba,*)" antwortete ich ihm, mir den Schweiß vom Gesicht trocknend; „sind Sie schon so sehr Türke geworden, daß Sie nicht mehr begreifen, was es heißt: einen Brief schreiben?"

„O ja," antwortete er mit derselben ironischen Miene, „ich begreife das schon; aber ich begreife nicht, was für einen Zweck der Brief haben kann!"

„Ich habe, seit wir Kalafat verlassen, keine Gelegenheit gehabt, den Meinigen ein Lebenszeichen zu geben, und da man hier die Nachricht verbreitet, ich liege in Nicopol begraben, so dürfte dies doppelt nothwendig sein," versetzte ich. „Morgen geht, wie ich höre, ein Courier der Feldpost nach Varna, ich will den Brief also heute zur Post geben!"

„Das kann Ihnen Niemand wehren," antwortete der Major, „aber daß er nicht an seine Adresse kommt, dafür bürge ich Ihnen!

---

*) Der Türke spricht das Aga nur A aus.

Der Marschall hat insgeheim den Befehl gegeben, alle Briefe der in unsrer Armee dienenden Europäer, überhaupt alle Briefe in's Ausland zu verbrennen. Ersparen Sie sich also diese Mühe, oder setzen Sie sich in den Sattel und bringen Sie selbst den Brief nach Varna auf die Expedition des Lloyd-Schiffes."

Da ich dem österreichischen und zugleich französischen Consul in Varna, welcher die Dampfschiffs-Agentur versah, empfohlen war, so blieb mir nichts andres übrig, als den nächsten militärischen Courier, der nach Varna ging, mit einem Briefe zu belästigen, der dann auch richtig bestellt wurde und die Meinigen daheim aus großer Besorgniß befreite.

Hätte der Marschall ehrlich handeln wollen, so würde er die Feldpost mit Oeffnung der ihr übergebenen Briefe beauftragt haben, die dann die unverfänglichen expediren, die andern aber hätte vernichten können, wie dies z. B. später im Lager vor Sebastopol geschah. Es ist eine Rücksichtslosigkeit, ja sogar eine Unmenschlichkeit, diejenigen Personen, welche an einem Kriegsschauplatz täglich allen möglichen Fährlichkeiten ausgesetzt sind, so von jeder Verbindung (wie mangelhaft und unzuverlässig dieselbe an sich schon ist) abzuschneiden, und ihre Angehörigen in Angst und Sorgen zu versetzen, wo vielleicht gar keine Veranlassung hiezu vorhanden. —

Meine interessanteste neue Bekanntschaft in Schumla war ein junger asiatischer Fürst, der schon bei meinem ersten Eintritt in's Hauptquartier meine Aufmerksamkeit erregt hatte. Als ich nämlich durch das oben erwähnte Kaffeehaus in das Zimmer des Platzmajors schritt, sah ich in der Ecke auf einem Divan einen jungen Krieger in phantastischer Kleidung ruhen. Zu seinen Füßen saß ein Diener, der nach seinem Gesicht zu schließen, offenbar der Hindu-Race angehörte und dessen ganze Aufmerksamkeit an der auf der Wasserpfeife seines Herrn befindlichen glühenden Kohle haftete.

Es war mir damals nur vergönnt, einen flüchtigen Blick

auf diese interessante Gruppe zu werfen, doch erinnerte ich mich derselben sofort, als ich mich unter Dach und Fach befand, und nahm mir vor, mich dem jungen Krieger zu nähern. Schon am nächsten Mittag begab ich mich in das Kaffeehaus zurück, fand ihn jedoch nicht dort. Ein halbes Dutzend türkischer Unteroffiziere saß beim Brettspiel am Boden. Unter diesen erkannte ich einen jungen Mann, der mir schon bei meinem Eintritt in Widdin auf der Straße sehr bereitwillig entgegen gekommen war, als ich die Locanda Alexo's suchte und mit dem ich im Lager häufig in Berührung gekommen war.

Er war Ungar, diente damals als gemeiner Husar und schien es auch jetzt noch nicht zu einer Charge gebracht zu haben. Während ich mir eine Strohmatte suchte und bei dem Kahwedschi eine Tasse Kaffee bestellte, bemerkte er mich, und grüßte überrascht. Ich winkte ihn zu mir. Auf mein Befragen antwortete er mir, daß er mit Iskender-Bei vor acht Tagen hier eingetroffen und täglich in diesem Kaffeehause verkehre. Ich fragte ihn, ob er den jungen Indier kenne, der mir gestern hier begegnet sei; er wußte mir jedoch nichts weiter zu sagen, als daß dieser junge Krieger, so viel er gehört, von irgend einem asiatischen Fürsten nach Constantinopel gesandt worden, um dem Padischah seine „Selams" zu bringen; daß er über Tirnowa mit einer kleinen Dienerschaft hier angelangt sei und in vollständiger Theilnahmslosigkeit stundenlang hier im Kaffeehause sitze.

Während wir sprachen, trat der Indier herein, gefolgt von demselben Diener, der ihm dasselbe kostbare, mit Steinen besetzte Nargileh nachtrug, einen Teppich vor ihm ausbreitete, als sein Herr sich auf dem Divan niederließ und sofort die nöthigen Anstalten machte, um das Nargileh in Brand zu setzen.

Mir war daran gelegen, mich diesem auffallenden jungen Krieger zu nähern; da es aber mit meinen orientalischen Sprachkenntnissen noch immer sehr mißlich aussah, bat ich den Ungarn, der schon seit fünf Jahren in türkischen Diensten, den Indier in meinem Namen anzureden und ihm zu sagen, daß ein Franke seine Bekanntschaft zu machen wünsche.

Der Ungar trat mit respectvollem Gruß zu ihm. Der Indier hörte ihn mit dem indifferenten Gesicht des Orientalen an, erwiderte nur einige Worte und ließ dabei sein großes, dunkles Auge zu mir hinüberschweifen. In diesem Augenblick trat einer der europäischen Galopins des Serdar ein, um sich zum Platzmajor zu begeben. Während er zu mir trat, kam auch mein Vermittler zurück mit der Meldung, ich sei willkommen. Diese Antwort, wie erwünscht sie mir war, bereitete mir einige Verlegenheit, denn erst jetzt dachte ich daran, wie ich eine Unterhaltung mit dem Indier anspinnen solle.

Doch der Zufall war mir günstig. Während ich mit dem Adjutanten sprach und den Blick zu dem Indier hinüber warf, sah ich eine lange dürre Gestalt in eine weiße soutanenartige Kleidung gehüllt, mit bleichem, gespenstigem Gesicht vor dem Indier stehen, sich vor demselben mit tiefster Ehrfurcht verbeugen und dann vor ihm auf der Erde niederkauern. Zu meinem Erstaunen erkannte ich in ihm denselben Hindu-Derwisch, der bereits in Widdin täglich zu mir gekommen und mein Gast gewesen war.

Der Hindu erkannte mich, als ich zu ihm trat und legte mir seine Freude, mich wieder zu sehen, in englischer Sprache an den Tag. Ich bat ihn, mich dem jungen Indier vorzustellen und der Hindu begann jetzt dem letzteren eine lange Anrede zu halten, die ersichtlich eine Lobrede über meine Person war. Dann wandte er sich an mich und hielt auch mir eine Rede, in welcher er sich in überschwenglicher Weise über die Persönlichkeit des ausgezeichneten Sind-Mirza aus Cachemir ergoß. Hatte der Hindu dem letzteren ebenso viel Ausgezeichnetes über mich gesagt, so konnte ich schon mit der Hülfe zufrieden sein.

Sind-Mirza ließ ein Nargileh bringen, sein Diener holte

von dem Kawedschi eine Platte mit kleinen Kaffeeschälchen, und
alsbald saßen wir in sehr interessantem Gespräch beisammen.
Der Hindu dolmetschte dem Prinzen, was ich sagte, und da dieser
wenigstens einige Kenntniß der englischen Sprache besaß, so
gelang es mir auch zuweilen, mich ihm direct verständlich zu
machen.

Mehre Tage hindurch besuchte ich Sind-Mirza jeden Morgen um 6 Uhr und trank den Kaffee bei ihm, der durch seine
Diener mit einer ausgesuchten, orientalischen Förmlichkeit in Scene
gesetzt wurde. Am vierten Abend erschien sein Diener bei meinem
Wirth, als ich in der Locanda saß, übergab diesem einen kleinen,
zierlichen Tschibuk als Geschenk für mich und brachte mir die
Abschiedsgrüße seines Herrn, der am nächsten Morgen mit Sonnenaufgang nach Anatolien aufbreche, um den dortigen Kriegsschauplatz zu besuchen. So kam mir mein indischer Prinz abhanden
und ich hab' ihn nicht wieder gesehen. In seinen großen, melancholischen, schwarzen Augen habe ich oft wie in einem indischen
Märchenbuch gelesen, und wenn ich ihn heute in der Erinnerung
sehe, wie er vor mir auf dem dunkelblauen Kissen saß, die zierliche Hand in den Falten seines seidenen Gürtels, das Auge
träumerisch auf den vor ihm knieenden bleichen Fakir geheftet, so
überrede ich mich noch immer gern, ich sei ihm nur in einem
lyrischen Album begegnet. Oft erinnere ich mich, wie er mich
fragte: „bist Du glücklich?" und wie ich ihm darauf antwortete,
wir Franken hätten wenig Muße, uns hierüber Rechenschaft zu
geben. Er freilich hatte gut fragen. Er wohnte im friedlichen
Thale von Cachemir, wo man viel Zeit haben mag, sich dergleichen Fragen vorzulegen, unsereins aber muß sich zwecklos in
der Welt umhertreiben und trägt am Ende doch nichts als Beulen
nach Hause.

Eine andere interessante Bekanntschaft ward die Folge meiner

Besuche bei Sind-Mirza. Als ich mich zum letzten Mal in seine ebenso versteckt wie die meinige liegende Wohnung begab, hatte ich in dem Labyrinth der krummen und öden Gassen meine Richtschnur verloren, und war, mich wieder orientirend, in eine Sackgasse gelaufen, an deren Ende ich in einen kleinen schmalen Hof trat, der von mehreren Tamarinden beschattet wurde. Hier sah ich einen Mann von etwa funfzig Jahren mit einem Mädchen sitzen, welche letztere mit dem Spulen von Wolle beschäftigt war, und deren Anblick mich an den Boden fesselte.

Das Mädchen trug eine fast griechische Kleidung, d. h. ein kurzes Jäckchen, das den Nacken blos ließ, auch nicht zur Hälfte auf die Hüften reichte, so daß zwischen diesem und dem vielfaltigen Röckchen das weiße Hembe freien Spielraum hatte und diesen benutzte, um sich üppig zu bauschen. Ihr glänzend schwarzes Haar war in breiten Flechten um die Schläfen gelegt, von einem rothgelben Tuch in maroccanischem Geschmack durchflochten, und hier und da hingen einige blanke Münzen zwischen Tuch und Flechten hervor. Ein paar breite silberne Spangen von der Größe eines Gänse-Ei's hielten das zierliche Jäckchen unter dem von einem rosafarbigen Tuche bedeckten Busen. Aus den weißen Hembärmeln schauten ein paar volle runde Arme hervor, deren kleine fleißige Hände emsig beschäftigt waren.

Ich stand im Anschauen vertieft da. Beide wurden auf mich aufmerksam und der Alte erhob sich, um mir entgegen zu gehen. Anfangs wollte ich, einen Irrthum vorgebend, mich zurückziehen, zu rechter Zeit aber fiel mir ein, daß es denn doch eine Thorheit sei, so abzuziehen. Ich fand schnell eine Ausrede und fragte nach dem Namen des ersten besten Offiziers, der hier einquartirt sein solle. Der Alte sagte mir mit einer Höflichkeit und Geschmeidigkeit, der ich sogleich den Zigeuner anmerkte, es wohne Niemand hier außer ihm, und da ich jetzt hier nichts anders mehr zu suchen berechtigt war, dahingegen keineswegs schon das Feld räumen wollte, so ersuchte ich ihn um ein wenig süt oder su (Milch oder Wasser).

Dem Alten schien das unverfänglich. Er bat mich, näher zu treten, und ging in das kleine Häuschen. Ich stand inzwischen vor dem reizenden kleinen Wesen, das, während ich in seine Nähe kam, schnell wie ein Blitz einen funkelnden Blick auf mich warf, dann aber hartnäckig die schwarzen Augen niederschlug, als sei ich gar nicht da, und sie erst wieder erhob, als ihr Papa mit einer Messing-Trinkschale in der Hand zurückkehrte.

Es war das reizendste Zigeunerkind, das ich je gesehen, so üppig, frisch und quecksilbrig, daß mir war, als müßte ich das Blut in den feinen blauen Adern ihres Armes coursiren sehen; dabei lag auf ihrem fein geschnittenen Antlitz eine solche Schelmerei, ein solcher Uebermuth, ein solches Bewußtsein ihrer Schönheit, daß ich meine Augen nicht losreißen konnte und die in meiner Hand befindliche Schale mit Milch ganz vergaß, an der mir übrigens sehr wenig gelegen war.

Rechtzeitig kam ich übrigens wieder zu mir. Ich bat den Alten, mich auf dem Holzstumpf, der unter den Bäumen lag, ein wenig ausruhen und mit Muße meinen Trank genießen zu können. Der Alte hatte nichts dawider. Wir begannen eine Unterhaltung, die bald sehr lebhaft wurde, als er hörte, daß ich von der serbischen Grenze komme, und so fand es sich, daß er selbst früher in Lom-Palanka gewohnt und seinen Pferdehandel jetzt hier unten treibe. Ferner ergab es sich, daß er der Agent eines großen Viehhändlers Jowan an der serbischen Grenze war, mit dessen Söhnen ich bekannt geworden.

Dies gab mir ein Recht, länger zu verweilen, und ich benutzte das nach Möglichkeit. Die Kleine lauschte aufmerksam, jedesmal aber, wenn sie ihre kohlschwarzen Blicke zwischen unsere Unterhaltung warf, gerieth meine Gedankenfolge in Unordnung, und ich vergaß, was ich hatte sagen wollen. Da ich sah, daß er im Hintergrunde seines Hofes einen Stall voll Büffel hatte, gab ich mich für einen großen Liebhaber von Büffelmilch aus und bat um die Erlaubniß, jeden Morgen, wenn ich hier vorbeikomme, eintreten zu dürfen und um eine Schale zu bitten, die mir aber von der schönen Hand der Tochter gereicht werden müsse. Der Alte erklärte, ich werde willkommen sein, und so schied ich.

Drei Tage hindurch war ich prompt an Ort und Stelle. Jedesmal nahm ich meinen Platz auf dem Baumstumpf und spielte so gewissermaßen den Hausarmen der Zigeuner. Jedesmal aber sah ich auch, daß das schwarzbraune Mädel eine andere Toilette gemacht hatte. Entweder wollte sie mir nur zeigen, welch' schöne Kleider sie besitze, was eine sehr verzeihliche Eitelkeit eines Naturkindes ist, oder sie wollte an meiner unbedeutenden Person eine Eroberung machen — genug die kleine Branka war so eitel, wie je eine Tochter Eva's gewesen, und ich gestehe, ich schmiedete insgeheim schon sehr egoistische Pläne.

Als ich am vierten Morgen wiederkam, stand der Papa in in der Hofthür mit einem Bund Knoblauch in der Hand. Meiner ansichtig werdend, trat er zurück, und als ich in den Hof schritt, kam er mir bereits mit der Schale in der Hand entgegen.

Branka saß wie gewöhnlich unter dem einen Tamarinden= baum — aber nicht allein. Neben ihr saß ein junger Mann mit einem hübschen, dunkelbraunen Zigeunergesicht, der den Arm um ihren Nacken gelegt hatte und, ohne mich zu beachten, weiter poussirte.

Der Alte wies auf die kleine Gruppe und erzählte mir, das sei der Bräutigam seiner Tochter, den er mit einem Auftrage nach Rutschuck gesaudt, da der Serdar die Ausfuhr des Viehs verboten habe. Branka warf mir einen schelmischen Blick zu und legte dabei ihr kleines Händchen in die Hand ihres Bräutigams; ich aber stand bei diesem Anblick da und machte ein so saures

Gesicht, daß mir die Schale Milch in meiner Hand zu gerinnen drohte.

Als wolle sie mich entschädigen, nahm sie, da ich diesmal früher ging als gewöhnlich, eine kleine Rose, die sie in der Regel über der linken Schläfe trug, aus dem schwarzen Haar und reichte mir dieselbe. Gute Miene zum bösen Spiel machend, zog ich ab und kam nicht wieder. Ich hatte plötzlich allen Geschmack an der Büffelmilch verloren. Ich beschloß, fortab alle Privat-Eroberungen aufzugeben und mich ausschließlich den Angelegenheiten zu widmen, um deren willen ich mich hier befand. War es mir doch auch in Tirnowa, in der Stadt der alten bulgarischen Könige, ähnlich ergangen. Ich hatte mich dort in ein junges Bulgarenkind vergafft, dessen große schwarze und glühende Augen mir den ganzen mahomedanischen Himmel zu verheißen schienen, und das, als ich die Hand nach diesem Himmel ausstreckte, mir in's Gesicht lachte, übermüthig sich in die Hände klatschte und davon sprang. Bei diesen Naturkindern weiß kein Mensch, woran er ist. —

Im Hauptquartier war es inzwischen viel lebhafter geworden. Die Konzentration der Truppen an der unteren Donau war bewerkstelligt; in der kleinen Walachei war nur ein unbedeutender Truppentheil zurückgeblieben; der Krieg sollte ersichtlich in eine neue Phase treten. Auch die westlichen Balkanpässe bedurften, nachdem die kleine Walachei vom Feinde geräumt, des Schutzes nicht mehr; es waren hiedurch mindestens dreißigtausend Mann disponibel geworden, die alle auf dem Balkanwege zum Hauptquartier marschirt waren und auf den Höhen um dasselbe herum ihre Lager bezogen hatten.

Natürlich hatte auch die Locanda, der Sammelplatz der Offiziere, größeres Leben gewonnen. Vom frühen Morgen bis spät in die Nacht hinein war es unter den weißen Zeltdächern im Hofe lebendig; säbelrasselnd kamen und gingen die Offiziere; von

Staub und Schweiß bedeckt erschienen die Adjutanten, wie sie vom Sattel sprangen, um sich in aller Eile zu restauriren; die Würfel klapperten den ganzen Tag hindurch auf den Tischen und unentwirrbar war das Sprachgemisch, welches sich an diesen Tischen entfaltete.

Hier saß eine Gruppe Ungarn beim „Schwarzen"; dort unterhielten sich ein paar Franzosen, die von Barna herübergekommen waren; weiterhin saßen einige englische Offiziere mit ihren rothen Jacken und den weißleinenen Feldmützen, die ihnen bis auf den Nacken herab klappten. Italiener, Spanier, Deutsche, Türken, Bulgaren und Armenier, Alles plauderte durch einander. In Babylon konnten nicht so viel Idiome geredet worden sein, wie hier im Hauptquartier. Oft geschah es, daß man mit einem Nachbarn, über dessen Nationalität man nicht im Klaren war, sich lange und gründlich in französischer Sprache unterhielt, die auch hier natürlich der Universal-Dolmetsch war, bis man dann endlich entdeckte, daß man einen ehrlichen Deutschen vor sich habe, der nach dem schleswig-holsteinischen oder sonst einem Kriege hieher verschlagen worden.

Zu den interessantesten Persönlichkeiten, die damals in der Locanda aus- und eingingen, gehörte Iskender Bei, der vor Schumla campirte, Zadik Pascha (Czaaiowsky), der Kosacken-Major, Grach, der als Oberst aus der Belagerung von Silistria zurückgekehrt war; ein anderer Preuße, Namens Detroit, der im Range eines Hauptmanns stand und, Magdeburger von Geburt, einst als Schiffsjunge vor Constantinopel seinem Capitän entlaufen war, und so manche Andre.

Die Palme, oder vielmehr der Lorbeer, gebührte aber Grach, einem liebenswürdigen jungen Mann, der als Adjutant und Parlamentär Mussa Pascha's um die Vertheidigung Silistria's sich das größte Verdienst erworben hatte. Mussa Pascha, der Commandant, war an seiner Seite gefallen; ein Bombensplitter war ihm in die Seite gefahren, als er n der Schanze eben sich die Hände getrocknet und er Grach das Handtuch reichte.

Leider war es mir nur zweimal vergönnt, mit dem sehr in Anspruch genommenen Grach zu plaudern, da er Schumla rasch wieder verließ. Wir waren Beide Nachbarskinder aus Trier und hätten uns wohl noch so Manches zu erzählen gehabt. Als wir uns trennten, mußte ich ihm versprechen, falls wir uns nicht mehr sehen sollten, seiner Schwester einen Gruß nach Berlin zu bringen, wenn ich zurückkehre.

Wahrscheinlich war dies der letzte Gruß, den der Arme in seine Heimath sandte. Er, der unablässig in den Schanzen Silistrias den Kugeln des Gegners ausgesetzt gewesen, und der sich dennoch während der ganzen blutigen Katastrophe kaum einen Finger ritzte, er ging nach Rustschuck, um seine Braut zu besuchen, und dasselbe Leben, das keins der zahllosen um ihn her einschlagenden Geschosse begehrt hatte, verlangte ihm dort die Dyssenterie ab.

Grach starb in den Armen seiner schönen Braut, betrauert von allen seinen Kameraden. Den Gruß, welchen mir der Lebende gab, hätte ich, nach Hause zurückgekehrt, nur von dem Todten bestellen können . . . .

Als wir eines Nachmittags in der Locanda zusammensaßen, trat ein Adjutant in den Hof mit der Nachricht, die Marschordre sei jeden Augenblick zu erwarten; der Kriegsrath habe beschlossen, den Russen nach und gegen die Donau vorzurücken.

Diese Botschaft wurde mit allgemeinem Jubel begrüßt; nur auf mich machte sie einen entgegengesetzten Eindruck. Also wieder zur Donau! dachte ich bei mir. Zur Donau, von der du eben kommst, und der du mit Freuden Ade gesagt!

Der Gedanke wollte mir nicht in den Kopf. Meine Sehnsucht ging nach Osten, wo große Ereignisse zu erwarten, sobald die alliirten Truppen kriegstüchtig waren. Aufrichtig gesagt, empfand ich einiges Heimweh nach der Civilisation; ich stellte es mir als eine Erholung vor, inmitten civilisirter Truppen zu sein und einmal wieder aus diesem Baschi-Bosuks-Leben heraus zu kommen, das mich gänzlich verwildert hatte.

Mein Entschluß war schnell gefaßt. „Gen Osten wirst Du ziehen!" sagte ich mir und begab mich sofort zum Platz-Commando, um das Nöthige zu meinem Abschied von dem türkischen Lager zu besorgen.

Major K. fand diesen Entschluß höchst thöricht; er behauptete, Omer Pascha werde ohne Zweifel die Russen aus der Walachei werfen und direct auf Bukarest, die Freudenstadt, marschiren. Meinetwegen konnte er direct nach Moskau gehen; mir behagte der Gedanke nicht, mich abermals an der Donau herum zu treiben; ja ich hatte, nachdem ich auf einer Nußschale, einem Kaik, an der anderthalb Stunden breiten Stelle der Donau, bei Wadin, eine Nacht hindurch bis am Halse im Wasser gesessen, nachdem man ferner in Nicopol die naive Idee gehabt hatte, mich trotz meiner Legitimationen als Spion über den Haufen zu schießen — ich hatte nach all Diesem einen wahren Abscheu gegen die Donau gefaßt und war von der Ueberzeugung durchdrungen, daß mir dieser Strom verhängnißvoll sei.

In der Türkei glaubt man leicht an Constellation, weil man stets versucht ist, die Sitte mitzumachen. Ich faßte mich daher kurz, machte Alles zum Aufbruch bereit, und am andern Mittag ging ich in die Locanda, um mich von meinen Bekannten zu verabschieden.

Meine Pferde standen draußen mit dem Tartaren vor der Pforte. Noch ein gutes Mittagsmahl, ein Glas vom „Schwarzen", ein „auf Wiedersehen", und ich saß im Sattel.

Die Sonne schickte versengende Strahlen herab, als ich über

das Hochplateau östlich davon jagte, zwischen den Hügeln hindurch, welche die Reste der im vorigen russisch-türkischen Kriege hier Gefallenen umschlossen. Achtzehn Stunden nach Varna hatte ich vor mir. Es war bei dieser Hitze nicht zu erwarten, daß ich das Lager der Westmächte noch in der Nacht erreichen werde, und für diesen Fall sollte mir Pravadi, der letzte Balkanpaß, ein Obdach bieten.

## Hauptquartier Varna.

Es war mir, als sei ein Stein von meinem Herzen gerückt, als ich am andern Morgen auf der Hochebene, am Ufer des Devno-Flusses dahinritt. Ein scharfer Ostwind kräuselte den Spiegel dieses Flüßchens und jagte dicke Staubwolken mir entgegen über die Ebene. Hunderte von englischen Soldaten, dem bei dem Dorfe Devno liegenden Artillerie-Park des General George Brown angehörig, badeten in dem Fluß; egyptische Baschi-Bosuks, französische Spahis, englische Horse-Guards jagten in den dichten Staubwolken über die Ebene vor mir dahin — das ganze sich vor mir entfaltende Tableau war ein so buntes, großartiges, daß ich vor Freude aufjauchzte.

So lange hatte ich mich in den Donau-Niederungen, zwischen den Hügeln des bulgarischen Ufers, in den Pässen und Schluchten des Balkans umhergetrieben, all den Schmutz, die Entbehrungen und die Langeweile der türkischen Läger getheilt; jetzt endlich weitete sich meine Perspective. Hinter mir und zur Rechten zeichneten sich an dem reinen Blau des Himmels die dunklen Umrisse der Balkan-Ausläufer ab; vor mir erglänzte der weite Spiegel des Schwarzen Meeres, an dessen Ufern sich für mich ein neuer Akt des großen, blutigen Drama entfalten sollte.

Was, dachte ich mir, können die Entbehrungen im Lager civilisirter Heere sein gegen die dumpfe brütende Stimmung, jene

durch den ewigen Hammel und Knoblauch durchduftete Eintönig-
keit und Unbehaglichkeit, in welcher du Tage und Nächte in einer
an Stumpfsinn streifenden Passivität verbracht, ohne die Möglichkeit, von all den geistigen Fähigkeiten, mit denen der Himmel den
Menschen bedacht, nur den unbedeutendsten Gebrauch zu machen!
— Mir war's wie Einem, der gefesselt dagelegen und sich plötzlich wieder frei fühlt. Wie die Staubwolken um mich her, wir-
belten auch die Gedanken und Ideen in mir auf, alle aber
conzentrirten sich in der einen Vorstellung: hier wirst du vor
allen Dingen auch dein Aeußeres mit all den schönen Dingen
in Einklang setzen, die in dir wieder lebendig geworden!

Ich konnte mir nicht verhehlen, daß, wenn ich so, wie ich
da war, unter den Offizieren der alliirten Westmächte erschien,
diese mich für einen jener türkischen Irregulären halten mußten,
welche vor Kurzem erst durch Raub und Mord die Landstraßen
hier unsicher gemacht hatten. Ich konnte mir ferner nicht verhehlen, daß ich pekuniär auf dem Punkte angelangt war, wo der
Mensch, wenn ihn nicht seine moralischen Grundsätze auf dem
guten Wege halten, leider so oft zu einer irrigen Anschauung von
Mein und Dein gelangt, denn mein letzter Piaster war unterwegs drauf gegangen.

Es war eine Unmöglichkeit gewesen, am Donau-Kriegsschauplatz irgend welche pecuniäre Hülfskräfte an sich zu ziehen; alle
Verbindung war unterbrochen, ich war monatelang auf Das an-
gewiesen, was ich besaß, und mit tiefer Wehmuth hatte ich schon
in Schumla den letzten Dukaten aus der Einsamkeit hervorgeholt,
in welcher er sich in einem meiner Kleidungsstücke eingenäht befand, denn nur auf solche Weise war es möglich gewesen, Geld
oder Geldeswerth auf diesem Schauplatz zu conserviren.

Wenn du erst in Varna bist, war seit Wochen mein steter
Gedanke gewesen, so findest du dort bei dem Dampfschiffs-Agenten
die nöthigen Gelder vor und wirst dann einen Aufwand ent-

falten, dessen ein Pascha kaum fähig! — Daß dies ein schöner Traum sein könne, das fiel mir nicht ein.

Dieses Eldorado hatte ich nun erreicht. Von meinem Tartaren begleitet, ritt ich durch die auf dem Campo errichteten Läger der Engländer, Franzosen und Türken, deren Offiziershütten, mit dichtem, aber von der Sonne versengtem Laub bedeckt, einen melancholischen Anblick boten. Welch eine Ordnung, welch eine Sauberkeit herrschte in diesem Lager, im Vergleich zu dem Schmutz, welcher die Donau-Läger mir schließlich zum Ekel gemacht hatte! Aber kein Baum, kein Strauch bot den armen Soldaten hier rings umher den geringsten Schutz vor den kerzengerade herabfallenden Sonnenstrahlen.

Vor mir lag die Stadt, die ihre halb zerfallenen Minarets in die sonnige Luft streckte; ein dumpfer, tausendtöniger Lärm drang mir entgegen, als ich zwischen dem Friedhof, auf welchem die stumpfsinnigen Aegypter ihr Lager aufgeschlagen, und dem großen, roth angetünchten Pascha-Konak hindurch mich in die Stadt vertiefte. Die Straßen waren von Militär-Transporten, Truppenmassen und bulgarischen Ochsenwagen dermaßen gesperrt, daß es schwer hielt, sich hindurch zu manövriren. Ganze Karavanen von schwerbeladenen Kameelen hielten, unfähig, sich weiter zu bewegen, an den Ecken; Alles schrie und heulte durch einander, und über das ganze Tohuwabohu hatte sich eine Atmosphäre von Knoblauch, Gemüse, Fleisch und tausend andren Düften gelagert, die von Staub geschwängert, die Straßen wie ein Heuschreckenschwarm verfinsterte.

Nach stundenlangem Umherirren vom türkischen Befehlshaber zum französischen und umgekehrt, war es mir gelungen, ein Obdach auf der nach dem Hofe liegenden Gallerie in einem griechischen Khan zu erobern. Kaum im Besitz desselben, übergab ich mein Pferd einem der französischen Soldaten, welche im Hofe die Pferde des Marschall St. Arnaud bedienten, und machte mich auf den Weg, den österreichischen und französischen Consul T. aufzusuchen, an welchen ich empfohlen war, und in dessen Händen ich den Schatz glaubte, welcher mich zum Crösus machen sollte.

Ein paar junge Mädchen empfingen mich in dem am Hafen gelegenen Hause des Consuls. Schnippisch und etwas mißachtend schaute die Eine auf meine so reduzirte Garderobe, während die Andre besorgt umherblickte, ob vielleicht Sachen von Werth im Zimmer befindlich. Ein solcher Blick aus schönen schwarzen Augen thut weh; die Eitelkeit verläßt uns nie, und mein wieder erwachtes besseres Ich fühlte sich also verletzt durch die mir hier widerfahrende Geringschätzung. „Meine Damen", sagte ich in schlechtem Italienisch, „ich bitte Sie überzeugt zu sein, daß ich besser bin, als ich ausschaue; wenn ich auch seit Monaten keine Gelegenheit gehabt habe, in einen Spiegel zu blicken, so bin ich doch selbst überzeugt, daß ich einem Marodeur ähnlicher sehe, als einem Menschen, der daheim nie ohne tadellose Wäsche und Glacéhandschuhe vor Damen zu erscheinen gewöhnt ist. Da aber in den Lägern vor Silistria dergleichen nicht zu haben war, so lassen Sie nur silberne Löffel oder was sonst Geldeswerth hier im Zimmer sein mag, getrost liegen, und verschaffen Sie mir Gelegenheit, dem Herrn Consul diesen Empfehlungsbrief zu übergeben, der mich genügend legitimiren wird."

Als die jungen Damen das große Siegel einer Gesandtschaft auf dem Briefe und das Siegel der Ehrlichkeit auf meinem Gesichte näher betrachtet hatten, boten sie mir einen Stuhl, und während die Eine ging, um den Brief zu besorgen, gab ich mir Mühe, mich der Andern von der vortheilhaftesten Seite bekannt zu machen. Die Erstere kehrte nach einigen Minuten zurück mit der Meldung, der Consul werde sogleich erscheinen. Ich war noch beschäftigt, in den Himmel der schwarzen Augen zu schauen, als mich aus diesem heitern Himmel ein Donnerschlag traf, der mich bis ins innerste Mark der Glieder erschütterte. Der Consul trat nämlich ein und empfing mich sehr liebenswürdig; meine Frage aber, ob Geldbriefe für mich eingetroffen, beantwortete er so gleichgültig, als habe ich ihn nach dem Wetter gefragt, mit einem Nein! — Gleichsam zum Troste setzte er hinzu, dies sei auch unmöglich, da die von Constantinopel kommenden Dampfer keine Gelder mehr beförderten.

Wenn man mir gegenüber behauptet hätte, es sei nicht wahr, daß man jemals in Californien ein Goldkorn gefunden habe, so würde ich dies eher geglaubt haben, als daß in Varna kein Geldbrief für mich vorhanden sei. Mit einem Seufzer verließ ich das Haus des Consuls; ich warf einen schmerzvollen Blick auf meinen Rock, um zu berechnen, ob es wohl noch angehe, die Nähte zu einer ferneren Ausdauer von einigen Wochen zu überreden, und gestand mir, daß ich einen namenlosen Appetit verspüre.

Der Zufall führte mich auf dem Rückwege an einer elenden Baracke vorüber, an dessen Mauern mit großen schwarzen Buchstaben geschrieben stand: „Restaurant des Officiers". Für mich lag eine Welt in diesen wenigen Worten. Einige Minuten stand ich da, in diese Inschrift vertieft; dann trat ich entschlossen ein.

Ich stand in einem nackten Zimmer, in welchem zwei aus rohen Brettern zusammengenagelte, mit ziemlich schmutzigen Laken bedeckte Tische verriethen, daß man hier vor Kurzem gespeist haben müsse. Ein Garçon mit sehr verschmitztem Gesicht und einer schmutzigen Serviette unter dem Arm trat mir entgegen und fragte, ob ich zu speisen wünsche.

Ob ich zu speisen wünschte! Trotz meiner mißlichen Lage mußte ich über diese Frage lächeln. „Mein Herr Garçon", sagte ich, auf der rohen Bank an dem Tische Platz nehmend, „ich wünsche allerdings zu speisen, habe aber mit Ihnen oder Ihrem Prinzipal vorher eine Capitulation zu schließen. Ich komme eben, wie ich da bin, vom Donaukriegsschauplatz und erfuhr vor wenigen Minuten, daß die Gelder, welche ich beim Consul T. erwartete, nicht eingetroffen sind, nicht eingetroffen sein können. Da ich mich jetzt am Meeresufer befinde, so habe ich die Absicht, bei Ihnen mein Pferd, meinen Sattel, mein Zaumzeug, meine Waffen, meine Uhr und was sonst nöthig sein wird, zu verspeisen. Sind Sie mit dem Geschäft einverstanden, so serviren Sie mir ein königliches Diner. Ich lasse Ihnen meine Uhr zum Pfande da; Sie geben mir dieselbe zurück, wenn ich Ihnen heute Abend mein Pferd gebracht habe, von dem ich mich ungern trenne, das mir aber jetzt um so entbehrlicher ist, als es ebenfalls Appetit haben wird. Das Weitere findet sich; augenblicklich ist Alles, was ich fühle, Hunger und namentlich Durst, denn man hat mir in meinem Khan ein Bund gedörrter Heringe gegeben, die hart wie Schuhsohlen waren und mir einen fürchterlichen Durst verursachen."

Der Garçon rief den Wirth, einen jener Hayfische, die stets den operirenden Armeen folgen. Dieser ging auf meinen Vorschlag bereitwillig ein, und so ward ich denn Pensionär des „Restaurant des Officiers", der mein Pferd schon am andern Morgen verschacherte und mir zwölfhundert Piaster dafür behändigte — eine Summe, die sehr schön klingt, aber nicht viel bedeuten will, da der türkische Piaster nur 1 Sgr. 10 Pf. werth ist. — Als ich meinen graziösen Rappen mehre Tage später von einem jungen Guiden-Offizier geritten sah und zu ihm trat, um letzterem mitzutheilen, daß „Selim" apportiren könne, auch als Tartaren-Zögling verschiedene andre hübsche Kunststückchen mache, streichelte ich das zierliche Thier; dieses aber wandte seinen Kopf ab, als wolle es sagen: hab' ich Das um Dich verdient? . . .

Alle meine Bemühungen, ein anständiges Obdach zu erhalten, waren gescheitert. Ich verbrachte auch die zweite Nacht, in den Mantel gehüllt, den Sattel als Kopfkissen, auf dem offnen Tschar-

back. War es die Folge der Strapazen an der Donau oder war
es Einwirkung des Klima, mich befiel während dieser Nacht ein
heftiges Fieber, das mir die Glieder schüttelte. Ein fürchterlicher
Durst plagte mich; zu meinem Unglück aber fand ich den neben
mir stehenden Wasserkrug leer. Ich rief in den Hof hinab, wo
etwa zwanzig französische Soldaten im Stroh schliefen; Keiner
aber hörte. Endlich mußte ich meine matten Glieder aufraffen
und selbst in den Hof hinabsteigen, um mir aus dem Brunnen
Wasser zu holen.

Wieder auf meinen Tscharback zurückgekehrt, den der Mond
mit seinem bleichen Licht übergoß, versuchte ich einzuschlafen.
Ich war so gescheidt gewesen, mir einen Arm voll Stroh mit
herauf zu schleppen, um mich in diesem zu erwärmen, hatte aber
hiedurch, ohne es zu ahnen, einen Schlafkameraden mit herauf
geschleppt, der mir meine Gastfreundschaft schlecht zu vergelten im
Sinn hatte.

Mit den Zähnen klappernd, mit vom Frost geschüttelten
Gliedern lag ich da, bis mich endlich eine glühende Hitze packte.
Ich hatte dergleichen Anfälle schon mehrmals während der Campagne gehabt und wußte, daß sie vorübergehend seien, indeß
hatten während jener Tage gerade der Typhus und die Cholera
ihren Einzug in das Lager der Alliirten gehalten, es galt also
Vorsicht.

Plötzlich, während ich da lag und auf den Schlaf wartete,
fühlte ich, daß sich in dem Stroh noch etwas außer mir bewegte,
gleichzeitig empfand ich ein Kneifen über meinem Schienbein.
Ich fuhr auf, riß den Mantel sammt dem Stroh von mir, und
sah zu meinem nicht geringen Schreck, wie sich ein schwarzer
Scorpion von etwa drei Zoll Länge eben anschickte, mir zu Leibe
zu gehen. Mit einer haftigen Bewegung schüttelte ich das Thier
von mir und schleuderte es über den Rand des Tscharback.

Mein Fieberzustand ward hiedurch nur verschlimmert. Erst

nachdem ich mich überzeugt, daß nicht etwa noch ein zweiter dieser giftigen Schlafkameraden bei mir sei, streckte ich mich wieder hin. Eine Stunde währte es, bis der Schlaf in mein Auge trat; aber aufgescheucht, wie es meine kranke Phantasie bereits war, erwachte ich jede Viertelstunde, da ich im Traume ein ganzes Heer von Scorpionen mich umkriechen sah. — Glücklicherweise hatte sich am andern Morgen mein Puls wieder beruhigt; durch die Theilnahme eines alten Kowassen, der in dem Khan einige Tage gewohnt und jetzt weiter reiste, wurde mir ein Obdach abgetreten, und zwar ein dunkles Loch, in welches das Tageslicht nur durch die Thür herein bringen konnte, das aber doch wenigstens vor den am schwarzen Meere herrschenden eiskalten Nächten schützte.

Die politischen und militärischen Zustände Varna's waren in jener Zeit sehr trübseliger Natur. Kolossale Transporte von Truppen, Kriegs- und Belagerungsmaterialien wurden täglich im Hafen gelandet; die Schiffe der damals in der Nähe, bei Baltschik liegenden westmächtlichen Flotte kreuzten unaufhörlich auf der Höhe; rastlos ging die Arbeit im Hafen von Sonnenaufgang bis Niedergang. Die Truppen der Aliirten in Varna, damals etwa 30,000 Mann stark, erwarteten die Verstärkungen, welche bereits in der Hafenstadt Burgas eingetroffen waren; andre Truppen sollten direct von Scutari und Constantinopel kommen und kamen auch täglich; die Stadt war längst überfüllt, die Lager draußen vergrößerten sich stündlich, aber gleichzeitig füllten sich auch die in aller Eile errichteten Hospitäler.

Das Klima hatte bereits Lagerkrankheiten erzeugt; die Unbesonnenheit namentlich der englischen Truppen im Genuß der Früchte, ihre schlechte Verpflegung und die ungesunden Lagerstätten hatten Typhus und Dyssenterie herbeigeführt, und war schon die ganze untere Donau eine einzige Typhus-Linie, so fand er hier bei den fremden Truppen einen Markt, der alsbald entſetzliche Reſultate lieferte. Wer draußen in den Lägern nichts zu ſuchen hatte, der vermied ſie, denn ganze Zeltreihen ſtarben in wenigen Tagen aus. Es fehlte an Aerzten, an Decken, an Medicamenten. Woher auch ſollte dies Alles in der Eile genommen werden? Die aliirten Truppen waren bis dahin noch ſelbſt von dem zur Kriegführung Nothwendigſten entblößt, ſie waren hier an's Ufer geworfen, ohne zu irgend einer Unternehmung fähig zu ſein — es fehlte an Allem.

Schon während der erſten Tage meines Aufenthaltes in Varna hatte ich vollauf Gelegenheit, die Aeußerungen einer Unzufriedenheit zu beobachten, welche namentlich unter den unruhigen Franzoſen herrſchte. Die Engländer in ihrem Stoicismus hatten mit der größten Gemüthsruhe der Dinge geharrt, die da kommen würden, indeß das Auftreten der Seuche machte auch ſie endlich ſtutzig.

In dem Restaurant des officiers kam ich täglich mit einer Anzahl franzöſiſcher Officiere zuſammen. Rückſichtslos ſprachen ſich dieſelben gegen die Planloſigkeit des Oberbefehlshabers St. Arnaud aus; es fielen die härteſten Beſchuldigungen. Der Marſchall ſeinerſeits glaubte als echter Franzoſe, die Ungeduld ſeiner Truppen beſchwichtigen zu können, wenn er täglich einen ſchwulſtigen Armee-Befehl erließ; in jeder ſeiner Proclamationen ſprach er von den nahen Siegen, von den Lorbeeren, welche die glorreiche Armée d'Orient zu pflücken ſich anſchicke, und was dergleichen Bombaſt mehr war.

Eine dieſer Proclamationen erregte namentlich große Indignation, da die Worte des Marſchalls geradezu der Wahrheit ins Geſicht ſchlugen. Ein junger Zuaven-Officier brachte ſie Mittags in den Reſtaurant, las ſie ſeinen Kameraden vor und zerriß ſie unter lautem Applaus der letzteren.

St. Arnaud, ſeinem ganzen Weſen nach ein Comödiant, hatte gut reden. Er reſidirte in ſeinem Palaſt zu Varna, von wo aus er das schwarze Meer übersah und lange vergeblich nach einem Punkt am Krim-Ufer hinausschaute, an welchem er den Russen in die Flanke fallen könne. Inzwischen aber wütheten die Krankheiten in seiner Armee und die erste Unternehmung, welche St. Arnaud durch den General Espinasse in Scene setzen ließ, die schon erwähnte Recognoscirung in die Dobrudscha, war so kläglich ausgefallen, daß der Unmuth der Soldaten aufs Höchste stieg.

Wie man behauptete, fühlte der Marschall schon in Varna, daß es mit ihm bald zu Ende gehen werde. Er litt an einer Krankheit, welche für unheilbar gehalten wurde, und möglicherweise suchte er sich selbst durch diese patriotischen Ergüsse nur zu galvanisiren.

Ihm zur Seite stand der Prinz Napoleon, der sich bald darauf in der Krim den Spitznamen Plon-Plon verdiente. Die Spannung, welche zwischen diesen beiden Persönlichkeiten herrschte, ist ziemlich allgemein bekannt; sie datirt noch vom Staatsstreich und gründet sich auf geheime Vorfälle während der Nacht zum 2. Dezember im Cabinet des sich eben zum Kaiser avancirenden Präsidenten. Man erzählte sich diese Vorfälle ganz offen. Ebenso erzählte man sich aber auch den Grund der häufigen Excursionen, welche der Prinz von Varna nach dem Bosporus machte. Gewiß sind die Ufer des Bosporus schön, ein lebendiges Märchen; die Medisance der unzufriedenen Soldaten wollte aber wissen, der Prinz vergesse bei diesen Excursionen nie, der in dem reizenden Bujukdere (dem Versailles von Constantinopel) wohnenden Marschallin St. Arnaud seine Aufwartung zu machen. Ja man ging noch weiter: man behauptete, der Marschall sei hievon unterrichtet und dies trage viel zur Verschlimmerung seines Zustandes bei.

Der Prinz spielte überhaupt in Varna eine eigenthümliche Rolle, die er auch später in der Krim fortsetzte. Ich erinnere mich noch der Revue, welche er damals vor der Expedition nach

Eupatoria über die gelandeten Truppen hielt. Wohl berechnend, welchen Effect seine Aehnlichkeit mit dem großen Oheim hier im Orient bei den egyptischen Truppen machen müsse, hatte er den Schnitt seiner Uniform dem jener großen Zeit so viel als möglich angepaßt; auch seinem Generalshut hatte er, als er an der Front der Egypter entlang ritt, die Richtung des großen Pyramiden-Helden gegeben und wirklich hatte dies den Erfolg, daß mehre der weißbärtigen egyptischen Irregulären aus der Front traten und sich vor ihm in den Staub warfen, fest überzeugt, der Sieger vom Berge Tabor sei von den Todten auferstanden.

Im Grunde konnte Niemand es dem Prinzen verdenken, wenn er in der zu Varna herrschenden Langweiligkeit und bei der Zweideutigkeit der Rolle, die ihm sein kaiserlicher Vetter hier übergeben, sich die Zeit zu vertreiben suchte, so gut es eben anging. Daß er in diesem Kriege von strategischem Einfluß sein werde, schien von vornherein nicht beabsichtigt; daß er hier den Ruhm des Soldaten suchen werde, konnte man von ihm nicht erwarten, da er die Instincte eines Soldaten nicht besitzt. Napoleon hatte ihn der Expedition attachirt, vielleicht um ihn zu beschäftigen; es durfte also nicht Wunder nehmen, wenn man bei seiner Rückkehr von der Krim nach Paris ihm nachsagte: „le Prince préfére la colique à Paris aux tranchées*) dévant Sebastopol." Welchen Antheil er damals wirklich an der berühmten Orient-Broschure besaß, ist nicht aufgeklärt worden, so viel ist aber als gewiß anzunehmen, daß Napoleon gegen seinen prinzlichen Vetter von da ab die Ohren spitzte und ernstlicher zu überlegen anfing, was er demselben wohl zutrauen dürfe. Napoleon mochte seitdem wohl etwas von Humboldt in seinem Vetter entdeckt haben, denn er drängte ihn auf das Feld wissenschaftlicher Expeditionen, und auch die Aufgabe, welche er ihm neuerdings im

---

*) Leibschneiden.

italienischen Kriege anwies, glich der eines ungeschickten Dilettanten, den der Förster beim Treibjagen an einem Punkte aufstellt, wo kein Wild zu erwarten ist. Die Oesterreicher hatten bei Solferino von ihm die beste Meinung, indem das Corps Liechtenstein bei Mantua stehen blieb, um Plon-Plon zu erwarten, den es im Anmarsch gegen den Oglio bei Marcaria vermuthete. Plon-Plon aber kam nicht, und so geschah es, daß eine Ueberschätzung seiner Aufgabe die Oesterreicher abhielt, den rechten Flügel der Franzosen zu umgehen. —

Eine dritte militairische Persönlichkeit von geringerer wirklicher Bedeutung als Ruf war der französische General Yussuf, dessen ich vorn schon flüchtig erwähnt, ein Mann, der es verstanden, sich mit dem Heiligenschein eines romantischen Interesses zu umgeben und der deshalb bei seinem Erscheinen in Paris für die Damenwelt ein Gegenstand großer Schwärmerei gewesen. Yussuf behauptete (und vielleicht mit Recht) afrikanischer Herkunft zu sein. Man erzählte von ihm, er sei in Tunis in einem süßen tête-à-tête mit einer Favorite des dortigen Deys ertappt worden, sei, nachdem er einen oder mehrere der ihn ertappenden Diener (auf ein paar mehr oder weniger kommt es nicht an) niedergestoßen, durch die unterirdischen Gänge des Serai geflohen, habe sich auf eine wunderbare Weise in einen Kahn gerettet und sei in diesem von einem der an der nordafrikanischen Küste kreuzenden französischen Kriegsschiffe aufgenommen worden. Er sei nun, da die Franzosen damals die Eroberung Algeriens begonnen, in eines der französischen Regimenter getreten, habe den Franzosen wesentliche Dienste in der Bekämpfung der Araber geleistet und sich so zum General aufgeschwungen.

Wie dem sein mochte, Yussuf war von Napoleon nach dem Orient geschickt worden, weil er ihn ebenso fähig in der Zähmung der türkischen Irregulären glaubte, wie in der Behandlung und Dressur seiner Landsleute, der Araber. Yussuf aber fand nach verschiedenen fruchtlosen Versuchen, daß mit diesen Baschi-Bosuks nichts anzufangen sei und schiffte sich wieder nach Afrika zurück ein.

Durch einen englischen Colonel lernte ich Jussuf kennen und hatte mehrmals Gelegenheit, mit ihm einige Stunden zu plaudern. Kurz vor seiner Abreise reichte er mir eine kleine originell geformte Thonpfeife, welche er rauchte, zum Andenken, und lud mich ein, ihn zu besuchen, wenn mich mein Weg nach Afrika führen sollte.

Ich hielt auch mein Versprechen, als ich einige Jahre darauf in Algerien reiste. Durch Blida reitend, fand ich es interessant, das kaiserliche Gestüt dort in Augenschein zu nehmen und mich dieserhalb an den hier commandirenden Jussuf zu wenden. Ich hielt vor seinem Hause an, drängte mich durch einen Haufen in dem Hausflur liegender Spahis, übergab seinem Ordonnanz-Offizier meine Karte und bat, dem General meine Aufwartung machen zu dürfen. Der Offizier brachte mir die Antwort, der General habe nicht die Ehre, mich zu kennen, er sei von Geschäften überhäuft und erst am andern Morgen zu sprechen. Da ich mit dem Herrn General nichts zu sprechen hatte, was nicht ebenso gut ungesprochen bleiben konnte, so verzichtete ich auf die Ehre, empfangen zu werden, und setzte meinen Ritt fort. Wie durfte ich auch erwarten, daß ein Franzose sich meines für ihn so unaussprechlichen Namens erinnern werde! —

Mein liebstes Plätzchen in Varna war ein in der Nähe des Hafens belegenes Kaffeehaus, in welchem die Offiziere der Aliirten zu verkehren pflegten. Ueber eine breite Pfütze gelangte man an die hölzerne Freitreppe oder vielmehr Leiter, über welche man zum Café hinanstieg und in eine nach dem Meere hinaus gelegene schmale Galerie trat. Drinnen saßen die französischen und englischen Unteroffiziere, namentlich die Zuaven, beim Kartenspiel; von hier draußen schauten wir auf den von der Sonne beglänzten, das Auge blendenden Spiegel des schwarzen Meeres hinaus, der fortwährend von Kriegsdampfern durchkreuzt wurde.

Eine unendliche Sehnsucht hatte sich unser Aller bemächtigt; Jeder fühlte das Drückende der Lage, der Ungewißheit, in welcher man sich befand, denn selbst die Generalstabs-Offiziere gestanden, daß man im Palais des Marschalls noch keine Idee habe, wie und wo man die Russen anzugreifen beabsichtige. Dazu kam noch, daß wir von allen Ecken und Enden verrathen, überall von Spionen umgeben waren. Die wohlhabendere türkische Bevölkerung hatte sich geflüchtet vor der Invasion der Ungläubigen, die mittlere und untere Schichte der Bewohner bestand daher aus dem Griechenthum, das bei seiner bekannten Speculationsgabe aus diesem enormen Zusammenfluß von Menschen seinen Nutzen zu schöpfen wußte und die besten Geschäfte machte. Diese Griechen aber waren es eben, die als Freunde der Russen, mit welchen sie schon ihre Religion aufs innigste verbindet, uns überall umhorchten und für den Feind hier den ausgedehntesten freiwilligen Spionendienst versahen. So viel stand wenigstens fest, daß die Russen besser von u n s e r e r Lage unterrichtet waren, als wir von der ihrigen. Alles was wir von den Bewegungen des Feindes wußten, bestand darin, daß er großartige Truppenbewegungen gegen Perecop machte, daß namentlich Sebastopol aufs imposanteste armirt sei und daß wir selbst (wenn Alles nach Wunsch ging) erst in einigen Wochen kriegsfähig sein würden.

Unter diesen Umständen (die noch dadurch verschlimmert wurden, daß von meinen zwölfhundert Piastern nur noch ein unbedeutender Rest übrig war) kam mir die Aufforderung eines Marine-Offiziers sehr gelegen, ihn auf einer kleinen Kreuzfahrt im schwarzen Meere an Bord der „Mouette" zu begleiten. Ich nahm dies an und am nächsten Morgen stachen wir in See. Unser Dampfer steuerte seinen Cours erst ganz östlich, dann plötzlich am Mittag wandte er sich wieder nördlich und nach einer Stunde lagen wir vor Odessa.

Ein herrliches Panorama entwickelte sich vor meinen Augen. Vor mir lag auf dem hohen Ufer die Stadt ausgebreitet; durch das Fernrohr sah ich auf den zum Hafen hinabführenden Terrassen ein buntes Ameisenleben; ebenso beweglich war es im Hafen, dessen Batterien namentlich ein Augenmerk des Schiffscommandanten waren. Ich erkannte bald den Zweck unsrer Promenade. Man sondirte das Fahrwasser vor dem Hafen. Langsam, aber mit großer Vorsicht bewegte sich die Mouette anfangs auf anderthalb Schußweite, dann allmälich näher.

Deutlicher traten die weißen Strandbatterien an uns heran. Das Fernrohr zeigte uns die Bewegungen der Soldaten in denselben; namentlich in der nördlichen zeichneten sich einige russische Offiziere vom höherem Range aus, die auch ihrerseits uns durch das Fernrohr beobachteten. Träge griffen die Räder unsers Dampfers in das Wasser. Ueber die Schanzverkleidung gelehnt, war ich in den imposanten Anblick Odessas vertieft. Ich achtete nicht auf die Stille, welche auf unsrem Verdeck herrschte, und wurde erst von meinen Beobachtungen abgezogen, als ich plötzlich ein lautes Commando hinter mir vernahm, das sich drei-, vierfach wiederholte und dem eine plötzliche Wendung unsres Schiffes folgte. Mit ganzer Kraft arbeitete der Dampfer gerade auf den Hafen los, machte abermals eine Wendung, welche den russischen Batterien die ganze Breitseite zeigte. Mit Besorgniß sah ich, daß wir längst in Schußweite der Russen gekommen. Ich blickte zum Commandanten hinauf, der unverwandt sein Fernrohr auf die Batterien gerichtet hatte. Abermals ein rasches Commando, dem ein ebenso rasches Manöver folgte. Ein dumpfer Doppel-Knall gleich dem einer Explosion schlug an mein Ohr und fast gleichzeitig heulte eine Kugel durch unsre Takelage. Abermals ein Commando, ein neues Manöver. Ein starker Ruck stieß mich von der Schiffsgalerie. Der Commandant beantwortete den russischen Gruß mit drei Schüssen. Dann legte unser Dampfer um und steuerte mit aller Kraft östlich. In doppelter Schußweite blieben wir jetzt vor Odessa liegen. Die Glocke rief uns zur Tafel; der Commandant, der bei guter Laune zu sein schien, spendirte von seinem besten Bordeaux und so fand uns der Abend.

Ich hatte keine Ahnung von dem Zweck unsres müßigen Daliegens und suchte früh das Lager. In der Nacht wurde ich durch eine ungewöhnliche Bewegung auf Deck geweckt. Ehe ich mich noch entschlossen hatte, hinaufzusteigen, begann die Maschine ihre Arbeit wieder. Man sagte mir, der Commandant habe soeben durch einen Aviso-Dampfer Depeschen erhalten. Ich suchte meine Schlafstätte und sah mich am andren Morgen zu meiner Ueberraschung wieder im Hafen von Varna. Die „Mouette" ging noch an demselben Tage zur Flotte bei Baltschik, ich meinerseits blieb, um mir einen definitiven Bescheid einzuholen, ob aus der englischen Expedition etwas werde, welche dem Schamyl 50 Kanonen und 30,000 Musketen zuführen solle, um die Tataren zu bewaffnen; eine grüne englische Idee, zu deren Ausführung eine der bei Baltschik liegenden englischen Fregatten den Auftrag erhalten hatte, die aber nicht ausgeführt wurde, weil sie nicht ausführbar war. Man hatte mich eingeladen, diese Expedition mitzumachen; überzeugt, daß die englische Regierung nichts beschließen werde, was nicht factisch auch möglich sei, hatte ich mich unendlich gefreut, den großen Tscherkessen-Fürsten kennen zu lernen, jetzt aber hieß es plötzlich, die Expedition sei aufgegeben, weil man die Unmöglichkeit erkannt, Schamyl diese Geschenke Ihrer Majestät von Großbritanien zuzuführen. Noch heute bewahre ich unter meinen Reise-Curiositäten den mir von einem Offizier, welcher die Expedition führen sollte, zu meiner Instruction übergebenen Zettel, des Inhalts: „H. M. Embassy in special Mission to Circassia. The expedition will take place in 10 days with one of the fregats of Black-sea. 50 guns, 30,000 rifles. Mr. . . . ad latus." Noch heute auch bedaure ich, daß aus dieser Expedition nichts geworden ist. Da mir indeß der Himmel doch einige Entschädigung hiefür bieten zu wollen schien, führte er mich kurz darauf mit der Gesandtschaft zusammen, welche Schamyl unter seinem ersten Lieutenant Emin Effendi an den Padischah sandte und durch welchen er letzterem ein Bündniß gegen den gemeinsamen Feind anbot, wenn die hohe Pforte seine Bedingungen annehme. Bekanntlich scheiterte diese Mission an den übertriebenen Forderungen Schamyls und derselbe versäumte eine so überaus günstige Gelegenheit, den Caucasus von der Fremdherrschaft zu befreien; eine Thorheit, die er jetzt mit seiner gänzlichen Unterwerfung und der russischen Gefangenschaft bezahlt.

Da der Consul mir bereits die Ueberfahrt von Varna nach Constantinopel offerirt hatte, mit dem Hinzufügen, daß ich die vierhundert Piaster dafür in Constantinopel zahlen könne, und die Einschiffung nach der Krim in den nächsten Wochen noch nicht zu erwarten war, so beschloß ich, die Schätze, welche ich in Varna vergeblich gesucht, in der Stadt des goldnen Horn's in Empfang zu nehmen. Der Vorsicht halber begab ich mich jedoch vorher in die Bureaux der französischen und englischen Feldpost.

Namentlich die letztere bot einen traurigen Anblick durch die großen Körbe voll unbestellbar gewordener Briefe, welche ich in einer Reihe aufgestellt sah und deren Inhalt sich täglich mehr häufte. Die Seuchen im Lager grassirten in erschreckender Weise. Der Oberbefehlshaber suchte zwar alle beunruhigenden, wie er sich ausdrückte: übertriebenen Gerüchte zu ersticken, aber Jedermann wußte dennoch, wie die Sachen standen, und man berechnete schon, daß das Lager der Allirten an 5000 Mann durch Krankheit verloren habe.

Die Stimmung ward hieburch immer mehr herabgedrückt; mit verdrossenen Mienen gingen die Offiziere einher; die Unmäßigkeit im Genuß spirituöser Getränke wird, weit entfernt sich zu mindern, durch den Schreck vor dem bleichen Tode, der durch die Lagergassen schreitet, nur noch mehr befördert, und namentlich auf englischer Seite nahmen die Excesse in dieser Hinsicht zu.

Die Straßen Varna's entvölkerten sich mehr und mehr, denn die furchtsame Bevölkerung suchte sich vor jeder näheren Berührung mit den Truppen abzuschließen, und hatten die Griechen und Bulgaren ihre Häuser und Höfe bisher so hermetisch verschlossen, um ihre Töchter dem Anblick der Soldaten zu entziehen, so schoben sie jetzt einen doppelten Riegel vor ihr Hofthor, um die Krankheit abzusperren. Selbst wer in einem Hause in Quartier lag, mußte, um hinein zu kommen, stets einen Mordspectakel an der Hofpforte machen und wurde erst eingelassen, nachdem sich der Wirth überzeugt, wer es sei.

Die Offiziere, die bis dahin trotz alledem noch ihren Humor bewahrt hatten, wurden immer schweigsamer; die jüngeren unter ihnen, die tagtäglich durch die krummen Gassen flanirten, um nach hübschen Griechen- oder Bulgaren-Mädchen auszuschauen, verloren all ihr Interesse für die Schönen, mit denen sie sonst Blindekuh gespielt, indem diese ihnen bei jeder Annäherung die Hofthür vor der Nase zuschlugen — mit einem Worte: man war verstimmt.

Der Dampfer von Constantinopel war gestern angekommen und morgen wollte ich mit ihm die Fahrt nach dem goldenen Fließ antreten. Als ich mich gegen Abend zum Consul begab, sah ich vor mir einen gemischten Trupp von mindestens einigen hundert Soldaten (Franzosen und Engländern aller Waffen) die Straßen sich hinab wälzen. Neugierig suchte ich voraus zu eilen, um die Ursache dieses Zusammenlaufs kennen zu lernen, und diese war denn in der That so überaus komisch, daß ich laut auflachen mußte. Alle diese Soldaten folgten einem jungen Paar, das auf dem Wege zum Hafen war, nämlich dem jungen Kapitän des Dampfschiffes, an dessen Arm seine Frau, ein hübsches junges Weib von kaum zwanzig Jahren, hing. Da nun, wie schon angedeutet, die Griechen und Bulgaren ihre Weiber und Töchter unter so strengem Verschluß hielten, daß man kaum einem weiblichen Wesen unter vierzig Jahren in Varna begegnete, so war den Soldaten der Anblick eines hübschen und jungen Weibes etwas so Außerordentliches, daß sie der jungen Frau bis vor die Thür der Dampfschiffs-Agentur folgten. Wie ich an dem Tage hörte, hatte der Kapitän sich vor kurzem erst verheirathet und seiner Frau den Wunsch, den Orient zu sehen, nicht versagen wollen. — Wer einen Kriegsschauplatz kennen gelernt hat und also weiß, wie an einem solchen das weibliche Geschlecht höchstens nur durch reizlose Mumien vertreten ist, der wird diese Scene in ihrer ganzen komischen Natürlichkeit begreifen...

In Gesellschaft eines Bekannten, der sich ebenfalls nach Constantinopel begab, fuhr ich am nächsten Mittag in einem kleinen Kaik an Bord des Dampfers. Fünf türkische Kriegsschiffe lagen im Hafen, mit der Verladung der Geschütze beschäftigt, welche sie nach dem asiatischen Kriegsschauplatz bringen sollten. An der Donau war eine Menge von Kriegs-Material disponibel geworden und da die hohe Pforte an solchem nicht gerade Ueberfluß besaß, so schaffte sie alles Entbehrliche nach Anatolien, wo die türkische Armee sich durch Krankheiten und schlechte Verpflegung in üblem Zustande befand.

Der Dampfer war bereits überfüllt von Angehörigen aller möglichen Nationen. Wie auf jedem im Orient fahrenden Passagierschiff war auch hier das Verdeck der Länge nach in zwei Hälften getheilt. Auf der einen Seite, hinter der Barriere lagen die türkischen und griechischen Weiber auf ihren Teppichen, die ersteren mit tief verschleierten Gesichtern; auf der andren Seite befand sich das männliche Geschlecht, und so war denn auch hier dafür Sorge getragen, daß durch Berührung beider Geschlechter kein Schaden geschehe. Unten in einer der Cabinen war der Harem irgend eines reichen Paschas eingesperrt, der seine Weiber nach Stambul flüchtete. Vor der Thür dieses kleinen Gemachs lag ein Eunuche wie ein Kettenhund. Keinerlei List gelang es während der ziemlich stürmischen Fahrt, diesen Wächter von der „Schwelle der Glückseligkeit" zu verlocken.

Es wehte ein scharfer Ostwind, als wir das Schiff betraten; unruhig schaukelte sich der „Fernando primo" an seiner Ankerkette und die braunen Gesichter einzelner Passagiere nahmen schon jetzt eine krankhafte gelbliche Färbung an. Kaum war die Ankerkette aufgewunden und das Signal der Abfahrt durch einen Kanonenschuß gegeben, als uns auch die Glocke bereits zur Tafel rief.

Ich suchte meinen Gefährten, um mit ihm zu speisen; er war auf dem ganzen Verdeck nicht zu finden. Ich stieg in die beiden Schiffssäle hinab und rief seinen Namen. Keine Antwort. Endlich trat ich an die Couchetten, welche sich gleich den Fächern einer Kommode über einander an der Schiffswand befanden, um meinen Mantelsack hervorzuziehen. Anstatt des Mantelsacks aber packte ich einen fremdartigen Gegenstand — es war mein guter Freund, der, von der Seekrankheit befallen, sich wie ein Bär wenn er sterben will, in den dunklen Winkel der Couchette verkrochen hatte und hier zusammengekauert seine Seele dem Himmel zurückzugeben beschlossen hatte.

Mit jeder Minute wuchs die Heftigkeit des Sturmes. Ich saß mit den beiden Kapitänen des Schiffes und einem Armenier schließlich ganz allein an der Tafel, da alle übrigen Passagiere mehr oder minder vom mal de mer befallen waren und je nach Bedürfniß die frische Luft oder eine dunkle Ecke aufgesucht hatten. Der erste Kapitän bat mich, den schlechten Tenedos-Wein stehen zu lassen und von seinem Marsala mit zu trinken. Ich nahm dies an. Mit der einen Hand die Flasche, mit der andren das Glas festhaltend, um sie vor dem Sturm zu schützen, der die verlassenen Feldstühle um uns her bereits alle über den Haufen geworfen hatte, saßen wir eine Stunde lang bei Tafel, bis endlich der feurige Marsala auch mir das Blut zum Gehirn jagte. Ich erhob mich und kletterte die Treppe hinan. Kaum oben angelangt, spritzte mir der Sturm einen Eimer voll Sturzsee ins Gesicht und badete mich von oben bis unten. Dennoch erkämpfte ich mir das Verdeck und fand hier ein Schauspiel, das mir wirklich ans Herz ging. Ueberspült von dem Spritzwasser, lagen die armen Weiber auf ihren ganz durchnäßten Teppichen. Ihre Kleider troffen von Wasser und klebten ihnen an den Gliedern; Sturm und Spülwasser hatten den Türkinnen ihre Schleier vom Gesicht gerissen und mit ihren bleichen Gesichtern, ihren großen schwarzen Augen starrten sie mit echt türkischem Fatalismus vor sich hin. Einen beklagenswerthen Anblick bot ein junges Mädchen, das bei der orientalischen Frühreife kaum zwölf Jahre alt sein konnte, sich an die Mutter anklammerte und bei jeder über die Brüstung schlagenden See ein ängstliches Gewimmer ausstieß. Das Kind war wunderbar schön; die Mutter aber schien ihre und des Mädchens traurige Lage ganz zu vergessen, denn sie war nur bedacht, das vom Schleier entblößte Antlitz des letzteren vor jedem profanen Blick eines Mannes zu schützen.

„Maschallah, so steh doch auf und bring' das arme Kind nach unten!" rief ich, zu ihr an die Barriere tretend. Die Alte aber schleuderte mir für meine gute Absicht einen wüthenden Blick zu und mehre der übrigen Weiber stießen einen Angstruf aus über diese unerhörte Frechheit eines Mannes.

Der Sturm tobte fort, bis wir am Abend im Hafen von Burgas anlegten. Hier war man den ganzen Tag hindurch mit dem Einschiffen französischer Truppen beschäftigt, denselben, welche man bereits in Varna erwartete. Lustige Militair-Musik wetteiferte hier mit dem Heulen des Sturms; französische Chansons erschollen von Bord der Schiffe; dazwischen hallten Signalschüsse, deren Donner der Ostwind gegen die Ausläufer des Balkan schleuderte und in hundertfachem Echo weiter trug.

Der ganze Hafen von Burgas bot durch den Schein der Fackeln und der an den Masten aufgehängten Laternen ein höchst originelles Schauspiel. Diese warfen ihre Lichter auf die dunklen und aufgeregten Wellen des schwarzen Meeres, auf welchen hunderte von Böten umhertanzten. Der größte Theil derselben bewegte sich den Kriegsschiffen zu; doch auch unser Schiff war bald von einer kleinen Flottille umringt, welche uns neue Passagiere an Bord brachte.

Mit wildem Lärm entleerten sich die Böte. Die griechischen, persischen, armenischen und tscherkessischen Kostüme, die bärtigen braunen Gesichter der aus den Böten springenden und die Schiffstreppe erkletternden Ankömmlinge, kurz der ganze Lärm um unser Schiff herum machte auf mich den Eindruck, als seien wir von einer Piraten-Flottille umringt, die uns demnächst über die Klinge springen lassen werde.

———

## Im Lazareth.

Eines unerträglich schwülen Juli-Vormittags bewegte sich in Constantinopel eine rothe, überaus bunt bemalte Araba*) von der Christenvorstadt Galata am Ufer des goldenen Horns die holperige, steile Straße nach dem eigentlichen Frankenquartier Pera hinauf. Die Hitze war tropisch, die faulen Türken saßen halbwachend auf den Ladentischen ihrer offenen Boutiken, die Griechen mit ihren weiten Pluderhosen hatten sich in den Schatten der niedern Dachvorsprünge ihrer hölzernen Verkaufsbuden geflüchtet; träge lag der türkische Posten vor dem Wachlokal und selbst die wilden Hunde, welche sonst stets die Gassen bevölkern, hatten sich ein dunkles Plätzchen in den Ecken gesucht.

In dieser Araba saß ein armer Unglücklicher, todesbleich und kraftlos zurückgelehnt, einen Schmerzenslaut erstickend bei jedem Stoß, welchen die Araba, sich schwerfällig über das constantinopolitanische Pflaster bewegend, ihm versetzte, während der Fuhrmann mit einem „Ohe!" das müde Zugthier bergan trieb. Dieser bleiche Unglückliche, verehrter Leser, war ich selbst. Lagerfieber, Typhus und Cholera hatten mich in den Donau-Lägern nicht angefochten, aber „es stand geschrieben," daß ich doch nicht

---

*) Türkischer Wagen von altmodischer Form.

ganz leer ausgehen sollte, und so hatte mich denn bei einem angestrengten Ritt, als ich während des Tages jedes überflüssige Kleidungsstück von mir geworfen und so, erhitzt, vom kalten Abendwind überrascht wurde, eine Brustfellentzündung rücklings vom Pferde geworfen.

In ein Quartier zu Galata gebracht, hatte ich, wieder zu mir kommend, Blutegel verlangt; man hatte mir Dinger so groß wie Neunaugen geholt, und mich mit diesen giftigen Thieren halb todt gemartert; man hatte mir aus einer „Farmacia" Medizin gebracht, die, wie fast alle türkische Medizin, aus gefärbtem Wasser bestand; man hatte mit mir mancherlei andre Anstalten getroffen, mich allerlei andren Martern unterworfen, bis endlich meine Bekannten zu dem Entschluß kamen, mich in das Hospital des deutschen Wohlthätigkeits-Vereins zu schaffen. Auf diesem Wege befand ich mich in der oben genannten türkischen Araba.

Wie oft hatte ich meine Scherze über dieses Fuhrwerk gemacht, wenn ich einen dicken Türken, ganz in Weiß gehüllt, in einer solchen Araba an mir vorbei kutschiren sah; wie oft hatte ich neugierige Blicke in dieselbe geworfen, wenn ich den Harem eines Türken eine Spazierfahrt machen und aus dem Innern die dunkeln Augen der Orientalinnen herausblitzen sah! Und jetzt saß ich selbst darin, im Begriff, eine der traurigsten Spazierfahrten zu machen, die einem Reisenden beschieden sein können!

„Jawasch! Jawasch!" riefen meine, neben der Araba gehenden Freunde, wenn der Fuhrmann seinen Wagen über einen der riesigen Feldsteine des Pflasters lenkte und das Rad knarrend sich wieder in den Abgrund daneben bohrte, so daß ich hätte laut aufschreien mögen. „Ohe!" antwortete der Fuhrmann und steuerte getrost auf den nächsten Stein los.

So erreichte ich das deutsche Hospital auf der Höhe, am Ende des Frankenquartiers Pera und wurde hier der Pflege der barmherzigen Schwestern übergeben.

8

Schwer ist es, daheim krank zu sein; schwerer noch, auf Reisen von körperlichen Leiden befallen zu werden; am schwersten aber, müßig und unter Schmerzen dazuliegen an einem Schauplatz und in wildbewegter Zeit, wo jeder Tag, jede Stunde große Katastrophen herbeiführen kann, wo die Luft von Gerüchten geschwängert ist, das Ohr stets lauscht, das Auge auf jedem Antlitz eine Freuden= oder Schreckensbotschaft zu lesen sucht!

Der Krim=Krieg hatte damals begonnen. Selbst betheiligt an diesen Katastrophen hier, nur anwesend, um ein Zuschauer derselben zu sein, machte der Gedanke an alles Das, was die Stunde an großen Ereignissen mit sich führen konnte, mit einem Worte: die Ungeduld mir mein Lager zum glühenden Rost. Das Fieber hämmerte mir in den Pulsen, der Schmerz fuhr mir bei jedem Athemzuge wie ein Dolchstich durch die Brust; jeder Schritt vor meinem Zimmer schnellte mich erwartungsvoll auf, denn drüben schlugen sie sich tagtäglich, von jedem Kommenden erwartete ich Nachrichten.

Die Hitze ward mit jedem Tage unerträglicher. Die Jalousien meiner Fenster waren den Tag hindurch geschlossen, aber ohne Fensterscheibe, waren sie nicht im Stande, mich vor dem glühenden Hauch des Sirocco zu schützen, der mir mein Gemach zum feurigen Ofen gestaltete. Erst wenn der Abend kam und die Jalousien geöffnet wurden, um die frische Luft herein zu lassen, athmete ich auf; diese frische Luft aber trug mir eine ganze Legion kleiner Quälgeister, die fliegenden Wanzen, herein, welche sich die Nacht hindurch auf eine impertinente Weise mit mir unterhielten.

Wohlthuend und tröstend war die Theilnahme, welche mir mehrere diplomatische und consularische Persönlichkeiten erwiesen, an welche ich vom Lazareth aus meine Empfehlungsbriefe sandte; sie versahen mich mit Zeitungen und anderer Lectüre; aber die Nachrichten, welche ich darin las, prickelten meine Ungeduld wie mit Nadelstichen.

Der *sche Geschäftsträger Dr. M., ein ausgezeichneter Gelehrter, kam fast täglich ins Lazareth, das einen seiner Landesangehörigen und Schutzbefohlenen, einen jungen Cadetten, beherbergte, den man, an der Brustwassersucht leidend, von seinem Schiff hieher transportirt, und der in dem mir gegenüber liegenden Zimmer untergebracht sein sollte.

Eines Tages, als ich gerade in der Krise lag, und der Arzt mir besonders Ruhe anempfohlen hatte, trat Dr. M. mit einem Aktenstück unter dem Arm in mein Zimmer und setzte sich an mein Bett. Auf meine Frage nach dem Befinden des jungen Cadetten antwortete er mir, der junge Mann gehe seiner Genesung entgegen und habe ihm soeben einen Brief dictirt, den er, Dr. M., an die besorgten Eltern schicken solle.

M. erhob sich nach einer halben Stunde wieder und ging. Dabei vergaß er, die Thür hinter sich sorgfältig ins Schloß zu legen. Diese öffnete sich langsam hinter ihm wieder, ohne daß er es bemerkte, und ich, ohnehin schon in starkem Fieberzustand, sah vor mir auf dem Corridor — einen schwarzen Sarg, aus welchem mir das geisterbleiche Gesicht einer Leiche entgegen schaute.

Anfangs wollte ich dies für ein Fieberbild halten. Ich rieb mir die Augen und starrte noch einmal hin. Richtig: da lag die Leiche!

In diesem Augenblick trat die Diakonissin, welche zufällig im Corridor anwesend sein und das Aufgehen der Thür bemerkt haben mußte, zwischen mich und jenes Bild und kam an mein Bett.

„Erschrecken Sie nicht!" sagte die würdige Dame, meine Hand fassend.

„Wer ist die Leiche da?" rief ich exaltirt.

„Beruhigen Sie sich!" antwortete sie. „Ein unglücklicher

Zufall hat Ihnen verrathen, was wir Ihnen geheim halten wollten. Es ist der junge Cadet aus O."

„Derselbe also, der dem Dr. M. soeben noch den Brief an seine Eltern dictirt haben soll!" setzte ich ironisch hinzu.

„M. hat soeben seine Papiere abgeholt. Er hat Ihnen auf unsren Wunsch den Todesfall verschwiegen." . . .

Ich hatte der Todten und, was schlimmer ist, der Verstümmelten an der Donau so viele gesehen, denn fast jeder Tag lieferte ja dort seine bleiche Ausbeute; dieser Anblick hatte mich in meinem Zustande jedoch so afficirt, daß ich in die heftigsten Phantasien verfiel und ein Aderlaß von Nöthen ward, dem ein tiefer Schlummer folgte.

Erst mit Einbruch der Dunkelheit erwachte ich. Die Diaconissin saß an meinem Bette. Mein liebenswürdiger Arzt, Dr. Morris, kam und entfernte sich wieder, als er sah, daß keine Gefahr vorhanden. Auch die Diaconissin ging, nachdem sie mir die letzte Sorgfalt des Tages gewidmet.

Der Hausknecht des Hospitals kam, um die melancholische Nachtlampe, die Gesellschafterin meiner schlaflosen Nächte, anzuzünden. Nach seiner Gewohnheit ließ er jetzt, da der Corridor wieder leer, die Thür offen, um während der Nacht im Zimmer frische Luft zu erhalten.

Diese Thür sollte mir aber zum zweiten Male verhängnißvoll werden.

Alles war dunkel. Unfähig zu schlafen, lauschte ich stundenlang auf das Gebell der wilden Hunde in der Stadt. Ich hörte, wie die Muezzin auf den umliegenden Minarets erschienen und die Hände an den Mund legend, in allen Tonarten plärrend, die Stunden abriefen. Ich und die „numidische Jungfrau", ein pfauenartiger Vogel unten im Hofe, waren wohl die Einzigen, die im Hospital keinen Schlaf gefunden haben mochten.

Endlich fielen auch mir die Augen zu und ich versank in Halbschlummer.

Hunderterlei bunte Bilder traten vor meine Phantasie und ließen mich nicht zum wirklichen Schlaf kommen. Da plötzlich erhob sich ein seltsamer Lärm im Corridor. Eine wilde Jagd tobte in mein Zimmer herein.

Dies konnte ein Traum nicht sein. Ich hörte bellen, zischen, prusten, über den Boden scharren und den kleinen Tisch in der Ecke umstoßen, auf welchem die Nachtlampe stand. Vier rauhe, mit Krallen versehene Füße sprangen mein Bett entlang, über meinen Arm und mein Gesicht; vier andere schwere Füße folgten ihnen denselben ungewöhnlichen Weg.

Jäh auffahrend packte ich zu und faßte einen der letzteren vier Füße.

Auf meinem Bett erhob sich jetzt ein wüthendes Gebell, das über meinem Kopf durch ein noch wilderes Schnalzen und Zischen beantwortet wurde; ja der Lärm nahm dergestalt zu, daß der Hausknecht, nur von dem Hemde bekleidet, mit einer Lampe in der Hand hereinstürzte.

Beim Schein dieser Lampe sah ich den Hund des Hospitals auf meiner Brust stehen und über meinen Kopf hinweg bellen. Unmittelbar über diesem meinem armen Kopf hing eine große, schwarze Angora-Katze in der Fenstergardine und schnob mit ihren blanken, leuchtenden Augen Rache auf ihren Verfolger herab.

Ich meinerseits hielt noch immer krampfhaft den einen Hinterfuß des Hundes in meiner Hand, bis mich endlich der Hausknecht von diesem lebendigen Alp befreite, die Katze von der Gardine herab zum Fenster hinaus warf und dadurch die beiden feindlichen Parteien trennte.

War mein Zustand durch diese kleinen Zwischenfälle auch nicht gerade verschlimmert, so trugen sie doch nicht dazu bei, meine Genesung zu beschleunigen. Auch die Nachrichten aus der Krim waren der Art, daß sie meiner Ungeduld täglich neue Nahrung zuführten und mich endlich in einen Zustand versetzten, der unerträglich ward. Alles um mich her jubelte über die einlaufenden Siegesbotschaften; in diese Triumpfe aber mischten sich trübe Botschaften von dem Zustande der türkischen Armee in Kleinasien, welche durch elende Verpflegung einer vollständigen Auflösung nahe war. Der Weg von Trapezunt nach Kars, auf welchem mich die Krankheit überraschte, war, so hieß es, jetzt eine einzige Typhus-Linie; das Elend der Truppen sollte himmelschreiend sein. Die Operationen der Russen in Kleinasien waren also von Erfolg begleitet; man befürchtete ein entschiedenes Vordringen derselben auf anatolischer Seite, denn der hohen Pforte fehlte es an Truppen, die sie ihnen nach jener Deroute hätte entgegenstellen können, und ihre Befestigungen waren außer denen von Kars in sehr unzureichendem Zustande, da die Paschas die ihnen zu solchen angewiesenen Gelder lieber in die Tasche gesteckt hatten, als sie zur Vertheidigung des Vaterlandes und des Glaubens anzuwenden. Gott ist groß, dachten sie, und wenn es sein Wille ist, so siegen wir auch ohne Befestigung.

Ich hatte das Bett verlassen, stand den Tag hindurch am Fenster und schaute sehnsüchtig hinaus. Europäische Regimentsmusik, die von den Schiffen im goldnen Horn zu mir heraufdrang, wirkte jedesmal wie ein electrischer Schlag auf mich. Gewaltsam suchte ich meine Gedanken von der Außenwelt abzuziehen; aber das mißlang stets und immer wieder sah ich meine Gedanken aufgescheucht, sei es durch einen besporten Tritt auf dem Corridor oder durch andere Kleinigkeiten, die in meiner Einsamkeit alle eine ganz unverhältnißmäßige Bedeutung erhielten.

Meine ganze Beschäftigung bestand darin, vom Fenster aus der stillvergnügten numidischen Jungfrau im Hofe zuzuschauen, oder drüben in dem Nachbargarten das seltsame Benehmen einer anderen orientalischen Jungfrau zu beobachten, welche in der offenen Galerie eines Kiosk des Gartens saß, den ganzen lieben Tag hindurch Sträuße band, Blumen und Zweige in den Garten hinab warf und ersichtlich mit Jemandem drunten kokettirte, der gar nicht vorhanden war.

Das junge Mädchen mußte einer wohlhabenden türkischen Familie angehören, denn ihre Kleider verriethen Geschmack und Eleganz; sie war hübsch, und das war Grund genug, sie zu beobachten. Ohne Zweifel aber war die Arme irrsinnig und wenn ich nach ihrem ganzen Verhalten schließen durfte, so litt sie an Liebeswahnsinn, denn sie preßte oft inbrünstig die nackten Arme über die Brust, wie man wohl einen geliebten Gegenstand ans Herz drückt, sprang dann auf, tanzte mit wildem Gelächter in der Galerie herum und nahm oft Attituden an, die mir über die Wohlanständigkeit und Sittsamkeit einer Jungfrau ein wenig hinaus zu streifen schienen, aber darin ihre Entschuldigung finden mochten, daß sie sich allein und unbemerkt glaubte.

Bei einer Orientalin war mir dies etwas Ueberraschendes; ich hatte den Liebeswahnsinn als ein Unglück betrachtet, welchem das Weib des Orients, seiner socialen Stellung wegen, nicht ausgesetzt sein könne, und doch überzeugte ich mich hier von dem Gegentheil. Im Hospital konnte ich über diese türkische Ophelia und die Geschichte dieses verirrten, unglücklichen Herzens nichts Näheres erfahren, und der Hausknecht, den ich beauftragte, Erkundigungen einzuziehen, zeigte sich als ein sehr schlechter Agent. Es fehlte ihm, wie allen Hausknechten, die Empfänglichkeit, der Instinct für dergleichen erotische Begebenheiten, und für die Romantik hatte seine Seele weder durch Geburt, noch durch Erziehung irgend eine zarte Seite erhalten. Auch von der barmherzigen Schwester, welche speciell mit meiner Pflege beauftragt war, einem hübschen blutjungen Mädchen, die jetzt die glückliche Gattin eines meiner mich damals besuchenden Freunde ist, auch von dieser konnte ich keine Aufschlüsse erhalten, und wenn ich mit ihr über die möglichen Ursachen des Liebeswahnsinns zu sprechen begann, erröthete sie bis an die Stirn und meinte, um auf etwas Anderes zu kommen, der Arzt würde mir heute wohl noch einige Schröpfköpfe verordnen.

Für meine Ungeduld hatte auch dieser einzige Gegenstad der Zerstreuung bald jedes Interesse verloren. Ich faßte einen verzweifelten Entschluß und theilte denselben dem Lieutenant E. mit, der zwar Anfangs nichts davon wissen wollte, mir endlich aber doch seine Hülfe versprach. Der Arzt nämlich wollte mich durchaus noch nicht entlassen; ich war mit ihm insofern der verschiedensten Meinung, als er behauptete, er dürfe mich noch nicht entlassen, ich aber behauptete, ich könne es im Lazareth nicht mehr aushalten.

Eines Morgens saß ich im Garten des Hospitals, der sich noch in sehr primitivem Zustande befand, hauptsächlich der Production von Artischocken und anderem Gemüse gewidmet schien, und in welchem die kleinen umherkriechenden Hausschildkröten meine einzige Unterhaltung waren. In der Ecke der Mauer stand eine Weinlaube, deren Bequemlichkeiten in einer rohen Holzbank bestanden. Meine Freundin, die numidische Jungfrau, stolzirte zwischen dem Gemüse umher wie ein Storch im Salat; sie blickte zuweilen vorsichtig umher, um sich zu überzeugen, ob sie auch nicht gesehen werde, da sie wußte, daß sie sich hier im Garten nicht auf dem Boden des Rechts befinde. Die angorische Katze saß träge im Schatten und machte schläfrig die Augen auf und zu. Der Lärm des geschäftigen Treibens drunten in der großen Türkenstadt drang in gedämpften, wirren Tönen zu mir herauf, unterbrochen von dem zeitweisen Geplärre der Muezzin auf den Minarets.

Lieutenant E., der damals im Begriff stand, nach Persien abzugehen und in den Dienst des Schah zu treten, suchte mich zur gewohnten Zeit in meiner einsamen Laube auf und brachte mir an Neuigkeiten, was er soeben gehört hätte, darunter eine österreichische Zeitung, die er sich aus dem General-Consulat geholt. E. zeigte mir darin eine vom General-Consul angestrichene Notiz, laut welcher ich am Donau-Kriegsschauplatz umgekommen sein sollte.

„Ja, lieber Freund", sagte ich melancholisch zu E., „es ist in der That zum Umkommen! Heute Mittag, während das Personal des Lazareths bei Tische sitzt, werde ich sans adieu mich davon machen. Erwarten Sie mich unten vor der Thür, damit ich bei meiner körperlichen Unsicherheit einen Führer habe."

E. suchte mir diese Idee noch einmal auszureden. Sophie, die barmherzige Schwester, trat mit dem Medizinglas und dem verhaßten Löffel zu mir, um mir meine stündliche Ration einzuflößen. Nichts ahnend von meinem schwarzen Plan verließ sie uns wieder und auch E. ging mit dem Versprechen, mich um zwölf Uhr vor der Thür zu erwarten.

Pünktlich um die verabredete Stunde stolperte ich die Treppe hinab, als wolle ich mich in den Garten begeben. Ungesehen erreichte ich die Hausthür, und E. empfing mich. Auf ihn und meinen Stock gestützt, schleppte ich mich zum Local der „Teutonia", des deutschen Gesangvereins, dessen Saal ich mit den Landes-Farben festlich geschmückt fand.

Eine kleine Gesellschaft von Deutschen, die in Pera ansässig, war in einer Laube des Gartens versammelt und mit dem Lesen heimathlicher Zeitungen beschäftigt. Schon auf der Straße hatte mich ein Schwindel erfaßt, als drehe sich die ganze Türkei mit mir herum; dieser befiel mich auch hier wieder, ging aber vorüber. Meine Schwäche immer mehr fühlend, nahm ich meine Zuflucht zum schwarzen Kaffee, dessen heilsame Wirkung ich im Orient häufig zu erproben Gelegenheit gehabt. Ehe dieser aber gebracht wurde, begann plötzlich vor meinen Augen Alles einen wilden Contretanz, und bewußtlos fiel ich in den Sessel zurück.

Als ich erwachte, befand ich mich zu meinem Erstaunen wieder in dem Zimmer des Hospitals. Vor mir stand die Diaconissin und die schöne Sophie, die barmherzige Schwester, letztere richtig wieder mit der Medizinflasche und dem verhängnißvollen Löffel in der Hand.

Abermals verstrichen vierzehn peinliche Tage, bis ich endlich den Tag meiner wirklichen Freilassung feiern konnte. Eine frische, vom Marmara-Meer herüber wehende Brise kräuselte das blaue Wasser des goldenen Horn's vor der Serai-Spitze, während ich in dem schlanken Kaïk dem Schiffe zufuhr, das mich an Bord nehmen sollte. Die weißen Möwen und die rastlosen Jellowan's umkreisten mich, als ich auf dem Verdeck stand und über den Häuserwust von Galata hinweg zum Pera-Hügel hinauf schaute. Dort, hinter dem romantisch gelegenen Mewlewi-Kloster, zwischen den letzten Häusern von Pera, lag meine einsame Zelle. Mir war's, wie einem Galeeren-Sclaven, der dem Bagno entlaufen. Einen Seufzer noch sandte ich hinüber, als der Kanonenschuß das Signal unserer Abfahrt gab; aber es war im Grunde ein Seufzer des Dankes, denn sie hatten es ja so gut mit mir gemeint!

## Omelette und Côtelette.

Der Leser gestatte mir, ehe ich zum italienischen Feldzuge von 1859 übergehe, hier eines kleinen Abenteuers zu erwähnen, das sich mir in den Weg warf, als die royalistische Schilderhebung des Kantons Neuenburg Preußen und die Schweiz gegen einander in Harnisch und zugleich einen Krieg zu Stande brachte, der glücklicherweise durch die Zeitungen und diplomatische Notenwechsel ausgefochten wurde.

Wie wenig Aussicht auf einen wirklichen Krieg bei Preußens bekannter Friedfertigkeit vorhanden war und wie wenig es sich verlohnte, um einer Omelette willen sich alle die inneren Schmerzen aufzuerlegen, welche Preußen bei seiner Heeresverfassung durchmachen muß, ehe es kriegstüchtig; wie wenig endlich ich selbst an diesen Krieg glaubte, fand ich es doch interessant, die Schweiz während jener Revolutions-Epoche zu bereisen und den Schauplatz in Augenschein zu nehmen, auf welchem, wie es hieß, die feindlichen Parteien noch täglich ihre Scharmützel lieferten.

Im Schneegestöber langte ich über Zürich und Bern eines schönen Nachmittags in Neuenburg an. Ueberall hatte ich die Schweizer in hoher Entrüstung, in kriegerischer Aufregung, in blanker Bewaffnung gefunden; überall war man bereit, die republikanische Unabhängigkeit, welche Neuenburg seit dem Jahre 1848 genoß, brüderlich „mit Gut und Blut" zu vertheidigen; überall glühte man vor Haß gegen Preußen; es ist also erklärlich, daß ich bei den Schweizern nicht gerade das freundlichste Entgegenkommen fand.

Man haßte nicht nur Preußen, sondern Alles, was Deutsch war; die Schweizer hatten dermaßen ihren eigenen Ursprung vergessen, daß sie die „Dütschen" in die Hölle verdammten, daß sie sehnsuchtsvoll ihre Augen zu Napoleon III. erhoben, der seinerseits ihr Vertrauen schlecht lohnte, indem er den schweizerischen Abgesandten, General Dufour, mit einer abschlägigen Antwort nach Hause schickte.

Die eigene Schwäche vielleicht fühlend, witterte man überall Verrath. Die schweizerischen Zeitungen brachten die Nachricht, das Land werde von preußischen Ingenieuren und Offizieren in Civil durchreist; man möge vor ihnen auf der Hut sein; in Basel, hieß es, seien vierzig preußische Offiziere versteckt u. s. w. Kein Wunder also, wenn man auch mich als einen verkleideten preußischen Ingenieur oder Offizier ansah, und oft führte dies zu kleinen persönlichen Rencontres, über die hinwegzuschlüpfen viel Kaltblütigkeit erforderlich war. Ich revanchirte mich damals durch die Veröffentlichung meiner Reiseskizzen; die schweizer Blätter sind dafür in nicht gerade subtiler Weise über mich hergefallen. Wir sind also quitt. Der ganze Conflict ist jetzt der Geschichte und der Vergessenheit anheimgefallen, und ich kann mithin das nachstehende kleine Abenteuer in derselben Harmlosigkeit wie jedes andre erzählen.

In meinem Skizzenbuch aus Neuenburg finde ich folgende Stelle: „Während ich hier in Bussigny (am Neuenburger See) keinen andren Grund hatte, über Morges mit der Diligence nach Genf zu gehen, als um einige Stunden früher dort einzutreffen, hatte mir das Schicksal die feindliche Bekanntschaft eines Mannes zugedacht, der meine Begriffe von persönlicher Ehre in die größte Enge brachte und mich in die Alternative versetzte, diesen Begriffen entweder zu entsagen, oder einen ganzen Lebensinhalt auf die Wirkung eines Fingerdruckes zu setzen. Ich wählte das Letztere und traf daher erst einen Tag später in Genf ein."

Das Sachverhältniß ist nachstehendes.

Bei meinem Eintreffen in Neuenburg fand ich hier die Gemüther noch in der höchsten Aufregung. Die royalistische Minderheit hatte den Republikanern bekanntlich in einer schönen Nacht, vom 2. zum 3. September, das Recht über dem Kopfe wegnehmen wollen und unter Anführung des Grafen Friedrich von Pourtalès-Steiger, eines der reichsten Männer im Kanton, seines Schwiegersohnes Ibbetson (eines Engländers), Pourtalès-Purh, Pourtalès-Sandoz, der Herren Petitpierre, Graf Wesdehlen, des Oberstlieutenant Fr. von Meuron, August Montmollin, des preußischen Garde-Lieutenants B. v. Gélieu u. A. die Republik abgeschafft, das Königthum wieder eingesetzt.

Unvorsichtiger als diese ist nie eine Schilderhebung begonnen worden. Während Meuron und sein Adjutant Montmollin die Stadt Neuenburg zu überrumpeln auf sich genommen hatten, vertheilten Pourtalès und Gélieu in den Hauptpunkten des Jura-Gebirges, in Les Pontes, La Chaux du Milieu, La Brévine und den Eplatures, also in dem eigentlichen Terrain, der unter dem Namen Sagnarden bekannten Royalisten, fanatischen Vendéern, ihre Convocations-Zettel, nach welchen man um 2 Uhr in der Nacht gegen Locle ziehen sollte. Die Colonne sammelte sich in La Sagne, bewaffnet, so gut es in der Eile möglich gewesen, aber sehr unzureichend, zog gegen Locle und pflanzte zur Verwunderung der durch das Geschrei „Vive le roi!" jäh aus dem Schlaf erwachenden Einwohner die preußische Flagge auf den Kirchthurm. Eine an die Ecken geschlagene Proclamation benachrichtigte sie: „Le Prince légitime de Prusse est rétabli."

Locle's Bewohner, der Mehrzahl nach damals royalistisch, ließen sich das Ding gefallen. Die Colonne zog also, nachdem hier eine royalistische Behörde eingesetzt worden, verstärkt gegen Chaux-de-Fonds, einen auf der Höhe des Gebirges liegenden, durchweg republikanisch gesinnten Marktflecken. Ohne die dortigen Royalisten instruirt zu haben, gedachte Portales durch eine Handvoll Leute, 300 Mann, dieses 15000 Einwohner zählende Bollwerk des Republikanismus zu erobern.

Auch Chaux-de-Fonds erwachte ebenso überrascht durch das Geschrei: „aux armes!" Die Republikaner stürzten auf die Straßen und ließen die Sturmglocken ziehen; die Milizen eilten bewaffnet zum Hôtel de Ville; vier Kanonen wurden auf dem Platz aufgeführt. — Aber noch wußte Niemand genau, was eigentlich vorging; noch waren die Royalisten erst im Anmarsch auf die Stadt. Von Locle gekommene Boten hatten die Nachricht von der herannahenden Gefahr dem stellvertretenden Präfecten Dr. Irlet gebracht, der eiligst in seine Hosen fuhr, die Sturmglocken läuten und Generalmarsch schlagen ließ.

Gegen Morgen waren die Republikaner so weit organisirt, daß sie den Royalisten entgegenzogen. Bei La Bonne-Fontaine stießen sie auf die Vorposten derselben. Diese zogen sich geschlagen zurück; die ganze royalistische Armee floh zurück bis hinter Crêtdu-Locle und ließ ihre Gefangenen, sammt dem provisorischen Stadtrath, in den Händen der Republikaner.

Inzwischen brachte den am Morgen erwachenden Bewohnern der Stadt Neuenburg die Semmelfrau die merkwürdige Nachricht, daß über Nacht die Republik im Kanton für abgeschafft erklärt und man wieder preußisch geworden sei. Man erzählte, die Royalisten hätten unter de Meuron in der Nacht das Schloß genommen, die Beamten, denen die Flucht nicht gelungen, in ihren Betten verhaftet, und wer's nicht glauben wolle, der könne die preußische Fahne vom Schlosse wehen sehn. Das Uebrige erläuterte eine um 7 Uhr Morgens an den Ecken erscheinende Proclamation, „Vive le Roi!" überschrieben, und unterzeichnet: „Le commandant en chef des trois prémiers arrondissements, de Meuron."

Hiemit glaubte Herr v. Meuron die Sache abgethan und wartete mit Zuversicht auf Nachricht aus den Bergen von Pourtales, der ihm zu seinem Erstaunen am Nachmittage schrieb, er sei mit 400 Mann auf dem Wege nach Neuenburg. Desto thätiger waren inzwischen die Republikaner. Die Presse schrie Verrath. Der Bundesrath in Bern war bereits benachrichtigt und der Präsident Stämpfli hatte auch schon den Obersten Denzler mit einer Colonne von 300 Mann und 4 Kanonen nach Rochefort geschickt, wo sich dieser mit der die Royalisten verfolgenden Colonne von Chaux-de-Fonds vereinigte. Auch andre republikanische Züge waren aufgebrochen. An mehren Orten fanden Scharmützel mit den Royalisten statt.

Pourtales hatte sich, verfolgt, vor Einbruch der Nacht in's Schloß geworfen, in welchem man nunmehr über 800 bis 1000 Mann gebot. Das Schloß wurde eiligst in Vertheidigungszustand gesetzt, zwei Kanonen beherrschten den durch Plankwerk versperrten Aufgang zum Schloß, zwei andre waren auf der Terrasse seitwärts aufgepflanzt, noch zwei andre an dem Thurm aufgestellt, von wo man im Westen die Straßen der Stadt beherrschte.

Gleichzeitig waren aber auch die beiden Bundes-Commissäre Fornerod und Frei-Hérosée aus Bern angelangt. Dieselben erließen sofort eine Aufforderung an die Royalisten im Schloß. Es wurde hin und her capitulirt, aber ohne Erfolg. Das Schloß wurde demnach umzingelt. Die Republikaner stürmten dasselbe von zwei Seiten. Nach einem kurzen Gewehrfeuer räumten die Vertheidiger die Barrikaden, warfen sich in's Schloß oder zerstoben nach allen Seiten. Einzelne stürzten sich in wilder Flucht aus den hinteren Fenstern des Schlosses den steilen Felsen hinab, über welchem sich das Schloß erhebt. — Kurz, nach einer im Ganzen sehr feigen Vertheidigung ergab man sich. Die Republikaner machten vierhundert Gefangene, darunter die Führer Friedrich v. Pourtales, Pourtales-Pury, Wesdehlen u. A. Oberst Denzler selbst entriß bei dieser Gelegenheit den Grafen v. Pourtales einem Fanatiker, der sich bei der Gefangennehmung auf ihn gestürzt hatte und ihn eben niederstoßen wollte.

Das Schloß war genommen, der Raum vor demselben mit Waffen, Verwundeten und Todten bedeckt. Daß der Kampf ebenso kurz wie ruhmlos gewesen, davon überzeugte mich der noch fast unbeschädigte Zustand der hölzernen Barrikade am Eingang, die eben erst aus der Hand des Zimmermeisters hervorgegangen schien. Kopflos angelegt, ohne Ueberlegung ausgeführt, hatte diese Schilderhebung nothwendig ein elendes Ende nehmen müssen.

Die Stadt wurde von den republikanischen Truppen des Kantons besetzt. Gegen Abend trafen auch die Bundestruppen ein und der ganze Kanton wurde mit Executions-Mannschaft belegt. Auch die drei Flüchtlinge, Pourtales-Sandoz, de Meuron und Montmollin, welche sich bei Einnahme des Schlosses zu salviren gewußt hatten, wurden, von Gensdarmen auf dem See eingeholt, in die Stadt gebracht. Herr v. Gélieu war, so glaube ich, der Einzige, welchem die Flucht gelang.

Von den im Ganzen 460 Gefangenen, ließ man nach einer ermahnenden Ansprache des zur Einleitung des Prozesses vom Bundesrath gesandten Herrn Duplan-Veillon die Mehrzahl laufen und behielt nur 66 zurück. Preußen nahm sich derselben, wie bekannt, auf's wärmste an, und um ihre Personen, resp. ihre Freilassung drehte sich schließlich der ganze Streit mit der Schweiz. Daß die preußische Regierung diesen Herren für ihren guten Willen viel Dank schuldig gewesen, bezweifle ich.

Obwohl die Revolution vollständig niedergeschlagen schien,

fand ich bei meiner Ankunft in Neuenburg Alles noch in fieberhafter Aufregung. Bis dahin war es nicht Sitte gewesen, den Fremden ihre Pässe abzuverlangen, der Großrath „des Cantons und der Republik Neuchatel" aber hatte eine Proclamation erlassen, in welcher er warnte: „Qu'un nombre inaccoutumé de voyageurs, venant d'Allemagne, se dirigent vers le Canton de Neuchatel." Es war also Vorsicht nothwendig.

Schon während die beiden Sergeanten im Posthause sich meines Passes bemächtigten, las ich diese Proclamation an der Wand des Hofes. Merkwürdig! sagte ich zu mir selbst. Die ganze Schweiz bist Du jetzt durchzogen, ohne auch nur dem Schatten eines deutschen Reisenden zu begegnen; alle Gasthäuser, alle Diligencen sind leer; wo, um Gotteswillen, kann nur diese nombre inaccoutumé de voyageurs stecken!

Doch, der Großrath mußte Das besser wissen. Man nahm meinen Paß als den eines höchst verdächtigen Preußen in Beschlag; die Sergeanten machten pfiffige Gesichter, als hätten sie einen großen Vogel gefangen, und Einer flüsterte dem Andren sogar zu: „Ah le gaillard, le Prussien!" Lachend begab ich mich in das am Ufer des See's liegende „Hôtel des Alpes". Ich hatte einen solchen Empfang vorher gesehen und wußte, daß man sich den Kopf darüber zerbrechen werde, was ich hier eigentlich wolle. Dagegen wußte ich aber auch, daß Niemand mir das Recht weigern könne, meinem touristischen Behagen zu folgen. Das letzte Visum meines Passes war Algier und derselbe Zug, der mich zu den Kabylen geführt, konnte mich ja auch in den Kanton Neuenburg führen. Im Ganzen war dies eine Geschmackssache, über die Niemand richten konnte.

Der ganze Platz vor dem Hôtel war von Bundestruppen besetzt, im Hôtel selbst war nichts als Säbelgeklapper. Adjutanten und Ordonnanzen kamen und gingen, denn in diesem Hôtel wohnte der Commandeur der Executionstruppen Oberst Denzler. Ich war also absichtlich geradeswegs in die Löwengrube gelaufen.

Während meines dreitägigen Aufenthaltes in der Stadt Neuenburg hatte ich vollauf Gelegenheit, Zeuge der noch immer herrschenden Aufregung und Unruhe zu sein. Man befürchtete täglich einen neuen Aufstand in der Stadt; die Wachen und Patrouillen wurden verdoppelt, denn das Commando erwartete einen Versuch der Royalisten, die Gefangenen zu befreien.

Draußen in den Bergen schlug man sich fortwährend; die Saguarden, eine querköpfige, halsstarrige Bevölkerung, welche fest an ihren royalistischen Traditionen hielt und selbst keinen republikanisch gesinnten Maire unter sich duldete, lieferten den Republikanern fortwährend kleine Scharmützel. Ich selbst war Zeuge einiger solchen blutigen Auftritte, als ich mich trotz allem Schnee in's Gebirge begab, um diese Vendéer zu besuchen. Kurz, die Aufregung dauerte fort. Der Commandant hatte bereits vom Bundesrath eine Verstärkung zur Niederdrückung der Unzufriedenheit erbeten und man erwartete den Einmarsch zweier neuen Bataillone von Argau.

Während man in der Schloßkirche beschäftigt war, ein großes hölzernes Gerüst zu bauen, auf welchem die Gefangenen gerichtet (nicht hingerichtet) werden sollten, war ich der kleinen unvermeidlichen Reibereien, in welche ich trotz aller Zurückhaltung gerathen mußte, endlich müde geworden. Man wußte, daß ich ein Preuße, und machte mich gern zum Stichblatt von Witzeleien. Briefe, die ich hieher hatte adressiren lassen, kamen nicht an (sie wurden mir erst ein halbes Jahr später, als der Streit geschlichtet war, in mein Domizil geschickt); was ich in Neuenburg gesehn, hatte meine touristische Neugier vollkommen gesättigt, ich bestieg also an einem Sonntagmorgen zeitig das kleine Dampfboot „Flèche", das nach Yverdon fuhr. Von dort nahm ich die

Eisenbahn nach Morges und langte hier Mittags an, um mit der Diligence nach Genf zu gehen.

An Frühstück war am Morgen im „Hôtel des Alpes" nicht zu denken gewesen; auf dem Dampfschiff war keine Restauration, ich jubelte also, da ich beim Eintritt in das „Hôtel du Pont" in Morges eine gedeckte Tafel erblickte. Die Diligence sollte in einer Viertelstunde abfahren; es war mithin keine Zeit zu verlieren.

An der Tafel Platz nehmend, sah ich mir gegenüber zwei Herren mit der französischen Militärmütze auf dem Kopf; der Eine korpulent und im Alter von etwa 45 Jahren, der Andre jung und schmächtig. Beide hatten eine französische Zeitung vor sich und waren mit dem Lesen einer Correspondenz beschäftigt, welche gerade in jenen Tagen viel böses Blut verursachte, da sie die Nachricht von der ablehnenden Antwort enthielt, welche Napoleon dem an ihn gesandten schweizer Obergeneral Dufour gegeben.

Meine Côtelette mit Sehnsucht erwartend und inzischen einer Flasche Neuchateler Wein zusprechend, unterhielten mich die beiden Herren mit ihren politischen Raisonnements. Beide ergingen sich in maßlosen Schimpfreden auf Preußen. Mir stieg das Blut zu Kopf. Anstatt zu löschen, goß ich Oel in's Feuer und leerte ein Glas nach dem andern. Freilich stopfte ich mir damit den Mund, beförderte aber dadurch eine mögliche Explosion.

Gott sei Dank! dachte ich, als der Kellner mir die Côtelette vorsetzte. Meine beiden Tischgenossen schienen meine Unruhe bemerkt zu haben; ich sah, wie der Jüngre den Andren mit dem Ellnbogen anstieß und zu mir hinüber blinzelte. Der Aeltere lachte und nahm das politische Raisonnement von Neuem und in noch stärkeren Ausdrücken wieder auf. Ich glaubte zu bemerken, daß man es auf mich gemünzt habe, und kaute immer höher an meiner Côtelette. Hunger besaß ich; aber wenn die Beiden so fort stichelten, bekam ich keinen Bissen hinunter.

„Meine Herren," wagte ich endlich die Anrede, „ich bin zufälligerweise ein Preuße und bedaure den obwaltenden Conflict. Da ich nun seit gestern Abend nichts gegessen, auch nicht Aussicht habe, vor dem Abend in Genf meinen Appetit zu befriedigen, so bitte ich Sie dringend, mir nur einige Minuten zu gönnen, um ohne Gemüthsbewegung mit dieser Côtelette fertig zu werden."

Beide schwiegen. Wenige Secunden aber waren erst verstrichen, als der Jüngere mit einem mühselig unterdrückten Lächeln herausplatzte. Ich biß die Zähne zusammen und wollte mich erheben. Abermals fiel eine Sottise.

„Meine Herren," rief ich aufstehend, „ich sehe, Sie sind leicht fertig im Verurtheilen ganzer Nationen; so lange ich aber Ihnen gegenüber sitze, bitte ich, die meinige wenigstens hievon auszunehmen!"

Abermals ein Gekicher des Jüngeren. Der Aeltre erhob sich, glühendroth im Gesicht und blickte mich durchbohrend an.

„Savez-vous, Monsieur," rief er aus, „je me foute de votre nation!"

Ich weiß nicht, was Andre an meiner Stelle für das Klügste gehalten haben würden; ich meinestheils war schon gereizt und meiner selbst nicht mehr Meister. Ich warf dem Herrn meine Karte auf den Tisch. Er seinerseits riß eine Ecke von dem vor ihm liegenden Zeitungsblatt ab, schrieb seinen Namen mit Blei darauf und erklärte mir, ich werde ihn bis morgen Mittag im Hôtel du Pont finden.

Eiligst begab ich mich in das wenige Häuser davon befindliche Bureau der Diligence, ließ mein Gepäck wieder in das Bureau zurückbringen, eilte zur Eisenbahn und fand den Zug eben im Begriff nach Lausanne zu gehen. Dort anlangend, nahm ich einen Führer und suchte mit Hülfe desselben meinen alten Freund M....s auf, der, früher Mediziner, jetzt von seinen

Geldern lebte, wo es ihm gerade gefiel, und dem ich ohnehin auf der Rückkehr einen Besuch zugedacht hatte.

Ich fand ihn nach einigem Suchen im Kaffeehause. Als ich ihm mein Anliegen vortrug, sprang er vor Freuden im Zimmer umher. Ich zeigte ihm die Adresse meines Unbekannten, die ich selber noch nicht genauer betrachtet hatte, und wir lasen: „Mr. Aimé de C.... y."

M. war bereit, mich am andren Morgen nach Morges zu begleiten. Wir saßen die halbe Nacht hindurch beim Beaujolais, uns von alten Geschichten erzählend. Der andre Morgen fand uns in Morges, M. bewaffnet mit zwei großen Sackpistolen, auf die er große Stücke hielt.

Nach seinem Besuch bei Herrn Aimé de C.... y. kam er zu mir in's Gastzimmer zurück und sagte mir, derselbe sei Franzose, habe schon früher im Sonderbundskriege in Schweizer Diensten gestanden, werde wieder in dieselben zurück treten und scheine ein sehr brutaler Patron zu sein. Ich möge, setzte er hinzu, im Gastzimmer bleiben, er werde inzwischen Alles besorgen.

Wirklich langte er nach einer halben Stunde mit einem Char-à-banque an. Nachdem wir noch eine Flasche geleert, packte er mich in den Wagen, und bezeichnete mir, zum Städtchen hinauskommend, einige graue Hügel in der Ferne als unser Ziel.

Nach einhalbstündiger Fahrt in bitterer Kälte (es war der 29. November) trafen wir am Fuße dieser Hügel unsre beiden bekannten Unbekannten. Der Wagen wurde auf einige hundert Schritte weit fortgeschickt mit der Ordre, dort zu halten. Der Kutscher, nicht recht wissend, was wir mit ihm wollten, verlangte vorher seine Bezahlung und erhielt sein Fünf-Frankenstück.

Freund M. zeigte sich bei dem Akt ebenso gewandt, wie vorsichtig und seiner Besonnenheit und Umsicht verdanke ich wohl hauptsächlich den vortheilhaften Ausgang der Sache. Nach etwa zehn Minuten führte er mich eilig an den Landweg, bezeichnete mir die Stelle, wo ich den Wagen treffen werde, und forderte mich auf, so schnell als möglich Genf zu erreichen, wo ich im Hôtel d'Angleterre einen Brief von ihm erwarten solle. —

Vier Tage harrte ich in Genf vergebens auf diesen Brief. Endlich am fünften trat M. selbst zu mir in's Zimmer, um mir die Nachricht zu bringen, daß der Sonderbündler sich den Umständen nach ziemlich wohl befinde.

Mir fiel ein ganzer Berg vom Herzen. M. führte mich in's Gastzimmer zum Frühstück und rief lachend, indem er mir sein Glas reichte: „Siehst Du, alter Freund, das kommt vom Côtelette-Essen!"

# Das blokirte Venedig.

Die schöne Venezia grollt. Sie buhlt mit dem ritterlichen Savoyen, denn sie hat ihren Habsburger nie geliebt. Sehnsüchtig schaut ihr geflügelter Löwe von San Marco über den Molo hinaus, dorthin, wo einst der Doge sich mit dem Meer vermählte. Zu seinen Füßen weht die große roth=weiß=österreichische Flagge, drüben aber, wo die Sonne den Meeresspiegel beglänzt, wehen Frankreichs Farben von den Masten, der unglücklichen Venezia die Freiheit winkend, die sie noch heute nicht gefunden hat.

Es war an einem Sonntag, als ich das letzte Mal die Lagunenstadt sah. Nicht wie sonst hatte mich das Dampfboot vor den Molo bi San Marco getragen; Venedig war von der französischen Flottille blokirt und der Weg dahin führte diesmal durch Krain, an den Füßen der Tyroler Alpen dahin. Zahllos waren die Flüchtigen, welche mir auf diesem Wege entgegen kamen; Alles was nicht mit unzerreißbaren Ketten an die unglückliche Stadt gefesselt war, suchte das Weite; kein Fremder richtete den Cours nach Venedig, denn Niemand fühlte die Neigung, das Verderben zu theilen, welchem man die Stadt geweiht glaubte.

Schon um vier Uhr Morgens trieb mich die Unruhe aus meinem „Albergo alla Luna" zum Molo hinaus. Der Nebel lag noch dicht geballt auf dem Wasser und über dem Giardino reale; gespenstig schoß hier und da eine der schwarzen Gondeln, so schweigsam und still, daß kaum der Ruderschlag hörbar, aus der grauen Dunstmasse heraus und verschwand in einem andern Nebelklumpen.

Ein röthlicher Saum legte sich allmälig über die auf dem Wasser sich hinschiebenden Wolken, glitzernd durchfuhren die ersten Sonnenstrahlen das graue Chaos, bis endlich eine leichte Morgenbrise daher blies, die Nebel von dem dunklen Wasser löste und sie in immer lichteren Wirbeln am blauen Aether zerstreute. Gluthroth erhob sich die erste Morgensonne im Osten, die halb dem Meere entstiegene Sonne warf eine goldene Diamanten=Decke über das Wasser, über die beiden Säulen mit dem Löwen und dem Crocodil=Heiligen; die Arkaden des Dogenpalastes lichteten sich, und wie durch den ersten Morgengruß der Sonne gerufen, flatterte ein Schwarm der Tauben von S. Marcos (deren Familie so alt wie die der vornehmsten Nobile) auf den Molo herab.

Venedig schlief. Es träumte von seiner Freiheit, während ich eine ganze Stunde lang durch die einsamen Straßen, über die hohen Brücken schlenderte, um den ersten Kaffee=Wirth zu überfallen, der seine Thür öffnen würde. „Venedig's Freiheit für eine einzige Tasse Kaffee!" seufzte ich mit jenem trostlosen Halbbewußtsein eines Menschen, dessen Sinne noch nicht alle erwacht.

Die Canäle belebten sich allmälig. Schlaftrunkene Gondolieri krochen hier und da aus dem schwarzen Gehäuse ihrer Fahrzeuge heraus, begannen ihre Toilette unter freiem Himmel, griffen dann zum Ruder und flogen mit ihrer Gondel unter den Brücken hinweg. Die Orangen= und Gemüsehändler öffneten ihre Boutiken; nüchterne, erst halb erwachte Gesichter gähnten mich an. Unter den Hallen und Arkaden huschten einzelne Gestalten an mir vorüber, oder erhob sich ein Lazzarone von dem harten Lager, das ihm die Marmorfliesen gastfrei gewährt.

Schon um fünf Uhr gemahnten mich die goldbeschnittenen Andachtsbücher in der Hand einiger eilig an mir vorbei streifender Signorina's, daß ein Sonntag angebrochen, — ein katholischer Sonntag!

Seltsames Volk! dacht' ich, ihnen nachschauend. Der erste Gedanke, wenn es sich vom Lager erhebt, ist ihm der liebe Gott, und vielleicht ist es mit ihm auch schlafen gegangen. Da eilen diese beiden Mädchen mit nüchternem Magen zum Tempel, um der heiligen Jungfrau ihre ersten Gebete zu bringen; der Schlaf hängt noch in ihren Wimpern, der Traum der Nacht steht noch in ihren Augen geschrieben, und frisch wie sich das klopfende Herz der Decke entwunden, eilen sie zum lieben Gott, damit er den Traum in Erfüllung gehen lasse oder diese Erfüllung abwende, je nachdem es das junge Herz verlangt!

Wie bequem haben dagegen wir Protestanten uns mit dem lieben Gott zu stellen gewußt. Wir trinken erst unsern Kaffee, lesen erst die Zeitung, ehe wir ihm in aller Form unsere Aufwartung machen, und sind von seiner Allmacht überzeugt, daß er inzwischen Alles zum Besten lenken werde!

Mich meines nüchternen, leeren Herzens schämend, bin ich deshalb immer in katholische Kirchen getreten; unfähig, mich nur im Geringsten zu der um mich her betenden Inbrunst hinauf zu schrauben, stand ich stets da; sie Alle hatten dem lieben Gott so Vieles zu sagen, nur mir fiel nichts ein; sie Alle beugten so andächtig das Knie, sobald das Glöckchen erschallte, und wenn auch ich dies mit thun mußte, lag ich knieend unter den Uebrigen, und mir fiel noch immer nichts ein, was ich dem Himmel hätte sagen können! —

Die Glocken von San Marco riefen zur Frühmesse, als ich mich wieder auf der Piazzetta befand. Die fromme Menge strömte durch die fünf schönen Pforten, unter den vier Bronzepferden hindurch, welche Marino Zeno dem besiegten Byzanz gestohlen, und die dafür Napoleon auch den Venezianern wieder stahl. Müde und hungrig schaute ich die Arkaden hinab, um mich zu überzeugen, ob denn noch immer kein Kaffeehaus sich öffne.

Wenige Schritte von mir entfernt sah ich, wie ein Paar jener berühmten historischen Tauben auf einen blanken Gegenstand pickten. Es war ein kleines Herz von Silberblech, das vermuthlich eine der frommen Signora's von dem Deckel ihres Gebetbuchs verloren.

Werthlos, wie es war, steckte ich es zu mir. Ich ahnte nicht, daß dieses unbedeutende Ding wenige Wochen später mir eine Veranlassung des Herzklopfens werden sollte. Bei einem Besuch im Lager des Feldmarschall-Lieutenant Benedek an der Sesia nämlich wurden diesem General zwei Ungarn vorgeführt, welche des Diebstahls angeklagt und überwiesen waren. Die armen Burschen hatten von einem Kruzifix an der Landstraße zwei Exvoto's, ein paar Herzen von Silberblech, zu sich gesteckt, wahrscheinlich, um sie als Amulets auf die Brust zu hängen und sich durch sie gegen die Kugeln der Franco-Sarden zu schützen.

Die beiden Angeklagten wurden zum Tode verurtheilt. Benedek erklärte, es sei seine Pflicht, angesichts der böswilligen Beschuldigungen, mit welchen die französische und sardinische Presse die österreichischen Truppen überhäufe, die strengste Mannszucht zu üben. Er ließ die armen Jungen hinausführen und — erschießen.

So ist die irdische Gerechtigkeit! dacht' ich unwillkürlich, als ich dies Urtheil hörte. Auch du hast in Venedig ein Herz gestohlen und Niemand hat dir dafür ein Haar gekrümmt!

Vom Kaffeehause zurückkehrend, trat auch ich in die schöne, majestätische Basilica. Sie war von Andächtigen gefüllt. Die österreichischen Soldaten strömten in Menge herein und beteten für ihre Erhaltung, da sie ja im Begriff waren, dem Feinde entgegen zu gehen. Und neben ihnen knieten die Italianissimi; sie aber beteten zum Himmel, daß er alle Oesterreicher mit Feuer und Schwert vertilgen möge. — Mit so entgegengesetzten Angelegenheiten muß sich in kritischen Zeiten der liebe Gott behelligen lassen! —

Der Vormittag war gekommen. Die Sonne brannte auf die Piazza und die Piazzetta herab und durchglühte die Marmorfliesen. Alles drängte sich unter die Arkaden. Hier hatte sich namentlich die schöne Welt Venedigs gesammelt. In den glänzendsten Toiletten stolzirten die Signora's die Arkaden entlang; ihre dunklen Augen trugen noch das heilige Feuer, das ihnen das Gebet in der Basilica verliehen; sie bewegten sich daher wie die Königinnen, und wenn sie an den Cafe's vorüberkamen, vor deren Thür namentlich die österreichischen Offiziere saßen und ihre granita schlürften, so strichen diese schwarzen Blicke so siegesbewußt, so politisch-fanatisch und dabei mit solcher Verachtung über unsere Häupter hinweg, als wollten sie sagen: Wartet nur, Ihr Austriaci, Ihr maledetti tedeschi! Euer Stündlein hat jetzt endlich geschlagen, denn Ihr werdet von unsern Freunden, den Franzosen, allesammt niedergesäbelt; der Himmel hat es uns soeben drüben in der Kirche versprochen!

In der That war es zerschmetternd, von diesen Schönen mit einer solchen souveränen Verachtung überschüttet zu werden. Nur die Blumenmädchen, welche die Arkaden auf und ab schwärmten, machten eine Ausnahme; aber auch diese Entschädigung war eine höchst armselige und ich war überzeugt: auch diese luftig und leichtsinnig geschürzten Teufelchen wünschten uns mit dem süßesten Lächeln auf den geschminkten Wangen doch innerlich in das Land des Pfeffers.

Interessant war für mich die Beobachtung der beiden feindlichen Ströme, welche in dem engen schmalen Raum eine Art politischen Strudels verursachten. Die venezianischen Stutzer bildeten hier gleichsam die Verbündeten der stolzen Damen; mit einem maliziösen Lächeln, mit dem Sticker sich die glänzenden Lackstiefeln schlagend, flanirten sie an den österreichischen Uniformen vorüber. Worte oder mehr als halbe Blicke wagte ihr Italianissimus nicht, ihr Vergnügen bestand vielmehr darin, die Passage, welche ihnen zwischen den Stühlen vor dem Café geöffnet bleiben mußte, so viel als möglich mit ihrer Person auszufüllen und dabei mit echt italienischer Gewandtheit jede, selbst die leiseste Reibung zu vermeiden; ja die Damen zeigten hierin eine so große Geschmeidigkeit, daß sie es vermieden, mit ihrer weit aufgebauschten Robe in dem schmalen Raum auch nur eine österreichische Uniform flüchtig zu streifen, was ja ein insulto für diese patriotische Robe gewesen wäre. Einen ganzen Vulkan trugen sie in ihrer vollgerundeten Büste an uns vorbei, aber er hütete sich, zu explodiren.

Inzwischen flatterten die Blumenmädchen gleich Schmetterlingen durch die auf= und niederströmende Gesellschaft und boten ihre mazzetti, ihre Sträuße feil. In seidener Robe, die oben und unten so kurz als möglich, aus der oben ein fleischloser Nacken, unten ein weißer, sich seines Inhalts schämender Strumpf herausschaute; auf den getünchten Wangen jenes gewaltsam=schalkhafte, syrupsüße Lächeln weiblicher Gefälligkeit, das dem abgefallenen Engel verliehen wurde, um die Guten vor jeder Anfechtung zu schützen; endlich ein Körbchen voll frischer Rosen in der Hand — so traten diese Circen an den ersten Dasitzenden heran, steckten ihm eine Rosenknospe in das Knopfloch und hauchten mit dem graziösesten Knix ein grrrrazie! für den empfangenen halben Lire.

Müde dieses sich immer ohne Abwechselung wiederholenden Schauspiels betrat ich den Dogenpalast. Zum dritten Mal stand ich, durch die Porta della Carta tretend, in dem weiten Hofe, vor den Bronze=Cisternen Nicolo de Conti's und Alfonso Alberghetti's, an welchen die gebräunten Wasserträgerinnen große Conferenzen hielten.

Vor mir lag die Scala de' Giganti, die Riesentreppe, auf deren Höhe einst der neu erwählte Doge von den Aeltesten des Rathes gekrönt wurde und von der die Geschichte erzählt, daß auf ihr Marino Falieri geköpft worden sei. Die Geschichte macht oft die seltsamsten Flohsprünge; so auch hier; denn die Treppe wurde erst ein volles Jahrhundert n a c h jener Enthauptung erbaut.

Wenn man einmal als Fremder im Dogenpalast steht, ist es unvermeidlich, daß die Geschichte uns beim Rockzipfel faßt, uns einem der Ciceroni in die Arme führt und uns ventre à terre durch die denkwürdigen Säle jagt.

Auch ich war diesmal, und zwar zum d r i t t e n Mal, ihr Opfer. Da ich um Mittag einen Besuch in meinem Hôtel zu erwarten hatte, setzte ich dem Cicerone die Sporen in die Seite und trabte mit ihm durch die Flucht der Säle. Noch einmal betrat ich die verhängnißvolle Seufzerbrücke, noch einmal kroch ich, von e i n e m Cicerone an den a n d e r n abgeliefert, ein Spielball dieser habsüchtigen Seelen, in die Bleidächer; noch einmal vertiefte ich mich, dem Instincte folgend, der den Menschen zum Schauerlichen treibt, in die düsteren pozzi, die Kloakengefängnisse, und stand dann endlich da, wohin ich eigentlich gewollt hatte, nämlich am Ende der scala d'oro, an dem Fenster, welches einen Blick auf das Meer gewährt.

„Eccola qua!" rief der Cicerone, auf den silberglänzenden Meeresspiegel zeigend. Und richtig: draußen lag das Blokade-Geschwader der Franzosen. Geschäftig eilten drüben einige kleine Dampfer von einer Fregatte zur andern, als sollte schon morgen die Beschießung Venedigs vor sich gehen. Mein Cicerone stieß einen Seufzer aus, während er sinnend die Flottille betrachtete, und ich glaube, er war einer der wenigen Venezianer, welchen diese Flotille im Wege lag, denn dieselbe versperrte ihm ja den Weg, auf welchem die Reisenden ihm ihre Trinkgelder brachten.

Als ich in den Speisesaal des Albergo alla Luna trat, fand ich die Tafel mit kaum einem halben Dutzend von Gästen besetzt. Zwei von ihnen waren in Italien ansässige Deutsche, die mir schon in Udine in einem Kaffeehause begegnet waren. Dort, in

Udine, wo die Bevölkerung den glühendsten Haß gegen Oesterreich zeigte, hatte ich diese beiden Personen ihrer italiänischen Begleitung gegenüber schamlos auf die eigenen Landsleute, die Deutschen, schimpfen gehört; mein Erstaunen war daher groß, als ich dieselben Leute hier an der table d'hôte plötzlich aus einer ganz andern Tonart sprechen hörte. Sie schimpften hier mit ebenso vollen Backen auf die Italiener, wie sie in Udine über die Deutschen hergezogen waren, vermuthlich, weil die Tischgesellschaft meist aus Landsleuten bestand. Indeß, was lag hierin Außerordentliches? Ich habe immer gefunden, daß der Deutsche im Auslande ein bedauernswerthes Talent zeigt, ein schlechter Kerl zu sein, und so hat er es denn auch wirklich dahin gebracht, daß Niemand von der deutschen Treu und Redlichkeit spricht oder an sie glaubt, wenn wir es nicht selber thun.

Bei der gegenwärtigen Stimmung in Italien spielt der Deutsche dort keine beneidenswerthe Rolle und selbst wer den Italienern mit allen nur möglichen Sympathieen entgegenkommt, geräth mit den letzteren fast täglich in Collision. Der Deutsche ist leider nirgendwo geliebt, auch da nicht, wo wir keine Veranlassung haben, die Schuld auf Oesterreich zu schieben. In Italien insbesondere ist es schwer, sich diesem Hasse zu entziehen, wenn man den Leuten auch einleuchtend macht, daß man kein Oesterreicher sei; sie haben sich einmal gewöhnt, alle Deutschen in einen Topf zu werfen.

Einen sehr komischen Beleg hiefür erlebte ich am Tage nach dem Treffen von Melegnano, als die österreichische Arriere-Garde unter Benedek einige Stunden von dort, vor Lodi, lagerte. Ich war mit zwei Gefährten in einem Hause Lodi's einquartirt, dessen Erdgeschoß und erste Etage uns ganz zur Disposition gestellt wurde. Der Wirth mit seinen drei Töchtern hatte sich in die zweite Etage geflüchtet; sie mieden uns Alle wie die Pest und lugten nur durch die Spalten ihrer Jalousien im Hofe beobachtend auf uns herab.

Trotzdem gelang es mir, den Wirth mit seiner Familie, als sie heimlich entwischen wollten, unten in dem Hausflur zu atrappiren, indem ich einen Ausfall aus dem unteren Zimmer machte. Ich bat um die Ehre, mich dem Padrone des Hauses vorstellen zu dürfen, und wirklich gelang es mir, eine Unterhaltung in Gang zu bringen.

Um mich zu insinuiren, ließ ich ein Wort fallen, daß ich kein Oesterreicher sei. Sichtbar stieg ich in der Achtung der Familie. Der Padrone fragte, was für ein Landsmann ich denn sei. Ein Prussiano, antwortete ich. — „Ecco, un Prussiano!" wiederholte der Padrone, den Kopf wiegend und dabei vergeblich in seiner Geographie nachsuchend, wo Prussia zu finden sei, das ja möglicherweise auf einer der Südsee-Inseln liegen konnte. Endlich kam es heraus, daß auch Preußen zu Deutschland gehöre. „Anche un Tedesco!" (Also auch ein Deutscher!) rief er enttäuscht und mit einer halblauten Aeußerung, die ich mir etwa in: „Hol dich der Teufel!" übersetzen konnte, stürzte er zur Hausthür hinaus.

## Ein Sonntag-Abend.

Glühend brannte die Sonne auf die Canäle Venedigs herab, als ich am Nachmittage mein Zimmer suchte, um meinen von fünftägiger angestrengter Reise ermatteten Gliedern einige Ruhe zu gönnen. Eben im Begriff, die Jalousien meines Fensters zu schließen, hörte ich unterhalb desselben ein munteres Gelächter. Drüben in dem gleichsam im Wasser schwimmenden Garten hatte sich eine kleine Gesellschaft von Venezianern in den Schatten der Laube geflüchtet; ich erkannte unter ihnen dieselbe vollbusige Signora, welche am Morgen mir gegenüber in höchst ungenirter Weise ihre Toilette am Fenster machte und mir mit der Unbefangenheit der Südländerin Reize präsentirte, die selbst auf den heiligen Antonius Eindruck gemacht haben würden. Unterhalb der Gartenmauer lagen im Canal zwei schwarze Gondeln, reich mit ebenso schwarzen, dick bequasteten Teppichen bedeckt. In jeder der Gondeln lagen zwei hübsche Bouquets. Die Gondolieri standen wartend auf das Ruder gelehnt.

Wenn nicht Alles täuschte, so beabsichtigte die Gesellschaft drüben eine Promenade zu machen, und in der That traten gleich darauf mehrere junge Männer in den Garten. Dies war das Signal zum Aufbruch. Wenige Minuten darauf hatte sich die Gesellschaft in den beiden schwarzen Gehäusen der Gondeln verkrochen, und diese verschwanden.

Ich suchte mein Lager. Der Schlummer fand mich sehr bald und verzeihlich war's, wenn ich, der ich seit acht Tagen fast nichts als Soldaten und Kanonen gesehen hatte, im Schlaf alsbald einen heftigen Kanonendonner zu hören glaubte. Unter diesem erwachend überzeugte ich mich, daß man schon seit einer Minute immer ungeduldiger an meine Thür donnerte. Ich rief den unbekannten Bombardier herein. Ein Uffiziale trat ein, er reichte mir eine Depesche und ich unterschrieb den Empfangschein, ohne ihn näher zu besehen.

Schlaftrunken und die Adresse nicht beachtend, öffnete ich die italienische Depesche. In dem Halbdunkel überflog ich den kurzen Inhalt; Alles, was ich in der Eile von demselben auffaßte, waren die letzten beiden Worte „... e morte".

Um Gotteswillen, wer ist todt? rief ich zum Fenster eilend und die Jalousien aufstoßend.

Hier las ich denn zu meinem Befremden, wie mich ein unbekannter, Farone unterzeichneter Mann in Perugia aufforderte, eiligst 500 Scudi zu senden. Die Depesche schloß mit den Worten: „Il commercio e morte".

Das Eine erschien mir so unbillig, wie das Andere unter den gegenwärtigen Umständen erklärlich; es fragte sich nur: was ging mich das an?

Ich beschaute mir die Adresse, fand einen ganz andern Namen darauf, schellte nach dem Cameriere, dem Kellner, und bat diesen, mich künftig mit derartigen beunruhigenden Depeschen verschonen zu lassen. Jetzt klärte sich die Sache dahin auf, daß die Depesche an meinen Nachbar im anstoßenden Zimmer gerichtet war. Dieser hatte den ganzen Mittag hindurch mit Geld geklappert und war also besser als ich in der Lage, dem Herrn die 500 Scudi nach Perugia zu senden.

Den Abend hatte ich zur Weiterreise nach Mailand bestimmt. Als der Schatten sich über die Straße zu legen begann und die

Stadt sich wieder belebte, verließ ich das Hôtel, um mir in dem neben demselben belegenen Bureau ein Eisenbahnbillet nach Verona und Mailand zu holen. Der Beamte erklärte, es sei dies unmöglich, da selbst der Nachtzug heute für den militairischen Transport bestimmt sei und er den Befehl habe, keine Passagier-Billets auszugeben.

Dies war im Grunde nichts Ueberraschendes. Handel und Verkehr, die hier ohnehin in den letzten Zügen lagen, mußten zurückstehen, wenn es galt, die nöthigen Vertheidigungsmittel zum Ticino zu schaffen, welchen die Oesterreicher vor etwa vierzehn Tagen bereits überschritten hatten. Wenn man nach all dem Kriegsmaterial, den endlosen Truppenzügen, welche Venedig passirten, hätte urtheilen wollen, so würde es unmöglich erschienen sein, daß die Oesterreicher nur mit 120,000 Mann drüben in der Lomellina standen; es galt aber, auch die festen Plätze am Po und im Innern der Lombardei mit Truppen zu versehen, und diesseits des Mincio wurde ja auch die erste Armee noch zusammengezogen.

Wie Dem sein mochte, für mich sollte in dem Nachtzuge kein Platz übrig sein. Eile hatte ich; wie also den Beamten überzeugen, daß ich fort müsse? Ich hatte nichts bei mir als einen mir in der Central-Kanzlei des Kaises übergebenen Brief an einen General-Adjutanten der zweiten Armee. In diesem Briefe ward ich allerdings der letzteren zugetheilt, aber das Couvert des Briefes zeigte nur ein Privatsiegel, das für einen Beamten nichts Imponirendes hatte.

Ich warf mich also eiligst in eine Gondel, um zu einem höheren Offizier zu fahren, der mir heute Mittag seinen Besuch gemacht hatte. Den halben canal grande entlang fahrend, erreichte ich seine Wohnung, um dort zu hören, daß ich ihn im caffé militare am Marcusplatz finden werde. Dies hätte ich näher haben können, da meine Wohnung nur zehn Schritte von dem letzteren entfernt war.

Ich eilte also zurück, fand ihn und schleppte ihn zum Bureau. Durch seine Vermittelung erreichte ich meinen Zweck und hatte jetzt Muße, mich noch zwei volle Stunden im süßesten Nichtsthun auf der Piazza herum zu treiben.

Die letzten Strahlen der untergehenden Sonne färbten dunkelgoldig die Kuppeln von San Marco, als ich die Piazza betrat. In dichten Gruppen sammelte sich das Volk auf dem Platz. Unter den Arcaden spazierte die schöne Welt, die Stühle der Kaffeehäuser standen einladend rings um den Platz, aus verschiedenen Richtungen her drang bereits der Lärm der Marionetten-Kästen, und unter den Arcaden klimperte schon hier und da eine Guitarre, accompagnirt von kratzenden Bogenstrichen und einer heiseren Stimme — confuse Laute, ohne welche der Abend Venedigs nicht zu denken ist.

Wer italienisches Volksleben finden will, der suche es nicht in Oberitalien; die Regierungen haben es hingemordet, sie haben die leichtfertigen Völker hier entsetzlich ernüchtert, haben sie zu politischem Nachdenken gezwungen und Niemand darf sich wundern, wie sie an einem unter polizeiliche Aufsicht gestellten Pulcinello keinen Geschmack mehr finden wollen. In Venedig, Mailand, Florenz und Rom ist der Volkshumor längst erstickt worden, nur die Lumpenbande der Lazzaroni in Neapel hat ihre Poesie vertheidigt trotz allen Mazza's, und sie sind glücklich gegen alle ihre italienischen Compatrioten, weil ihre bourbonische Regierung sie wie eine Gesellschaft ungezogener Rangen behandelt, welche die Stockprügel, die man ihnen aufzählen läßt, nicht einmal übelnehmen. Freilich ist auch dort die zwischen Thron und Volk einst herrschende Gemüthlichkeit verschwunden, mit welcher der verstorbene König Ferdinand seinen Lazzaroni die Zunge aus dem Wagen herausstreckte, wenn diese ihm Gesichter schnitten; indeß man hat doch dort selbst dem Stock seine mittelalterliche Romantik zu bewahren gewußt, und wenn der Lazzaroni das Recht hat, seinen Heiligen zu prügeln, falls dieser ihm etwas nicht recht gemacht hat, so kann es hier im Allgemeinen auf eine Tracht Schläge mehr oder weniger nicht ankommen.

Dunkler legte sich mit jeder Minute der Abend auf den Sanct Marcus-Platz; eine Laterne nach der andern begann ihr flackerndes Licht auf die buntfarbigen Gruppen zu werfen. Die Musik der Kaffeehäuser gestaltete sich allmälig zu einem korybantischen Chaos, zu einem musikalischen Wirrwarr, der trotzdem für das Ohr etwas Angenehmes hat, insofern als auch das Auge durch ein entsprechendes Durcheinander beschäftigt wird.

Gerade der Marcuskirche gegenüber sitzend, deren Kuppeln sich an dem dunkeln Horizont abzeichneten, erschien mir der Marcusplatz wie ein großer Tanzsaal unter freiem Himmel, und in der That wüßte ich keinen andern städtischen Platz an Schönheit ihm zur Seite zu stellen! Da saß ich auch heute wieder vor diesem bunten Gewühl weißer österreichischer Uniformen und hundertfarbiger italienischer Trachten; das Licht der Laternen glitzerte auf den goldenen Ketten, Spangen und Ohrgehängen, welche den unvermeidlichen Luxus der Venezianerinnen bilden, und aus den dunklen, vom weißen Licht gebleichten Gesichtern der promenirenden oder umher sitzenden Signoras leuchtete es dem Lampenschein entgegen.

Plötzlich bemächtigte sich eine sonderbare Unruhe der sich hin und her bewegenden Gruppen; man drängte sich bald hier, bald da zusammen; die vor den Cafés Sitzenden verließen ihre Plätze und drängten sich in die Masse, welche ganz plötzlich aus einander stob und sich auf einer andren Stelle zusammenzog.

„Schaut's, wie Das wieder die Köpf' zusammensteckt!" rief ein Offizier am Nachbartisch, von seiner Granita aufspringend und auf eine Gruppe von Soldaten zuschreitend. Auch ich ward von der allgemeinen Neugier angesteckt und wählte mir die nächste Gruppe; trotz all meiner Aufmerksamkeit war ich aber nicht im Stande, irgend etwas von Dem aufzufangen, was die Menge so in Fieber versetzte.

Eben zu meinem Tisch zurückkehrend, faßte mich der Commissionär meines Albergo beim Rockschoß. „Subito, Signore, alla strada ferrata!" rief er mir zu, mich fortschleppend. Mit unbefriedigter Neugier fragte ich ihn, was denn in der Menge dort vorgehe; mit einer Gleichgültigkeit, als habe ich ihn nach dem Wetter gefragt, antwortete er mir, es verbreite sich so eben die Nachricht, in Mailand sei eine Revolution ausgebrochen. Aber, setzte er noch gleichgültiger hinzu, dergleichen erzählt man sich hier tagtäglich!

Vor meinem Hôtel lag schon die große Gondel, eine Art von Bucentaur, die für den Transport von mindestens dreißig Gästen berechnet war. Mein Gepäck war bereits darin. Man schob mich hinein, wünschte mir nach Empfang der landesüblichen Trinkgelder ein buon viaggio, und die Gondel trug mich davon — den einzigen Passagier, der das Bedürfniß hatte, zur strada ferrata, zur Eisenbahn, zu fahren.

Ein Leviathan, bewegte sich unsre Mutter=Gondel den canal grande hinab. Lautlos und pfeilschnell schossen die übrigen Gondeln an uns vorüber, gleich schwarzen Schwänen; mit einem „Ohä", dem Warnungsruf, wenn sie um eine Ecke biegen, flogen sie an uns vorbei. Einsam und melancholisch warf zuweilen eine Laterne ihr mattes Licht auf die schwarze Wassermasse des großen Canals. Alles war still; nur der Besitzer oder Kapitän der Gondel brummte in regelmäßigen Zwischenräumen vor sich hin, die schlechten Geschäfte verwünschend. Ja, ja, lieber Freund! brummte auch ich. „Il commercio e morte!"

Drei Stunden hatte ich Muße, vor dem Bahnhof am Canal zu sitzen und den Militärzug von Casarsa zu erwarten. Der

Wirth des neben dem Bahnhof liegenden schlechten Kaffeehauses, das sich zugleich eine „Birraria" nannte, reichte mir eine Flasche Bier, welches derart mit Potasche versetzt war, daß ich wie ein Topfkuchen aufzugehen befürchtete.

In diesem Zustande traf mich der Militärzug. Nichts als Musketen-Mündungen und Kanonen gähnten mir aus dem Halbdunkel des Perron entgegen. Der Gesang der mit frischem Laub geschmückten Soldaten schwieg, an seine Stelle trat eine hundertstimmige Unterhaltung derselben in slavischen und ungarischen Idiomen. Die Säbel rasselten, das Commando erschallte, und gehorsam demselben stürzte sich ein auf dem Perron stehendes halbes Bataillon Grenzer in die für sie angehängten Wagen. Ich allein blieb übrig und stand verlassen mit meinem Militär-Billet da.

Plötzlich führte der Zufall eine höchst ergötzliche Scene auf. Mitten in den militärischen Wirrwarr hinein stürzte sich mit wehendem Backenbart eine baumlange, breitschultrige Gestalt, carrirt von oben bis unten. Hinter ihm ein ebenso langer Diener. Beide die unverkennbarsten Repräsentanten Alt-Englands. Athemlos rannte er an dem Zuge auf und nieder, einen Platz suchend, überall aber nur der Galerie von Soldatengesichtern begegnend, mit welchen die Wagen garnirt waren. Endlich faßte er einen der auf dem Perron beschäftigten Offiziere und hielt diesem eine keuchende, mit einzelnen deutschen Brocken durchflochtene Anrede, von welcher der Offizier kein Wort verstand.

Aus des Engländers athemloser Rede ging hervor, daß seine Familie noch in Mailand sei, daß dort ein Aufstand ausgebrochen und er eiligst mit diesem Zuge nach Mailand müsse. Der Offizier, nachdem ihm diese Rede verdollmetscht war, zuckte bedauernd die Achsel. Ich benutzte diese Gelegenheit, ihm mein Billet zu zeigen. Die grüne Farbe desselben genügte ihm, er schleppte mich zu einem Coupé, das bereits von vier Offizieren und einem

Civilisten besetzt war, und schob mich hinein. Der Engländer, welcher uns auf den Fersen geblieben war, wollte mir nachsteigen, wurde jedoch zurückgewiesen. Es entspann sich eine höchst lebhafte Debatte, welche durch das Hinzukommen des Bahnhof=Inspectors nuterbrochen wurde und damit endete, daß der Zug vor den Augen des verzweifelnden Mylord davon ging.

Mühsam arbeiteten die beiden Locomotiven die Nacht hindurch vor dem schweren Zuge. An Schlummer war nicht zu denken, denn der Kanonen=Humor der Soldaten machte sich in ununterbrochenen Gesängen Luft. In dem Civilisten erkannte ich denselben Feldprediger wieder, mit welchem ich eine halbe Nacht hindurch im Posthofe von Nabresina auf Weiterbeförderung gewartet hatte; in meinem vis-à-vis machte ich die Bekanntschaft eines jungen Ober=Lieutenant vom Regiment Großherzog von Hessen, der damals noch nicht ahnte, daß ihm so bald der Soldatentod auf dem Felde von Magenta beschieden sei.

In Verona verließ mich meine Gesellschaft. Der gewöhnliche Zug nahm mich auf. Je näher ich dem Kriegsterrain kam, desto stiller warb's um mich her. Die Felder waren öde, die Bewohner der kleinen Städte schauten verdrießlich aus ihren Thüren; Alles ward unheimlicher und einsamer. Im Morgengrauen flog ich an Brescia vorüber, dem Unsterblichkeits=Denkmal des grimmen Haynau. Die Italiener, welche das Coupé betraten, brachten finstre verschlossene Gesichter mit; die Bahnhöfe, welche ich passirte, waren in Kriegszustand, zuweilen auch wohl mit eilig aufgeworfenen Schanzen versehen, von welchen aus man den Schienenweg bestreichen konnte. Endlich von Treviglio ab blieb ich der einzige Passagier im Coupé.

Es ist eine allgemeine, aber unrichtige Vorstellung, sich die unmittelbare Nachbarschaft eines Kriegsterrains sehr geräuschvoll zu denken; sie ist es nie, am wenigsten inmitten einer feindlich gesinnten Bevölkerung. Selbst die Truppenbewegungen, der Trans=

port der Kriegsmaterialien, sind nur in der Nähe der Läger geräuschvoll und auf dem eigentlichen Operationsfelde suchen sich die beiden Gegner so lautlos wie möglich. Es herrscht eine unheimliche Stille; Alles späht, Alles lauscht, Niemand weiß, was geschieht, aber Alles trägt sich brütend mit Ahnungen.

Die Sonne stand hoch am Himmel, als ich Mailand erreichte. Der sonst so belebte Bahnhof war wie ausgestorben und von doppelten Wachen besetzt; man führte die etwa zwanzig Passagiere, welche beim Anblick des Soldaten-Spaliers mit Armsündergesichtern den Wagen entkrochen, vor eine im Passagierzimmer sitzende Militär-Commission, welche mit der Aufmerksamkeit eines analysirenden Apothekers die Legitimationen prüfte, einzelne Individuen mit Blicken maß, welche in Herz und Nieren hineindrangen, und uns dann zur andern Thür hinaus entließ.

Wie in der Goudel zu Venedig, war ich auch hier im Omnibus der einzige Passagier, und vor dem Portal von Reichmann's Hôtel haltend, sah ich den Hausknecht die Hände über dem Kopf zusammenschlagen beim Anblick eines in Mailand eintreffenden Fremden.

## Montebello.

Wenn Venedig schmollt, ballt Mailand die Fäuste in der Tasche. Zum dritten Male befand ich mich in dieser Stadt, der ich noch niemals eine heitere Miene abgewonnen. Als ich das letzte Mal hier war, traf ich mit meinem unvergeßlichen Reisegefährten Mr. Worsley aus Swansee hier ein. Wir hatten uns noch eine alte Miß mitgebracht, die wir oben auf der Spitze des St. Gotthard-Hospiz erobert, die sich unter unsern Schutz begeben und die wir also gewissenhaft zu bewirthschaften hatten, bis es uns gelang, sie in der Pension unterzubringen, an welche sie von London aus adressirt war.

Als wir, Mr. Worsley und ich, damals am Nachmittage den Corso hinab schlenderten und Worsley, ein angenehmer Erzähler, fortwährend seine Unterhaltung mit and-a construirte, machte ich mit ihm eine Wette, er könne nicht eine Viertelstunde sprechen, ohne seine Sätze mit and-a zu verbinden. Wir stiegen keuchend auf die Spina der Kathedrale, um das wundervolle Panorama dort zu genießen, und als wir eben auf der Plattform angelangt waren, war Worsley's erstes Wort ein: and-a. Eine Unbesonnenheit, welche ihn drei Flaschen Barbara-Wein kostete.

Am Abend desselben Tages machte ich dieselbe Promenade auf dem Corso mit zwei österreichischen Offizieren, die ich mir aufgesucht. Die schönen Mailänderinnen mit ihren schwarzen Schleiern um die weißen Schläfe und ihren schwarzen Augen unter den schmachtenden Wimpern rauschten über das Trottoir, ihre Schatten spielten wie bewegliche schwarze Silhouetten im bleichen Mondenschein. Ich sah's den Signora's an, wie sie leise zusammenzuckten, wenn die Säbel meiner beiden Begleiter unachtsam auf den Fliesen rasselten. Es war ja derselbe Säbel, unter welchem die Lombardische Freiheit blutete! Kein Lombarde kann so sehr nach der verlorenen Freiheit dürsten wie eine Lombardin; kein Lombarde kann die Unterdrücker so hassen wie sie, und von ihrem weiblichen Privilegium den weitesten Gebrauch machend, sah ich, wie diese Augen im Mondenschein haßten — im Mondenschein, in welchem eine Deutsche nur zu lieben im Stande wäre.

Als wir uns endlich am Domplatz auf einem der vor der Thür stehenden Tische niederließen, sah ich, wie die umher sitzenden Lombarden, die österreichische Uniform erblickend, Einer nach dem Andern aufstanden, so daß wir schließlich allein saßen. Auch sie haßten also und hielten es nicht für der Mühe werth, dies zu verheimlichen.

„Canaglia!" brummte einer der Offiziere ihnen nach. Ich meinerseits dachte mir: Immer noch das alte Lied! Du bist doch neugierig, wie das enden wird!

Jetzt, da ich wieder in Mailand war, stand ich, ohne mich dessen bewußt zu sein, kurz vor dem Ende; ja es war mir sogar beschieden, wenige Wochen später, in der Nacht vor der Schlacht von Magenta in Mailand zu sein und am Ende selbst zu stehen, ohne eine Ahnung davon zu haben. —

In Reichmann's Hôtel war diesmal Alles verödet. Als ich über den mit Gras bewachsenen Hof in die Thür eines Flügels, die breite Steintreppe hinan und durch den halb dunklen Corridor schritt, war es mir, als werde ich in ein unbewohntes altes Schloß einquartirt. Der Hausknecht schien die Gewohnheiten und das

Wesen eines solchen vergessen zu haben; der einzige noch zurückgebliebene Kellner zeigte eine Nonchalance, so daß ich nahe daran war, mich zu entschuldigen um der Mühe willen, die ich ihm zu verursachen genöthigt sei. Unten in dem weiten und halbdunklen Speisesaal in dem Hofgebäude pfiff der Wind durch die offnen Fenster und Thüren, und einige Sträucher, die in dem kleinen Garten wuchsen, lehnten melancholisch ihre Zweige durch das Fenster in den Saal herein.

Das Bier, welches man mir servirte, war sauer, obgleich die Flasche zwei Franken kostete, der Wein nicht minder, und die kalte Ente, mit der ich für den Moment vorlieb zu nehmen hatte, mußte wohl noch vor dem Eintreffen der österreichischen Kriegserklärung in Turin gebraten, worden sein. Ein Gefühl trostloser Vereinsamung beschlich mich. Ich schlenderte hinaus, um die Wohnungen einiger alter Bekannter aufzusuchen, fand aber nur Einen noch in Mailand und dieser Eine war — wie das in der Regel so geschieht — nicht zu Hause.

Bei einem Spaziergang durch die Stadt fand ich diese, wie ich es hatte erwarten müssen. Alles lief mit verbissenen Mienen an mir vorbei; wo eine Gruppe stand, da flüsterte man und blickte scheu umher. Die Besitzer der Magazine schliefen hinter ihren Ladentischen. Ich rettete mich in ein Kaffeehaus. Ingrimmig über die Zeitungen gebeugt, saßen die Gäste da; ein höhnisches, schadenfrohes Lächeln flog zuweilen über ihr Gesicht, wenn ihnen eine Nachricht begegnete, die ihrem Haß willkommen war. Ich griff nach der Augsb. Allg. Zeitung, die auf dem Tische lag. Sie war noch nicht aufgeschnitten, obgleich sie schon seit gestern daliegen mußte; keine Hand mochte sie berührt haben. Der Kellner, der mir den Kaffee brachte, warf mir, als er die deutsche Zeitung in meiner Hand sah, einen so mißachtenden Blick zu, daß ich versucht war, ihm ein Bein zu stellen.

Du lieber Gott, dacht' ich im Hinausgehen, was haben wir

armen Deutschen doch gethan, daß Niemand von uns wissen will! Wir sind und bleiben die Aschenbrödel der Völker! Wir haben so viel Schulmeister, Pastoren und Professoren; wir lernen daheim eine solche Menge von schönen und nützlichen Dingen, aber niemals werden wir lernen, eine Nation zu sein. Wir sind gelehrig wie die Dompfaffen, fromm und gehorsam wie die Kinder, und kommen von allen Völkern gewiß zu allererst in den Himmel, aber was wir hienieden thun, ist Alles linkisch und verkehrt!

Der Abend kam. Ich hatte die nöthigen Erkundigungen über den Stand der Dinge draußen an der nur wenige Stunden entfernten Operationslinie eingezogen, doch war Alles, was ich erfuhr, so ungewiß und widerstreitend, daß ich nicht daraus klug zu werden vermochte. Selbst unter den Offizieren fand ich eine erstaunliche Unkenntniß von Dem, was draußen passirte. Meine einzige Hoffnung war der Platzmajor; dieser mußte mir nähere Aufschlüsse geben können, denn ich durfte, hier angelangt, unmöglich in's Blaue hinein laufen.

Schwer war es, des Platzmajors habhaft zu werden. Ich warf mich in einen Fiaker und langte vor dem Hause desselben an. Die Schildwache wies mich über den Hof. Eine Treppe hinansteigend, gerieth ich in eine Wachstube. Ich wandte mich an den Unteroffizier. Dieser guckte mich an wie die Kuh das neue Thor. Er war Kroate und ich konnte also nicht verlangen, von ihm verstanden zu werden. Die Mannschaft hatte von der deutschen Sprache ebenso wenig eine Idee, wie ich von der ihrigen.

So tappte ich weiter. Ein im Corridor an mir vorbei streifender Offizier gab mir endlich die gewünschte Auskunft. Ich gelangte in das Zimmer des Platzmajors, bei welchem eben verschiedene Offiziere höhern Ranges versammelt waren.

Der Platzmajor ersuchte mich, bis morgen zu warten, er werde dann sichere Nachricht haben, wo das Hauptquartier sich befinde; augenblicklich wisse er nichts Genaues hierüber. Mir blieb nichts übrig, als diesem Rathe zu folgen.

Der Abend fand Mailand stiller und unheimlicher als je. Der erste Schlag, der von Montebello, war geschehen. Dunkle Gerüchte coursirten in der Stadt. Es schien, als habe man die Absicht, das in Venedig verbreitete Gerücht zu bewahrheiten. Starke Patrouillen durchzogen die Straßen. Die Magazine wurden früh geschlossen, die Gassen waren öde; die Menschen huschten wie Gespenster an den Häusern vorüber. Es unterlag keinem Zweifel: den Mailändern steckte etwas in den Gliedern.

Am andren Morgen wurde mir gesagt, die Wachen seien in der Nacht abermals verdoppelt worden; es heiße, Garibaldi sei im Anzuge, am Como-See seien starke Gefechte vorgefallen und was dergleichen mehr war. Man wollte sogar behaupten, Mailand würde sich erhoben haben, wenn nicht neue Truppen im Anzuge gewesen wären.

Die Ursache dieser heimlichen Bewegung lag indeß anderswo. Was mir erst später klar ward, hatten die Mailänder, die stets bessere Nachrichten besaßen als die Oesterreicher, mit telegraphischer Schnelligkeit erfahren. Feldzeugmeister Giulay hatte sein Hauptquartier gewechselt und dasselbe von Mortara westlicher, gegen Pavia, nach Garlasco zurück verlegt. So erfuhr ich am andren Mittage im Platzcommando, wo diese Nachricht eben eingetroffen war. Den Mailändern juckte es bei dieser Botschaft natürlich in den Händen, aber sie fürchteten die Kanonen des Castells und — warteten.

Der Leser gestatte mir, hier mit flüchtigen Strichen die kriegerische Situation zu zeichnen, wie ich sie, am 25. Mai in Mailand eintreffend, vorfand.

Daß Louis Napoleon den Krieg gegen Oesterreich schon lange in petto hatte, unterliegt keinem Zweifel. Man möchte sogar behaupten, die sardinischen Eisenbahnbauten an der Sesia und dem Po entlang, welche ihm so unschätzbare Dienste leisteten, seien schon die Vorbereitungen zu diesem Kriege gewesen, und unverzeihlich ist es, daß man österreichischerseits nicht eine Bahn hinter dem Ticino paralell der jenseitigen Linie anlegte. Auch die neue französische Artillerie ward ohne Zweifel erfunden, um in diesem Kriege zu debutiren.

Während die Franzosen über den Mont-Cenis stiegen resp. von Frankreich und Afrika aus in Genua landeten, um sich mit den Piemontesen zu vereinigen, waren von den eilf österreichischen Corps fünf unmittelbar kriegsbereit gemacht und diese standen etwa 110,000 Mann stark, am 23. April an der Mündung des Ticino, bei Sesto Calende, ihrem äußersten rechten, bis Pavia, ihrem äußersten linken Flügel. Graf Kellersberg brachte das österreichische Ultimatum nach Turin, der König von Sardinien verwarf dies und schlug in Alessandria sein Hauptquartier auf, während die Franzosen erst am 25ten in Genua, resp. Susa eintrafen. Im österreichischen Hauptquartier hatte man anfangs die Absicht, als man am 26ten den Ticino zu überschreiten begann, über den Po zu gehen, einen genügenden Truppentheil vor die Festung Alessandria zu legen und auf Novi vorrückend die Eisenbahn-Verbindung zwischen Genua und Turin abzuschneiden.

Indeß schien man sich für den andern Plan zu entscheiden, nämlich über Novara an die Dora Baltea zu marschiren und dem französischen Corps Barayuay-d'Hilliers in Susa, das sehr kriegsuntüchtig eben an den Fuß der Alpen gelangt war, den Weg nach Turin abzuschneiden. Auf beide Weisen hätte man die zu Wasser und die zu Lande kommenden französischen Armeen von einander getrennt und Giulay hätte Radetzky's Losung: „auf nach Turin!" zur Wahrheit gemacht, ja sehr wahrscheinlich sich Turin's bemächtigen können, was doch jedenfalls ein schöner Anfang gewesen wäre.

Drei Tage brauchte man, den Ticino zu überschreiten. Giulay

schickte in der That seine Vorposten über Novara gegen Jvrea, Alles war überzeugt, daß er auf Turin marschire. Die Truppen marschirten Tag und Nacht, durch eine veröbete Gegend, über abgegrabene und unter Wasser gesetzte Wege; die Sache schien mit aller Energie angegriffen zu sein. Plötzlich aber wurden die Truppen zurückgerufen. Giulay nahm seine Stellung in gerader Linie von den Alpenabhängen bei Biella (über Vercelli) nach Cambio am Po. Gleichzeitig schickte er Benedek (das 8. Corps) über den Po bis Voghera und Tortona vor; dieser zerstörte die Eisenbahnbrücke von Curone, welche von Alessandria nach Voghera geht, und zog sich dann wieder zurück.

Giulay hatte eine höchst ausgedehnte Stellung inne, deren Zweck niemand zu durchschauen vermochte. Was er möglicherweise hiermit beabsichtigte, ward jetzt, da er gezaudert, plötzlich vereitelt; es trat ein anhaltendes Regenwetter ein, das die Flüsse anschwellte und die Reisfelder überströmte, so daß durch Wegschwemmung der Brücken selbst Benedek 24 Stunden lang von der Hauptarmee abgeschnitten blieb.

Jetzt änderte Giulay seine Front. Sein rechter Flügel stützte sich auf den Brückenkopf Vercelli, der linke auf Strabella. Noch einmal machte er Miene, auf Turin loszugehen, indem er das Corps Zobel bei Vercelli über die Sesia vorschickte. Aber dieses wurde von S. Germano nach Vercelli zurück gerufen, wahrscheinlich, weil man hörte, daß der Feind sich massenhaft bei Alessandria conzentrire. Von da ab scheint Giulay alle Offensiv-Pläne aufgegeben zu haben. Er zog sich hinter die Sesia, verlegte sein Hauptquartier nach Mortara zurück und beschränkte sich darauf, den Feind zu beobachten. Alle Vortheile, welche ihm die anfängliche Kriegsuntüchtigkeit der Franzosen, die notorisch ungünstigen Stellungen der Verbündeten bis dahin geboten, waren verloren. Hätte er gewußt, was er wollte, alle Chancen wären für ihn gewesen, denn die Franco-Sarden hatten entschieden noch keinen Operationsplan, und hätte er, ehe er zurück ging, sich durch Maskirung des Brückenkopfs Casale in der Flanke gedeckt, er hätte sich noch jetzt Turins bemächtigen können.

Endlich, nachdem die Demonstrationen der Franzosen Giulay die Ueberzeugung gegeben, daß sie auf seinen linken Flügel, d. h. auf Pavia und Piacenza zu operiren beabsichtigten, stellte er sich im rechten Flügel bloß: Zobel erhielt Befehl, Vercelli zu räumen, die Sesia=Brücke zu zerstören. Giulay schickte fortwährend, den Demonstrationen des Feindes glaubend, Verstärkungen nach dem linken Flügel und verlegte sein Hauptquartier nach Garlasco.

Um diese Zeit erreichte ich das österreichische Hauptquartier, und zwar auf demselben Wege, auf welchem Giulay in die Lomellina marschirt war, über Pavia und Gravellona.

So öde und still die Hauptstadt der Lombardei, so lebhaft fand ich Pavia. Die Stadt war mit Truppen überfüllt. Endlose Magazin=Colonnen bewegten sich durch die Straßen und sperrten dieselben oft jedem Privatverkehr. Die Albergo's und Kaffeehäuser waren von Offizieren in Anspruch genommen. Draußen vor der Stadt, hinter der großen über den Ticino führenden Brücke, oder vielmehr hinter Gravellone, theilten sich die Transporte nach verschiedenen Richtungen; die eine Colonne bewegte sich auf Garlasco zu, die andere größere schlug die Richtung nach Strabella ein, denn Giulay glaubte sich durch die eben gemachte große Recognoscirung gegen Montebello überzeugt zu haben, daß der Feind sich wirklich gegen Piacenza concentrire und es auf die festen Po=Plätze abgesehen habe, eine unselige Ueberzeugung, welche die Quelle all des folgenden Mißgeschicks ward.

Vergebens hatte ich mich bemüht, in Mailand ein Pferd oder eine der flinken Timonellen (Einspänner) zu bekommen. Alles, was Pferde besaß, wurde von panischem Schreck ergriffen, wenn man von der Lomellina sprach. Ebenso gut hätte man den Vorschlag machen können, direct in die Hölle zu fahren.

Es waren der Timonellen von Mailand aus so manche in die Lombardei hinein gefahren, aber keine wieder heraus gekommen. Sämmtliche Kutscher betrachteten dieselbe also wie eine Mausefalle.

Somit blieb mir nur der Omnibus, welcher von einem Hause in der Nähe des Domplatzes täglich zweimal nach Pavia fuhr. Zu meinem Erstaunen sah ich, im Hofe sitzend und auf die Abfahrt wartend, eine reizende Signorina von junonischem Wuchs erscheinen. In demselben Augenblick trat der Coubucteur in den Hof. „Andiamo!" rief er dem Kutscher zu. Die Offiziere und Unteroffiziere erkletterten den Omnibus, für die Signora wurde ein Stuhl hingestellt, sie sprang hinein und mit einem Gemisch von Behagen und Unbehagen, wenn ich die umfangreiche Crinoline betrachtete, sah ich die Dame den Platz neben meinem Ecksitz einnehmen. Mit einem Seufzer erreichte ich meinen Platz; die Crinoline schlug so zu sagen über mir zusammen. „Ew. Gnaden schauen aus wie ein Ertrunkener, von dem nur noch der Hut oben schwimmt!" sagte der mir gegenüber sitzende Kaiser=Jäger lachend; und ich Unglücklicher durfte nicht einmal einen Kampf mit diesen Wellen versuchen!

Nach etwa dreistündiger Fahrt erreichten wir Pavia. Der Wagen hielt in der Nähe des „croce bianca." Die Signora erklärte mir, daß sie dort von ihrem Bruder erwartet werde, um unter seinem Schutz nach Belgiojoso gebracht zu werden. Sie nahm meine Begleitung an. In's croce bianca tretend, kamen wir in ein militärisches Karavanserai. Der viereckige Hof war von Timonellen besetzt; unter einer ziemlich schmutzigen Galerie speisten etwa zwanzig Offiziere, die drinnen keinen Platz mehr gefunden hatten. Ordonnanzen sprengten in den Hof, Soldaten liefen hin und her, Alles schrie durch einander. Aengstlich packte die Signora meinen Arm, als sie sich in diese kriegerische Umgebung verpflanzt sah. Der Druck ihres schönen Arms erfüllte mich plötzlich mit ganz heißen Sympathien für die Sache der Lombardei.

Wir traten in die schwarze Küche, wo uns die Kellner mit dampfenden Schüsseln entgegen stürzten; von da in ein kleines Nebengemach, in welchem uns zwei sich eben erhebende Offiziere ein schmutziges Eckplätzchen offerirten. Die Signora war artig genug, von mir ein kleines Diner anzunehmen. Schon wurde sie gesprächig, schon begann sie, vom Wein erhitzt, ihrer ganzen italienischen Lebendigkeit die Zügel schießen zu lassen — da klopfte ihr ein junger schwarzköpfiger Mann auf die Schulter. Sie schaute zurück, sprang auf, fiel ihm um den Hals, küßte ihn mit einer Leidenschaft, die mir durchaus nicht gefallen wollte, und verschwand, auch mir zur Entschädigung eine Kußhand zuwerfend, mit einem „grazie tante" aus dem Zimmer. — Der ist so wenig ihr Bruder, wie ich ihre Tante bin! brummte ich und erhob mich, um zu sehen, wie ich nach Garlasco komme.

Auf dem Corso stehend, sah ich eine Colonne von Ochsenkarren sich langsam von der Brücke herauf bewegen. Es war der erste Verwundeten-Transport, der mir begegnete. Die armen Bursche, wohl hundert an der Zahl, hatten, von Montebello kommend, bereits zehn Miglien in der heftigsten Sonnengluth zurückgelegt und waren zum Theil jämmerlich zugerichtet. Man hätte sie füglich sparen können, denn in der That waren die dreizehnhundert Verwundete und Todte, welche man bei diesem Recognoscirungs-Gefecht österreichischerseits eingestand, nur geopfert worden, um sich von Napoleon auf's Glatteis führen zu lassen.

Um sich die Gewißheit zu verschaffen, ob die Franco-Sarden sich wirklich von Tortona nach Strabella ausbreiteten in der Absicht, ihn am linken Flügel anzugreifen, hatte Giulay den Grafen Stadion mit gegen 20,000 Mann bei Baccarizza, Strabella vis-à-vis, über den Po geschickt. General Urban marschirte mit zwei Brigaden auf der Straße von Strabella nach Casteggio, General Baumgarten mit der Brigade Bils auf Casatisma (anderthalb Miglien nördlich von Casteggio), die Brigade Gaal ging auf

Robecco und die Brigade Prinz von Hessen endlich auf Branduzzo zur Deckung des rechten Flügels. Urban nahm Casteggio und trieb das piemontesische Regiment Montferrat und die Avantgarde von der Division Forey (500 Mann) über Montebello bis nach Ginestrello zurück. Hierdurch hatte er die Verbindung mit den übrigen Brigaden verloren. Die ganze Division Forey entfaltete sich alsbald; immer neue Regimenter drangen aus ihren Lägern auf Urban ein. Dieser vertheidigte die Häuser und Kirchhöfe der Dörfer Ginestrello und Montebello tapfer gegen die französische Division; seine hungrigen Soldaten bemächtigten sich alles Eß- und Trinkbaren, was sie in den Häusern vorfanden; man sah einzelne Soldaten an einem ganzen Schinken nagen, den sie aus dem ersten besten Rauchfang geholt; die Flaschen flogen zu den Fenstern hinaus. Der Kampf war hart, Urban räumte Ginestrello jedoch erst, als die Division Forey vom Marschall Baraguay-d'Hilliers Verstärkung erhielt, dann zog er sich auf Montebello zurück und setzte sich hier fest. Inzwischen waren auch die Brigade Bils und Prinz von Hessen, sowie die Brigade Gaal in's Gefecht gekommen, vor den bei Weitem überlegenen feindlichen Truppen jedoch mußten sich die Oesterreicher auf Casteggio zurückziehen, ohne daß der Gegner im Stande war, ihnen nachzubringen.

Kühne Streifpatrouillen hätten hier dieselben Dienste leisten können, wenn der Spionendienst doch so unzuverlässig war, wie es unter einer feindlichen Bevölkerung nicht anders möglich. Die Ueberzeugung von den gegnerischen Bewegungen, welche Giulay sich hiedurch gewonnen, war theuer, aber sie sollte noch viel theurer werden, denn immer nach links schauend, sah und hörte er nicht was rechts passirte.

Wenige Stunden Aufenthalt in Pavia genügten mir, um zu fühlen, daß Pavia eine Stadt, in welcher der Haß gegen die Oesterreicher sich am meisten ausprägte. Ich selbst war Zeuge, wie ein paar schon bejahrte Italianissimi mehre Weiber von den Verwundeten-Wagen zurückrissen, die ihnen mit einem „povero animo!" einen Trunk oder sonst eine Erfrischung reichten; ich sah die Schadenfreude auf den Gesichtern der Umstehenden, sah wie sie hämisch die Arme ausstreckten, um auf die Schwerverwundeten zu zeigen. Gewiß, die Brutalität und Bestialität sind überall, aber nie habe ich dieselben in so abscheulichen Aeußerungen gesehen, wie hier. Mit denselben, wenn auch nicht gerade sehr warmen Sympathien, wie früher, kam ich auch diesmal nach Italien; was ich aber sah und hörte, mußte selbst diese lauwarmen Sympathien allmählig abkühlen. Nie habe ich gesehen, daß Männer hier Mitgefühl für die unglücklichen Verstümmelten an den Tag legten; mit eisiger Miene wandten sie sich von ihnen ab; nur die Weiber waren es stets, welche den armen Opfern dieses Krieges barmherzig sich näherten. Sie, die Italiener, die das Mitgefühl von ganz Europa für ihr Unglück in Anspruch nahmen, waren herzlos gegen die Unglücklichen, welche blutend vor ihrer Thür jammerten!

Wirklich gelang es mir, eine Timonella nach Garlasco für den Preis von vier Gulden Silber zu dingen. Ich übergab dem Fuhrmann, einem Burschen mit verschmitztem Gesicht, meinen Mantelsack und eine kleine Tasche mit der Ordre, sie in den Wagen zu tragen, während ich meine Zeche bezahlte. Als ich im Wagen saß, war die Tasche verschwunden. Der Fuhrmann leugnete, sie von mir in Empfang genommen zu haben.

Während ich mit ihm zankte, kam der Kaiser-Jäger, der mir im Omnibus gegenüber gesessen, den Corso herab. Er hörte meinen Disput und trat heran. Der Fuhrmann leugnete standhaft und war durch keine Drohungen einzuschüchtern. Der Jäger machte kurzen Prozeß und begann, mit mir den Wagen zu durchsuchen. Der Fuhrmann mußte, wie sehr er sich sträubte, vom Sitz herunter und richtig fanden wir die Tasche in dem Kasten desselben unter dem Heu versteckt. Mit der frechsten Stirn behauptete der Bursche, ich selbst müsse sie dahinein gelegt haben. Eine schallende Ohrfeige des Jägers war die Antwort darauf; dieser hieß den Burschen, sofort abzufahren, wünschte mir eine glückliche Reise, und verließ uns erst, als die Timonella den Corso hinab zur Brücke flog.

Pavia war damals wenigstens zu einem befestigten Platz zweiten Ranges gemacht; die Stadt war mit Proviant überfüllt und weit hinaus, diesseits und jenseits des Ticino, bis nach Gravellona hin, hatte man nichts versäumt, was zur Vertheidigung dieses Platzes erforderlich. Alles dies hing mit Giulays Ueberzeugung zusammen, daß der Feind auf diesem Flügel angreifen werde, und stundenweit in die Lomellina hinein waren die Bauern und Soldaten mit Aufwerfung von Schanzen und dem Anfertigen von Faschinen und Körben beschäftigt. Gewiß wäre der Angriff von hier aus mit großen Schwierigkeiten verknüpft gewesen, da die meilenweit sich ausdehnenden, unter Wasser stehenden Reisfelder, zwischen welchen sich die Landstraßen hinziehen, die Operationen sehr beeinträchtigten. Desto leichter war Pavia jedoch von der Landseite zu nehmen; und daher erklärt es sich auch, daß, als Napoleon vor Giulay's Augen seine geschickte Volte schlug, d. h. plötzlich durch das geschickteste Mänöver seine Front wechselte, Pavia (wie auch Piacenza) in aller Eile aufgegeben, die Magazine im Stich gelassen, die Geschütze vernagelt, die Schanzwerke gesprengt, die Munition ins Wasser geworfen wurden.

Zwei Stunden nach meiner Abfahrt befand ich mich im Hauptquartier.

———

## Palestro.

Süße, liebliche und lindenblüthige Romantik der deutschen Dörfer! Hier in denen Ober=Italiens und namentlich Sardiniens horcht man vergebens auf die glockenläutende Idylle heimkehrender Rinderheerden, auf den dröhnenden Takt des Dorfschmieds und das souveräne Gelläffe des Kettenhundes im Herrenhofe. Diese Dörfer hier sind kleine Städte; sie haben ihre breiten und geraden, oft sogar mit Trottoirs versehenen Straßen, ihre zwei- und dreistöckigen Gebäude, ihre Kaffeehäuser und „Albergos", ihre Boutiken und Magazine — mit einem Worte: das ganze städtische Gepräge.

Stelle Dir den panischen Schrecken vor, lieber Leser, welcher die armen Bewohner Garlascos befiel, als der österreichische Generalstab seine Quartiermacher hieher sandte und wenige Stunden darauf das ganze Hauptquartier mit seinem unabsehbaren Train, seinen Stabsdragonern und der übrigen Bedeckung in diesem Nest eintraf. Der Ort war ohne Mittel, denn das Municipium hatte bereits, als die Oesterreicher den Ticino überschritten, sich mit den öffentlichen Kassen davon gemacht, und die arme Gemeinde sah sich daher genöthigt, eine Anleihe zur Bestreitung der ihnen aufgebürdeten Lasten zu contrahiren — wer ihr was borgte, das ist mir nicht bekannt.

Weißt Du, Leser, was ein italienischer Vatermörder ist? Ein großes zugespitztes Stück Leinewand, das aus dem lose geschlungenen, bunten Halstuch herauskriecht und wie man sehen wird, seine individuelle Bedeutung hat. Bei der männlichen Bevölkerung der Flecken und Dörfer Ober-Italiens sind die Vatermörder dasselbe, was bei einem Dampfkessel der Hitzegradmesser ist, und namentlich in diesem Kriege spielten sie ihre interessante Rolle. Je nach den Botschaften, welche sich durch die electrische Mittheilungsschnelligkeit im Volke verbreiteten, stiegen diese steifleinenen Fühlhörner aus den Halstüchern heraus oder klappten sich melancholisch um. Dieses Spiel war für mich, bei dem eigenthümlichen Luxus, welchen die Landbevölkerung mit ihren Vatermördern treibt, ein Gegenstand interessanter Beobachtung. Gegenwärtig glichen die Vatermörder in Garlasco einem Segel bei Windstille, daß einer günstigen Brise harrend verdrießlich an den Mast klappt; jeder vortheilhafte Windhauch aber blähte sie wieder und namentlich der Name Garibaldi übte auf sie einen seltsamen Zauber.

Der Abend dunkelte bereits, als ich in Garlasco eintraf. Da der Höchstcommandirende meine Zulassung zum Hauptquartier erst zu bestätigen hatte, war es mehr als wahrscheinlich, daß ich bei dem großen Mangel an Quartieren die Nacht unter der Himmelsdecke hätte zubringen müssen, wenn nicht der liebenswürdige Feldpost-Director so artig gewesen wäre, mir eins der beiden Betten abzutreten, über welche er in einer düstren Kammer zu gebieten so glücklich war.

Der Schall eines großen Orchesters rief mich aus meinem dicht am Platze belegenen „Albergo del Vapore" in die Straße hinab, als ich noch beschäftigt war, mein leichtes Gepäck in Sicherheit zu bringen. Der Marktplatz war von Soldaten angefüllt; eine vorzügliche Kapelle spielte die National-Hymne. Während ich mich unter die Massen drängte, begann die Kapelle plötzlich den „Czardas"; die ungarischen Soldaten, beim Klange ihres Lieblings vom Wirbel erfaßt, begannen ihren National-Tanz unter wildem Jubel.

Hinter dem um die Kapelle zusammengedrängten Klumpen, die Gewehrpyramiden der Hauptquartiers-Bedeckung entlang, war ein andrer Theil der Soldaten mit sehr ernsten Dingen beschäftigt. Die Feuer loderten unter den Kesseln; das Fleisch brodelte in den Töpfen; lichte Funken durchknisterten aufsteigend die dicken Rauchwolken. Hinter den Feuern standen die Gepäckwagen und Fourgons der Adjutantur und Intendanz, wiederum dahinter eine Anzahl Pferde vom Train.

Parallel mit diesen zog sich auf der andren Seite eine Kolonnade hin, unter welchem sich das Offiziers-Kaffeehaus befand. Die nach der Straße zu, der Wohnung Giulays gegenüber endende Seite dieser Kolonnade mit dem hier hinaus gehenden Kaffeehause war der Sammelpunkt der Offiziere und hier auch pflegte der Oberbefehlshaber nach Aufhebung seiner Tafel ein Stündchen unter den Offizieren, der Kapelle lauschend, zu verbringen.

In die Kolonnade tretend, fiel mein Auge zuerst auf eine kurze, gedrängte Gestalt, welche von einigen höheren Offizieren umgeben, in den Mantel gehüllt, behäbig dasaß. Instinctmäßig errieth ich, daß es der Graf Giulay sei.

Dies war also der Mann, von dessen Umsicht und Klugheit das Schicksal des ganzen Feldzuges abhing.

Ich gestehe, daß ich mit Bedauern in dem Antlitz dieses Generals nach all Dem suchte, was mir einige Zuversicht in seine Befähigung zu einem so schweren Werk hätte einflößen können. Seine ganze Erscheinung verrieth so viel Sorgfalt für die eigne Person, so viel Bewußtsein persönlicher Unfehlbarkeit, daß dieser Mann, wäre ich ihm im Salon begegnet, auf mich den Eindruck eines Kavaliers comme il faut gemacht haben würde. Hier im

Hauptquartier aber suchte ich einen Soldaten, und eine unwillkürliche Besorgniß überfiel mich, wenn ich im Geiste die drüben im feindlichen Lager kommandirenden Generäle, welche ich fast sämmtlich zu sehen Gelegenheit gehabt, diesem Manne gegenüber stellte.

Das Vertrauen in den Oberbefehlshaber ist im Kriege unentbehrlich. Die Armee im Allgemeinen urtheilt nach den Erfolgen, von den Soldaten kennen verhältnißmäßig wenige die Person des Commandirenden und diese Wenigen stehen einem psychologischen Urtheil fern; der Offizier jedoch macht sich schnell den Maßstab fertig, welchen er an den Feldherrn zu legen hat, und verlorenes Vertrauen ist eine böse Sache. Das letztere aber schien bei den Offizieren hier von vorn herein zu fehlen.

Mein unwillkührliches Gefühl beim Anblick Giulays war: Um Gotteswillen, wenn Oesterreich nicht in besonderem Schutze des Himmels steht, so ist diese Campagne verloren! — Und doch hatte ich von Giulay's Fähigkeiten noch keinen näheren Begriff, als den, welchen mir sein Aeußeres einflößte. Dieses kokette, unmännliche Lächeln, das ich auf seinem Antlitz spielen sah, als er in der Kolonnade dasaß, dieses auf den Salon-Effect berechnete, glatt und etwas weibisch gepflegte Gesicht, diese so zu sagen hingegossene Ruhe, erinnerte mich an die Theaterloge; der künstlich, mit einer unverkennbaren Absicht und Gewohnheit um seine Schultern drapirte graue Mantel, der mit peinlicher Aufmerksamkeit gepflegte graue Schnurrbart, die nichts weniger als Heldenmuth und Entschlossenheit verrathenden, hübschen Augen, die graziöse Bewegung der Hände, endlich die ganzen, den Fauteuil vermissenden Attituden des Mannes — alles Dies zeichnete den Kavalier, nicht aber den Feldherrn, dessen zierliche Hände eine der rohsten und blutigsten Fleischerarbeiten des Jahrhunderts übernommen hatten.

Die Musik schwieg. Giulay erhob sich mit derselben gesellschaftlichen Rundung der Bewegungen, welche er in ruhender Stellung gezeigt hatte; seine Umgebung mit einem graziösen Lächeln grüßend, und dem Eljen! der Ungarn mit einer ebensolchen Haubbewegung dankend, schritt er, von einigen Obersten gefolgt, in das gegenüber liegende Haus, seine Wohnung.

Getäuscht in meinen Erwartungen sah ich dem Manne nach und nahm dann an einem der kleinen Tische Platz. Ohne in der Lage zu sein, meine Gedanken mit irgend Jemand auszutauschen, fühlte ich heraus, daß auch bei den Offizieren des Hauptquartiers nach den ersten Aeußerungen der Unentschlossenheit und Planlosigkeit ihres Feldherrn die Erwartungen sehr herabgeschraubt waren, mit welchen sie den Ticino überschritten. Radetzky's Losung: „Auf nach Turin!" war durch den Friedensschluß nach der Schlacht von Novara im vorigen Feldzuge aufgeschoben, nach der Erwartung der Offiziere aber nicht aufgehoben. Keiner hatte sich vorgestellt, daß man so unschlüssig auf Feindesboden debutiren werde; das erste Treffen bei Montebello hatte ihnen die Ueberzeugung gegeben, daß sie den verbündeten Gegnern gewachsen seien, wenn ihre Führung der des Feindes entsprach; gerade jetzt aber war der Moment eingetreten, wo man jeden Tag auf eine entschiedene Operation Giulay's vergeblich gewartet hatte und noch wartete.

Bis zur Dora Baltea, also bis zum Fuße der Alpen, war man in Sardinien vorgedrungen, und jetzt stand man, nachdem man über die Sesia und Agogna zurück gegangen, nachdem man Vercelli und Mortara verlassen, wieder im äußersten Winkel der Lomellina, gewissermaßen schon mit einem Fuße am Ticino! Dabei waren sämmtliche Truppen auf dem linken Flügel zusammen gezogen, die ganze rechte Flanke von Vigevano bis nach Sesto Calende war von Truppen entblößt und selbst der kurzsichtigste Stratege müßte sich hier sagen, daß die von den Spionen meisterhaft bedienten Franco-Sarden, begünstigt durch ihre Eisen-

bahnlinie, in wenigen Stunden über Novara herein brechen
konnten, ehe noch die von den Erbstaaten durch Deutschland kommenden Verstärkungen eintrafen. Dabei wußte man nicht einmal,
daß Victor Emanuel bereits auf jenem Flügel seine Brücken über
die Sesia schlug, über welche die Franzosen bald darauf vorbran-
gen; daß Louis Napoleon selbst, der soeben noch das Schlachtfeld
von Montebello besucht, am 23. Mai bereits sich in Vercelli
zeigte, ohne dadurch Giulay in seiner vorgefaßten Ansicht irre
zu machen.

Der Augenblick hatte schon bei meinem Eintritt in das
Hauptquartier eine düstere Färbung. Die rückgängige Bewegung
hatte auch auf die Soldaten keinen günstigen Eindruck machen
können, selbst wenn auch sie die Ueberzeugung theilten, daß es
auf ihrem linken Flügel losgehen werde. Wenn der Soldat,
der nie weiß, wohin er geführt wird, zu seinem Erstaunen die
alten Lagerplätze, die alten Feuerstätten wiederfindet, die er vor
Kurzem in der Zuversicht, man werde vorbringen, erst hinter
sich gelassen, so verdrießt ihn das natürlich; wenn er von einem
dieser Lagerplätze zum andern rückwärts geführt wird, verliert
er sein Vertrauen; und so war es hier der Fall. Selbst der
Gläubigste mußte sich sagen, daß man nicht auf dem Wege „in's
Piemont" hinein, sondern auf dem Wege aus demselben heraus war, ohne daß man hiezu durch eine verlorene Schlacht oder
sonst ein Unglück genöthigt gewesen wäre. —

Wer hätte erwarten können, daß mir die ersten Tage im
Hauptquartier in so beschaulicher Ruhe verstreichen würden! In
einem Bauernhofe am Ende des Ortes einquartirt, gab es
Stunden, wo der ganze italienische Krieg für mich gar nicht
existirte. Meine Wirthsleute waren die Liebenswürdigkeit selbst,
aber sie sprachen leider einen so lomellinischen Dialect, daß ich
schwer im Stande war, ihnen diese Liebenswürdigkeit durch
Worte zu vergelten. Die Wirthin war ein junges Weib mit

jenem leidenden blaßgelben Gesicht, welches hier in diesen durch die Ausdünstung der Reisfelder verpesteten Niederungen allen Bewohnern eigenthümlich. Dieses Land hier mochte, wie ich schon in meinem „Tagebuche" schrieb, seiner ununterbrochenen Reisfelder wegen für einen Elephanten ein Paradies sein, alle menschlichen Wesen aber verkümmern hier; magre, schmächtige und gebückte Gestalten, mit bleichen runzeligen Gesichtern, so wandern sie umher, und wenn ich zuweilen die Mutter meiner Wirthin von meinem Fenster aus im Hofe an eine Mauer gelehnt dastehen sah, war ich versucht, sie für eine Mumie zu halten.

Diese Stille in Garlasco hatte indeß etwas Unheimliches. Niemand wußte, was demnächst bestimmt sei und dennoch mußte sich Jeder sagen, daß die nächsten Tage nicht ohne Ereignisse sein würden. Die Franzosen demonstrirten fortwährend auf unsrem linken Flügel gegen Voghera, sie unterhielten auf dem andren Ufer des Po ihre Wachtfeuer und verstanden es meisterhaft, unter unsern Augen ihre Front zu wechseln, ohne daß wir eine Ahnung davon hatten. Napoleons Truppen waren bereits lange auf dem Wege nach Vercelli, während er von Voghera aus mit uns Blindekuh spielte.

Dabei fehlte es nicht an beunruhigenden Gerüchten. Man wußte, daß Garibaldi uns im rechten Flügel bedrohe; wir hatten sogar eine ziemlich oberflächliche und unklare Kenntniß von den Vorfällen am Como-See und die Vermuthung, daß Garibaldi's Schaar die Vorhut des ihm nachbringenden General Niel sein könne, fand auch ihre Anhänger; der Oberbefehlshaber jedoch glaubte seine rechte Flanke genügend gedeckt durch eine Proclamation, in welcher er drohte, jede Stadt mit Feuer und Schwert zu vertilgen, welche diesem „Bandenführer" hülfreiche Hand leiste.

Noch hatte man es allerdings nur mit Garibaldi in jener Richtung zu thun; man rechnete freilich auf Urban, der nach Montebello gegen Como gegangen und unterwegs für sein fliegendes Corps zusammen gerafft hatte, was er finden konnte, indeß was konnten diese etwa 1200 Mann ausrichten, wenn der Feind sich mit Hülfe der Eisenbahn in wenigen Stunden nach rechts warf und uns in der Flanke packte! Wie sehr man auch die Bedeutung Garibaldi's unterschätzte, mir erschien diese Nachricht wie das graue Wölkchen, das am blauen Tropenhimmel fern im Osten wie ein grauer Punkt auftaucht und in wenigen Stunden mit Höllengetose die ganze Landschaft verwüstet.

Mit bangem Herzen suchte ich mir unter solchen Umständen Zerstreuung, wo sie zu finden war. Früh Morgens um fünf Uhr wurden bereits kleine Excursionen in die benachbarten Läger unternommen, denn später am Tage ward die Hitze drückend, und sogar erstickend, wenn sie aus den uns umgebenden Reissümpfen die Alles verpestenden Dünste herauszog. Auch das nur zwei Stunden entfernte Pavia war ein Ziel fast täglicher Excursionen, denen jedoch oft finanzielle Zwecke, d. h. das Einwechseln von Silbergeld, zu Grunde lagen.

Die Preise der Lebensmittel hatten nämlich in Garlasco einen ganz Londoner Maßstab angenommen. In den beiden elenden Albergo's wurde uns Mittags und Abends ein Manzo (Rindfleisch) gereicht, das so zähe wie eine Schuhsohle, die fritello's, fricandello's und risotto's waren miserabel, den Salat würde eine Ziege verschmäht haben und der Nostrano- oder Landwein, der im Allgemeinen wie rothe Dinte schmeckte, wechselte wie Aprilwetter. Heute war er dick und grundig wie Kaffeesatz, morgen aber, wenn zufällig größere Truppenabtheilungen durch Garlasco zogen und der Vorrath des Wirthes nicht auszureichen drohte, stellte der Wirth sein Faß unter die Traufe, ließ ihn sich aber heute wie morgen mit dreifachen Preisen bezahlen. Die Offiziere fluchten über die grenzenlose Prellerei, Niemand aber wagte es, den Wirth zur Rechenschaft zu ziehen, denn dies wäre in den sardinischen und französischen Zeitungen sofort als ein Akt des scheußlichsten Vandalismus verschrieen worden. Wir waren in Feindesland eingedrungen, um uns von den Wirthen prellen zu lassen!

All die Sorge, all die Ungewißheit sollte mit einem Schlage ein Ende nehmen. Ohne daß wir die leiseste Ahnung davon hatten, warf Napoleon gerade vor unsrer Nase, während seine Vorposten uns einige artilleristische Divertissements bereiteten, eine 50,000 Mann starke Armee auf der Eisenbahn herum, und marschirte nach Valenza, während wir ihn zu unsrer Linken in Boghera erwarteten; und damit unsre vorgeschobenen Posten in Palestro von dieser auf kaum mehr als Schußweite von ihnen geschehenden Flankenbewegung, nichts gewahr werden sollten, mußte Victor Emanuel am 30. Mai auf Palestro und Vinzaglio vorrücken, in welchen einige unbedeutende Abtheilungen des Zobel= schen Corps, im Ganzen sechs Compagnien mit sechs Geschützen, standen. Der König theilte seine Division Cialdini in zwei Co= lonnen; die eine operirte auf Vinzaglio, die andre auf Palestro. Die beiden Compagnien in Vinzaglio zogen sich auf die vier andren in Palesto zurück; diese kämpften wacker gegen die ganze sardinische Division; sie erhielten noch sechs Compagnien vom Regi= ment Wimpffen zur Unterstützung und gingen dann in bester Ordnung auf Robbio zurück, nachdem die ersten beiden Compag= nien ihre zwei Geschütze eingebüßt hatten. 1200 Mann hatten es also mit einer ganzen Division aufgenommen, ohne von dieser fricassirt zu werden. Für die Piemontesen war das nichts Rühmliches!

Jetzt wußte Napoleon, wie es mit unsrem rechten Flügel aussah, und uns war ein Licht aufgegangen. Das ganze feind= liche Manöver lag uns klar vor Augen und was wir noch nicht wußten, das brachte am Abend ein Spion: Napoleon bereitete sich zum schleunigen Uebergang über die Sesia, seine bei Vercelli zusammen gezogenen Truppen marschirten eiligst auf Borgo-Vercelli, Voghera war natürlich geräumt und wir, die wir Alles auf unsrem linken Flügel zusammen gezogen hatten, sahen ein, daß wir genasführt waren.

Dennoch konnte die Affaire von Palestro nur geschehen sein, um uns abermals zu täuschen. Wir, die wir keine Eisenbahn hatten, um die Truppen hin und her zu werfen wie der Gegner, die wir keuchend, in angestrengten Märschen den Bewegungen des Feindes folgen mußten, konnten heute links, morgen rechts angegriffen werden. Giulay verstärkte daher sein Centrum; das Hauptquartier wurde wieder nach Mortara (in der Mitte zwischen Garlasco und Vercelli) verlegt. General Zobel erhielt sofort am 31. Befehl, sich Palestro's und Vinzaglio's wieder zu bemächtigen. Giulay schien noch nicht zu wissen, daß Napolen seine Bewegung schon vollständig ausgeführt hatte; um einen Angriff mit bei weitem nicht genügenden Kräften zu unternehmen, mußten die dazu commandirten Truppen zum Theil einen forcirten nächtlichen Marsch zurücklegen, mit einem Worte: die beorderten drei Brigaden Dondorf, Szabo und Weigl mußten von drei verschiedenen Seiten vorrücken. Da nun die Franzosen bereits am andren Ufer der Sesia standen, ward Weigl durch eine sardinische Colonne unterwegs aufgehalten, Szabo auf dem Wege nach Rivoltella durch die in einem hohen Kornfeld versteckt die anrückenden Oesterreicher erwartenden und über den Canal mit dem Bajonet heranstürmenden Zuaven in der Flanke gepackt, welchen auch noch die Piemontesen zu Hülfe kamen. In die Reisfelder gejagt, leisteten namentlich die Jäger, bis an die Hüften im Schlamm steckend, einen Widerstand, welcher den Zuaven große Verluste beibrachte. Szabo aber mußte mit Verlust seiner ebenfalls im Sumpf steckenden Geschütze sich auf demselben Wege zurückziehen, den er gekommen war, und die Zuaven warfen sich jetzt auf Weigl, der ebenfalls zwei Geschütze im Stiche lassen mußte.

Dondorf freilich hatte sich Palestro's wieder bemächtigt, aber von den beiden andren Brigaden im Stich gelassen, mußte auch er sich wieder zurückziehen. Der Verlust der Oesterreicher bestand aus etwa 1200 Todten und Verwundeten, der Verlust der Gegner war jedoch noch größer; am meisten hatten die Zuaven durch die Jäger gelitten.

Daß unsrem linken Flügel keine Gefahr mehr drohte, war jetzt evident; unser rechter war von Truppen entblößt, am äußersten Ende stand nur eine Abtheilung des Corps Clam Gallas bei Buffalora, und diese Truppen, die ursprünglich auch für Piacenza bestimmt, waren zum Glück so eben dort (bei San Martino) eingetroffen. Zobel hielt sich in Robbio, Liechtenstein und Schwarzenberg weiter zurück nach Mortara. Alles erwartete, wir würden auf Novara marschiren, Alles war darauf gefaßt, wir würden noch einmal auf dem Schlachtfelde von Novara debütiren, das für die österreichischen Waffen eine so glorreiche Tradition bewahrte. Alles sprach für dieses Unternehmen, aber — es fehlte Radetzky! Giulay, den man zu einem entschiedenen Handeln drängte, hatte den Muth hiezu nicht; Oberst Kuhn, der auf alle die Vortheile einer entschlossenen Operation hinwies, drang nicht durch. Giulay schaute sich verzagt nach dem Ufer des Ticino um; ihm war's nicht geheuer mehr in der Lomellina. Vergebens sandte Zobel einen Adjutanten mit der Meldung, der Feind marschire auf Novara; vergebens bat er, die Corps Liechtenstein und Schwarzenberg gegen die Straße Vercelli-Novara zu werfen und Clam Gallas zugleich gegen ihre Spitze zu senden — Giulay war zu einem solchen kühnen, aber allen Erfolg verheißenden Entschluß nicht zu bringen; die Sache war ihm zu halsbrechend.

Meine Ahnung, ja meine Behauptung ging in Erfüllung. Am ersten Tage von Palestro, als Giulay die sehr zweideutige Geistesgegenwart zeigte, einen Courier von Mortara nach Garlasco an seinen Koch zu senden, mit der Ordre, seine Tafel um

3 Uhr zu serviren, behauptete ich: ein General, der so an seinen Fleischtöpfen hängt, wird diese in Sicherheit bringen, sobald ihm der Pulverrauch in seine Suppe schlägt. In drei Tagen gehen wir über den Ticino zurück!

So geschah es leider! Anstatt den Feind in der Flanke und an der Spitze anzugreifen, erhielten wir Befehl, in zwei Colonnen über die Brücken von Bereguardo und Vigevano den Rückzug anzutreten. Die Lomellina, die man so stolz beschritten, ward aufgegeben nach einem ungeschickten Recognoscirungs- und einem Vorposten-Gefecht; dem Feind eine Schlacht auf seinem eigenen Boden anzubieten, wagte der Feldherr nicht und mit Zähneknirschen vernahmen die Offiziere diese Rückzugsordre.

Vor mich hinfluchend, kehrte ich am Abend in mein Quartier zurück, um mein Gepäck in den Wagen der Adjutantur schaffen zu lassen. Die Bevölkerung, deren feine Ohren das Gras wachsen hörten, wußte bereits von unsrem Abzuge. Mein Wirth, der mich mehre Tage nicht gesehen hatte, stand im Hofe und lüftete höflich, aber mit einem sardonischen (ich hätte bald gesagt: sardinischen) Lächeln die Mütze.

„Vol epartire?" fragte er nach einer Weile, in mein Fenster herein schauend. Ich würdigte ihn keiner Antwort, denn ich nahm seine Frage für einen Hohn, und ein Blick auf seine Vatermörder, die heute eine Hand breit aus seiner Cravate herausgewachsen waren, ließ mir über den Sinn seiner Frage keinen Zweifel.

# Der Rückzug über den Ticino.

Schlaflos hatte ich die Nacht hindurch auf dem Bette gelegen. Unter meinem Fenster hielt ein Transport Verwundeter, die von Palestro kamen. Das Jammern der Unglücklichen schnitt mir in's Herz, und wenn wirklich einmal Alles still geworden war, schreckte mich der Hufschlag eines durch die Straßen galoppirenden Couriers aus dem Halbschlummer. Zerstochen von den Flöhen, die schwadronsweise ihre Angriffe auf mich gemacht hatten, rieb ich mir um zwei Uhr die Augen, als der Bursche meines Schlafgenossen hereintrat, um uns zu wecken, da das Hauptquartier um drei Uhr marschfertig sein sollte.

Alles war noch dunkel. In dem Zimmer entwickelte sich ein Qualm, der die Flamme des kleinen Talglichts herabdrückte. Der Bursche wärmte nämlich den Kaffee, welchen uns die blonde Signora Rosina am Abend bereit gestellt hatte.

Inzwischen ward es lebendig in der Straße. Die Stabsdragoner ritten auf. Commandoworte und ein unentwirrbares Hin- und Herrufen bezeichnete den Moment unsres Aufbruchs. Mein Gepäck war schon am Abend untergebracht; es galt jetzt, sich selbst in dem dunklen Wirrwarr zurecht zu finden.

Die Straße war dermaßen von der berittenen Bedeckung in Anspruch genommen, daß ich mir zwischen den Pferden hindurch den Weg zum Platze bahnen mußte. Das Kaffeehaus unter der Arkade war noch nicht geöffnet; der Wirth, der recht gut von unsrem Abmarsch gewußt, zog es vor, uns mit nüchternem Magen aus der Lomellina zu entlassen; vielleicht hoffte er, schon am Mittage die Herren Franzosen empfangen zu können.

Niemand hatte am Abend vorher in der allgemeinen Consternation überlegt, daß es Morgens um 3 Uhr noch stockfinster sei; man hatte daher sich keinen Rendezvous-Platz bezeichnet, und so lief denn Alles fluchend und suchend durch einander. Auf dem Kutschersitz eines Fourgons der General-Intendanz sah ich in matten Umrissen einen Federbusch wehen; mir war es vollständig egal, ob ich zu Fuß, zu Pferde oder zu Wagen aus der Lomellina hinauskommen sollte; ich warf mich also in das noch halb leere Coupé dieses Fourgons und schaute von diesem festen Platz aus ingrimmig auf die mich umgebende Confusion.

Nach etwa einer Stunde kam es endlich zum Aufbruch. In Nacht und Nebel ließen wir Garlasco hinter uns zurück.

Wohin wir uns bewegten, das war natürlich uns Allen unbekannt. Anfangs glaubte ich fest daran, wir würden nach Pavia gehen, wie ich dies vorausgesagt; da wir aber nicht die große Straße nach Gropello einschlugen, sondern uns mehr links über krumme Feldwege fortbewegten, so lag die Vermuthung nahe, Giulay habe die Absicht, zwischen Pavia und Mailand sein Hauptquartier aufzuschlagen und uns so bis zur Abba, etwa nach Lodi zurück zu führen. Man munkelte ja bereits, daß er die Absicht habe, die ganze Lombardei Preis zu geben.

Niemand von uns hatte genaue Kenntniß von dem Vorbringen der Franco-Sarden gegen unsren rechten Flügel. Jeder aber ahnte, daß der Feind, wie schon erwähnt, mit uns gleichzeitig über den Ticino gehen und auf Mailand marschiren werde. Obgleich der Frontwechsel Napoleons dessen ganze Kraft nach Novara zu concentrirt hatte, ließ sich doch annehmen, daß die

Franzosen uns auf dem Fuße von Valenza oder Casale aus nachrücken würden. War dies der Fall, so konnten sie schon in einigen Stunden hinter uns bei Lomello sein, da Giulay Alles über den Ticino zurück dirigirte.

Das Stadion'sche Corps sollte uns folgen, und wenn ich mich in der herrschenden Dunkelheit nicht getäuscht, so war seine Vorhut schon in Garlasco, als wir aufbrachen. Mir in meiner Mißstimmung war es gleichgültig, ob Stadion uns folgte, oder die Franzosen; der Gedanke, so ganz unverrichteter Sache uns wieder trollen zu müssen, stumpfte mich gegen Alles ab.

„Das fehlte auch noch!" brummte ich vor mir hin, als wir uns durch die Reisfelder und durch den Nebel bewegten, welcher uns gleichsam in einen Sack einhüllte. „Jetzt habe ich meine Feldflasche, die mir die blonde Rosina gestern Abend gefüllt, in Garlasco liegen lassen und die Zuaven werden sie für gute Prise erklären."

„Trösten Sie sich," sagte der neben mir sitzende Hauptmann, „wir haben noch **mehr** als Ihre Feldflasche zurückgelassen!"

„Sie meinen: die Ehre?"

„Nein," antwortete er mit sarkastischem Lächeln, „ich meine die 300 Fässer Rum, welche die Intendantur-Beamten in den Straßen von Garlasco haben stehen lassen!"

Gegen diesen großartigen spirituosen Gedanken erschien allerdings meine Feldflasche wie ein Tropfen im Meer. Die Hast, mit welcher wir zurückgingen, glich fast einer Flucht; hätte man jenen Fässern den Boden eingeschlagen und es den Soldaten überlassen, sich ihre Feldflaschen zu füllen, sie würden gewiß in besserer Laune den lombardischen Boden wieder betreten haben, als es jetzt geschah.

Eine Stunde etwa hatten wir uns durch den Nebel förmlich hindurch gewühlt, als die Sonne diesen zertheilte. Vor uns zog sich ein glänzender breiter Streifen dahin. Es war der Ticino. — Da waren wir also wieder, wo wir gewesen!

„Wir haben morgen schon wieder einen Freitag ... Nu freilich, ein Freitag muß es ja sein!" brummte mein Nachbar.

Seltsam, welch eine Rolle der Freitag in diesem Kriege spielte! Ich bin überzeugt, daß keiner der an demselben betheiligt Gewesenen je in seinem Leben an einem Freitage wieder etwas unternehmen und das Vorurtheil gegen denselben für immer mit sich herumtragen wird.

An einem Freitage überschritten die Oesterreicher den Ticino; an einem Freitage geschah das Treffen bei Montebello; an einem Freitage wurden unsre Vorposten bei Palestro angegriffen; an einem Freitage gingen unsre Truppen über den Ticino zurück; an einem Freitage geriethen die Gegner bei Magenta an einander; an einem Freitage fand das blutige Gemetzel bei Solferino statt. Der Teufel hole den Freitag!

Vor uns also lag die erste Brücke über den Ticino-Arm, so neu und schön, als habe die Axt sie soeben erst beendet. Schnell und reißend wälzte der Fluß seine Wasser vor uns. Mit einem Fluch gab der neben mir reitende Stabsdragoner seinem Pferde die Sporen; unheimlich dröhnend seufzte die Brücke unter der Last.

Viel Wasser war den Ticino hinab geflossen, seit wir in die Lomellina gerückt; Alles, was wir drüben gethan, war Zeit- und Menschen-Verlust gewesen und als Ersatz dafür schleppten wir einen einzigen Kriegsgefangenen, einen verkrüppelten Piemontesen mit uns. Wär' ich der Kaiser gewesen, ich hätte diesen Feldherrn vor ein Kriegsgericht von Unteroffizieren stellen und ihn füsiliren lassen dafür, daß er eine so glänzende und tapfere Armee an der Nase herumgeführt und sie durch planlose Hin- und Hermärsche schachmatt gemacht.

Giulay schien der Ansicht des Großfürsten Constantin zu

huldigen, der den Krieg verabscheute, weil er die Soldaten opfert und die Uniformen beschmutzt. So verwarf er denn auch den ihm von mehren Generälen vorgeschlagenen Plan, den Feind auf seinem Marsche nach Novara entschlossen anzugreifen, weil „er es nicht verantworten könne, die ihm vom Kaiser anvertraute Armee durch solche Unternehmungen auf's Spiel zu setzen!" Viel lieber retirirte er mit ihr!

Auch die zweite Brücke über den andren Ticino-Arm lag bald hinter uns. Wir standen auf lombardischem Boden. Eine halbe Stunde später erreichten wir Bereguardo, ein freundliches Dorf. Niemand ahnte die Ueberraschung, welche uns hier zugedacht war.

Der Eingang des Dorfes ward von Verwundeten-Transporten fast gesperrt. Die armen Burschen fühlten sich in ihrem Elend glücklich, wenigstens vor dem Feinde einstweilen gerettet zu sein, trotz ihrer jammervollen Lage aber konnten sich einige der blessirten Jäger doch nicht enthalten, uns mit einigen Sottisen zu empfangen, als sie sich überzeugten, daß es auf einen allgemeinen Rückzug abgesehen sei und sie sich also nutzlos hatten fricassiren lassen.

Vor dem Posthause auf dem freien Dorfplatz haltend, hörten wir plötzlich, der alte Heß sei in Bereguardo und halte in dem Posthause bereits einen Kriegsrath mit Giulay. Ja man raunte sich sogar zu, auch der Kaiser selbst sei in Bereguardo und befinde sich ebenfalls in dem oberen Stockwerk des Posthauses.

Der ganze Generalstab war auf dem Platze versammelt. Schon hier erzählte man sich, Heß werde den Oberbefehl übernehmen, und die Offiziere jubelten bei dieser Nachricht. Unsre Magen waren nach gerade ebenso empört, wie es unsre Gemüther gewesen; wir stürzten uns deshalb in die kleine Osteria, dem Posthause gegenüber, wo man uns wenigstens mit schlechtem Kaffee und halb ausgebackenem Schwarzbrod regalirte.

Alles war in höchster Spannung. Uebernahm Heß wirklich

das Commando? War der Kaiser wirklich da? Und was war während unsres Rückzuges auf dem rechten Flügel geschehen? Schon dem einfachsten Verstande mußte es unerhört erscheinen, daß das Hauptquartier des Feldherrn sich so weit abseits auf dem linken Flügel in einem Winkel befinden konnte, während seit mehren Tagen der Gegner alle seine Kräfte nach der entgegen gesetzten Seite concentrirte; daß der Feldherr selbst erst gegen Abend auf jener Seite eintraf, während der Feind schon über den Fluß heranstürmte. Bei einer so ausgedehnten Kriegslinie war es eine Tollheit, sich so abseits verschlagen zu lassen, wie es hier geschehen!

Während wir vor dem Kaffeehause saßen, während der Platz vor dem Posthause durch die grünen Federbüsche des Generalstabs gleichsam in eine Prairie verwandelt wurde, während endlich die Bevölkerung des Dorfes mit ihrem gesunden Verstande schnell die Verlegenheit herausfühlte, in welcher wir uns befanden, und sich neugierig um uns her drängte, — währenddeß marschirte auch die Vorhut eines der beiden auf demselben Wege zurück beorderten Corps durch Bereguardo. In ihrem Aerger bissen die commandirenden Offiziere dermaßen die Zähne zusammen, daß das Commandowort nicht herauswollte. Ein alter Artillerie-General fluchte alle bösen Geister zusammen; Alles war perplex; Alles fühlte das Schmähliche der Situation.

Während der Stunde, die wir in Bereguardo rasteten, verlor die Hoffnung, daß Heß sofort das Commando übernehmen werde, immer mehr an Wahrscheinlichkeit. Weshalb aber war denn der alte General hier? Man sagte, er sei vom Kaiser geschickt, um dem Rückzuge über den Ticino Einhalt zu thun; Giulay sollte dem Kaiser seine Absicht telegraphirt haben, dieser sollte hiedurch in die höchste Entrüstung gerathen sein und Heß abgeschickt haben, den Schwabenstreich zu vereiteln.

War das wirklich die Mission des alten Heß, so war er

leider zu spät gekommen. Eins der beiden Corps, welche den Ticino bei Bereguardo überschreiten sollten, war bestimmt schon herüber, das andre konnte nicht weit sein. Die über Vigevano zurück commandirten Corps mochten auch schon zum Theil auf lombardischem Boden stehen. Da der Feind von Novara herüber drängte, so mußten wir ihm am linken Ticino-Ufer entgegen gehen, wenn wir ihm nicht auf dem rechten, nutzloser Weise nachlaufen wollten. Das neunte Corps unter Schaffgotsche blieb ohnedies in der Gegend von Pavia und Piacenza.

Inzwischen erschienen an dem offnen Fenster in der ersten Etage des Posthauses zwei Köpfe — der Giulay's und der des alten Heß. Der Kriegsrath mochte beendet sein; Heß mochte eingesehen haben, daß die einzige Rettung nur in schneller Ausführung dessen liege, was einmal begonnen und nicht mehr zu ändern war. Wäre Heß nur ein oder zwei Tage früher eingetroffen und hätte er also Giulay noch in der Lomellina getroffen, vielleicht wäre es zu jenem concentrischen Angriff gekommen, welcher den glücklichsten Erfolg verhieß und nach welchem uns, selbst wenn wir geschlagen wurden, immer derselbe Rückzug offen geblieben wäre, welchen wir soeben bewerkstelligt hatten. Wurden wir drüben geschlagen, so war noch immer die Möglichkeit da, dem Feinde noch einmal hinter dem Ticino Widerstand zu bieten; wurden wir jetzt geschlagen, so blieb uns nichts übrig, als mit Siebenmeilenstiefeln durch die ganze Lombardei, hinter den Mincio zu gehen, denn zwischen dem Ticino und dem Mincio war kein Halt für uns.

Die Niedergeschlagenheit, welche das Gesicht des alten Heß verrieth, während er gedankenvoll über den Platz hinaus schaute, war für uns kein gutes Zeichen. Man wollte auch schon mit Bestimmtheit wissen, daß die Mission des alten Soldaten mit dem Commando der zweiten Armee überhaupt gar nichts gemein habe. Auf seinen Stock gestützt, trat endlich der alte Herr aus dem Posthause. Ehrfürchtig grüßten die Offiziere. Er wechselte mit einzelnen von ihnen ein paar freundliche Worte — dann setzte sich das Hauptquartier von Neuem und zwar nach Norden in Bewegung.

Es war ein wunderbar schöner Morgen, der Himmel so klar wie an einem jüdischen Festtage. Unser Weg ging durch üppiges Frühlingsgrün, in welchem die Nachtigall schlug; für uns um so wohlthuender, als die Lomellina uns nur ein wechselloses Panorama von verdrießlichen grauen Weiden und überwässerten Reisfeldern geboten hatte. Aber selbst wenn unser Weg durch ein Paradies geführt hätte, er würde uns unempfänglich gelassen haben.

Lustig murmelte das Wasser des kleinen sich durch das Grün windenden Canals neben uns; die Vögel sangen im Chor über unsren Häuptern; Alles lächelte. Aber auch die Landbewohner drüben hinter dem Canal, die sich familienweise vor ihren Häusern versammelten, auch sie lächelten, als sie uns wieder heimwärts ziehen sahen. Drüben auf der andern Seite in dem Schatten der Gebüsche rasteten die armen Blessirten, verschmachtend lechzte ihre Zunge nach dem frischen Quellwasser. Und dort wieder hinter der Hecke war man im Begriff, einen der Unglücklichen, den der Tod von seinen Schmerzen befreit hatte, in die Erde zu scharren.

Gegen acht Uhr passirten wir Casorate, ein freundliches Dorf, dessen ganze Einwohnerschaft in den Straßen zusammen gelaufen war, um sich an unsrem Durchzuge zu weiden. „Café del teatro" las ich an einem der Häuser. Diese Aufschrift reizte meine Neugier. Wir stiegen ab und traten in eine elende Trattoria, in welcher uns ein halbes Dutzend junger und alter Weiber mit dunkelgelben Gesichtern empfing, um nach unsren Bedürfnissen zu fragen. Ein schlechter Rothwein, ebenso sauer wie unsre Rückzugs-Gesichter, und ein paar hart gesottene Eier war Alles, was man uns zu bieten vermochte; dafür aber servirte man uns dies Wenige mit jener Herzlichkeit und Zuvorkommenheit, mit welcher man einem lästigen Gaste die Henkersmahlzeit bietet. Ein paar zum Hause gehörige Kinder waren impertinent naiv genug, uns zu fragen, woher wir kämen, wohin wir gingen und was wir hier in Casorate wollten — lauter Fragen, welche wohl die Einfalt aufwerfen, aber unter bewandten Umständen der Gescheidteste nicht hätte beantworten können.

Endlich erreichten wir das dicht in üppiges Laub gehüllte Dorf Rosate. Hier fanden wir unsre Quartiermacher und hier wurde Halt gemacht. Giulay war mit seinem Generalstab bereits hier eingetroffen; unsre Quartiere waren bereit. Ich meinestheils wurde mit etwa sechs Andren, darunter unser mobiler Platzmajor, Herr v. Meyer, ein Bruder des Componisten Leopold v. Meyer, in einem Hospital einquartiert und zu einer flüchtigen Villegiatura genöthigt, die ich in meinem „Tagebuch vom Kriegsschauplatz" mit all der Flüchtigkeit geschildert habe, wie sie eben am Tage vor der Schlacht von Magenta und unter so mißlichen Verhältnissen zu ermöglichen war.

Ich war müde; ich war hungrig und unternahm sofort eine Razzia durch das elende Dorf, deren Ausbeute ein zähes Stück Rindfleisch und ein Salatkopf war. Dann eilte ich in mein Hospital zurück, um die wenigen Stunden, die uns voraussichtlich hier vergönnt, zu einem kurzen Schlummer zu benutzen. Vor dem Hospital, am Fuße der Kirche, hatte sich die Bedeckung des Hauptquartiers bereits in der Sonne gelagert und die schnurrbärtigen, braunen Gesichter der Soldaten waren von der Sonnengluth mit einer glänzenden Fettlage bedeckt.

Noch einmal, ehe ich in den Hof des Hospitals trat, hörte ich die Nachricht wieder auftauchen, daß Heß dennoch das Commando übernommen habe. Man haschte selbst nach diesem Schein einer Hoffnung, wie der Ertrinkende nach einem Strohhalm. Ich sah Heß in dem anstoßenden Hofe von einigen Dutzend Offizieren umgeben dastehen; wie es hieß, war auch hier wieder ein kurzer Kriegsrath gehalten worden. Man sagte mir, das Hauptquartier solle noch heute nach Abbiategrosso aufbrechen, den Oberbefehl aber, so lautete ein offiziöser Bescheid, führe — Giulay nach wie vor.

Eine trübe Ahnung hatte mich von dem Moment ab beschlichen, wo wir Rosate erreichten. Die Nachrichten, welche von Clam Gallas kamen, der mit der Vorhut seines eben erst aus Böhmen angelangten Corps den Brückenkopf von San Martino besetzt hielt, lauteten freilich günstiger, als wir sie erwartet hatten, denn noch (am Mittage des 3. Juni) war der Feind nicht über den Ticino gegangen, doch erwartete man stündlich sein Andringen; Clam Gallas fühlte sich zu schwach, um ihm einen erfolgreichen Widerstand entgegen setzen zu können, und hatte dem Oberfeldherrn die bedenklichsten Nachrichten gesandt. Trotz alledem hätten wir keine Ursach zu übergroßer Besorgniß gehabt, wenn wir einer schnellen Conzentration unsrer Truppen nach Norden hätten gewiß sein können.

Ueberschaute man den Rückzugsplan, so mußten die über Vigevano gegangenen Corps sich bis zum Abend bequem mit Clam Gallas vereinigen können, zumal wir hörten, daß diese Truppen vom Feinde unbelästigt ihren Rückzug bewerkstelligt hatten, und während diese sich mit den Franco-Sarden engagirten, konnten ja auch die über Bereguardo kommenden Truppen herbei gezogen werden. Besaß nun aber Giulay die nöthige Uebersicht und Entschlossenheit, besaß er die feste Hand, welche die verschiedenen Truppentheile schnell wieder da vereinigte, wo man sie brauchte, nachdem man so schnell das Terrain gewechselt? Diese Fragen eben waren es, welche beunruhigten.

Indeß, die Offiziere des Hauptquartiers gewannen am 3., als sie hörten, daß der Feind noch nicht herüber, ihre Zuversicht wieder. Das Terrain zwischen Mailand und dem Ticino war ihr alter wohlbekannter Exercierplatz; sie berechneten, daß man bis morgen früh mindestens fünf Corps, also eine Macht von 125,000 Mann beisammen haben werde; die Sache stand also ihrer Ueberzeugung nach nicht schlimm.

Von großem Interesse war für mich in unsrer gegenwärtigen Situation eine zweite Frage: welche Haltung nahmen die Mailänder an, und zwar in einem Augenblick, wo sie von der Kathedrale aus über unsre Köpfe hinweg die so sehnsüchtig erwarteten Freunde und Befreier am Ticino erscheinen sahen?

Unser Hauptquartier befand sich zwischen den aufruhrsüchtigen Mailändern und den Demonstrationen der Franco-Sarden am Ticino wie ein Zündhölzchen zwischen zwei Feuern. Mailand war bis auf eine schwache Besatzung des Castels ganz von Truppen entblößt; hinter ihm war die ganze Lombardei bis zum Mincio ebenso bloßgestellt, ja der Oberfeldherr hatte sich schon seit Wochen genöthigt gesehen, die Insurrections-Gelüste der Lombardei, welche durch die Proclamationen und die Annäherung Garibaldi's von den Bergen herab immer mehr aufgestachelt wurde, durch öffentliche Anschläge zu calmiren, in welchen er versprach, jede Stadt, welche der Revolution die Hand biete und die Freischaaren durch Brückenbau oder Waffenlieferung unterstütze, rücksichtslos mit Feuer und Schwert vertilgen zu wollen.

Die Liberalen Europas haben dem Feldzeugmeister diese Proclamation sehr übel genommen; aber wer Giulay kannte, der wußte, daß er es nicht so böse meinte, wie es den Anschein hatte; wer die Verhältnisse kannte, der wußte, daß es dem Feldzeugmeister sogar sehr schwer gewesen sein würde, Wort zu halten, denn er hätte diese Vertilgung geradezu dem General Urban übertragen müssen, der doch auch nicht überall war und dem Garibaldi bekanntlich schon genug zu schaffen machte, da Urban's Häuflein viel zu schwach war und er selbst, wenn die Lombarden einen einmüthigen Aufstand bewerkstelligt hätten, in die größte Klemme gerathen sein würde.

Die Welt hat sich mit einem wahrhaften Fanatismus der Freiheit Italiens angenommen; es gab den ganzen Sommer hindurch gar kein andres Moment von Wichtigkeit und Interesse als diese Freiheit; unter Englands freiheitwehender Fahne gruppirte sich die ganze europäische Begeisterung, die „Times" schrieben lange endlose Artikel zu Gunsten der italienischen Unabhängigkeit, in den Millionen von Zeilen aber, welche sie dieser schönen Sache widmeten, suchte man vergeblich eine einzige, in welcher sie den Profit berechnet hätten, welchen England aus diesem Unabhängigkeits-Geschäfte zog, indem es den großen Freiheitsjubel der andren Nationen benutzte, um in aller Stille eine Schiffsladung von Callico nach der andren auf diesen Freiheitsmarkt zu schicken. Die Indier durften nicht frei werden, Gott bewahre, denn dadurch hätte England verloren, die Lombarden aber mußten frei werden, denn das brachte ja eine unberechenbare Menge Pfund Sterling für Callico ein. Wenn der englische Kaufmann für die Freiheit einer andren Nation als seiner eigenen schwärmt, so könnt Ihr drauf schwören, daß er dieser Nation Baumwolle verkaufen will; was kümmert ihn sonst die Freiheit der Andren!

Und was that die Lombardei selbst zur Erringung dieser Freiheit? Nichts! Gar nichts! Die Hände in den Taschen, so erwarteten sie den Augenblick des „gran piacere di fumar una pipa en liberta". Völker, die sich ihre Freiheit zu erkämpfen wissen, verdienen sie; wer sie aber mit solcher Feigheit durch Andre sich erkämpfen läßt, der verdient — nun, eben das Gegentheil.

Es ist dies meine Meinung, die Niemand zu theilen braucht und die ich Niemanden aufdränge. Magst Du, Leser, auch für diese italienische Freiheit schwärmen, es ist das sehr hübsch von Dir und gereicht Deinen Gefühlen zur Ehre; ich aber kenne seit acht Jahren die Italiener und habe unter diesen nur den römischen Charakter schätzen gelernt. Auch aus diesen letzten Kämpfen habe ich wieder die Ueberzeugung davon getragen, daß wer ein Danaer-Geschenk wie die Freiheit aus den Händen eines Tyrannen entgegennimmt und ihm dafür die Hand küßt, ihm dafür sehr bald auch die Füße wird lecken müssen. Die Zukunft wird dies lehren und vielleicht auch meine Behauptung zur Wahrheit machen, daß wenn Carl Albert seine kühnen Träume bei Novara mit Thränen bezahlte, Victor Emanuel, der Savoyens Ehrgeiz jetzt gekrönt sieht, die Verwirklichung dieser Träume vielleicht noch viel theurer wird bezahlen müssen.

## Eine unruhige Nacht.

Da lagen wir also zwischen Mailand und dem Ticino, d. h. zwischen der uns mit einem Aufstande bedrohenden Hauptstadt der Lombardei und dem in Massen über Novara heranbringenden Feind, ganz in der Nähe des von Mailand zum Ticino führenden Naviglio grande oder großen Canals, dessen bewohnte Ufer durch ihre Bevölkerung gleichsam einen Zündfaden bildeten, durch welchen der Gegner mit Mailand zu correspondiren vermochte.

Unsre Situation war keine beneidenswerthe, wenn die Mailänder die Courage entwickelten, sich hinter unsrem Rücken zu insurgiren, um unter dem Eindruck dieser Revolte den so sehnsüchtig erwarteten Franco-Sarden den Uebergang über den Ticino zu erleichtern; ja, unsre Lage würde uns noch kritischer erschienen sein, wenn wir uns hätten vorstellen können, daß unser Oberbefehlshaber trotz der mehrtägigen Frist, welche er wider Erwarten zur Concentration seiner Truppen an der gefährdeten Stelle behalten hatte, wenn wir, sage ich, uns hätten vorstellen können, daß wir kaum mehr als 50,000 Mann den herüberbringenden 125,000 Feinden entgegen zu stellen vermochten!

Die Franco-Sarden waren selbst der Ueberzeugung, daß sie eine bei weitem größere Macht sich gegenüber finden würden; sie selbst mußten über unsre Stärke nicht genugsam orientirt sein, denn es ist zu erwarten, daß sie sonst noch **früher** ihren Uebergang bewerkstelligt und bei geschickter Nachziehung ihrer Reserven die Brigade Clam Gallas vor sich her gegen Mailand getrieben hätten, ehe dieser die auf dem Rückmarsch über Vigevano befindlichen österreichischen Corps von Giulay zur Hülfe gesandt werden konnten. —

Eine Schlacht also war unvermeidlich. Der Generalstab ging nach Abbiategrasso, während ich unter dem Vorwand, eine kleine Privat-Recognoscirung machen zu wollen, mich am Abend des 3. Juni nach Mailand begab. Ich hatte es mir einmal in den Kopf gesetzt, die Lombarden-Hauptstadt könne bei so geringer Besatzung unmöglich sich ruhig verhalten; ich erreichte dieselbe in Gesellschaft zweier Bekannten am Abend zwischen neun und zehn Uhr, etwa um dieselbe Zeit, wo Clam Gallas sich anschickte, den Brückenkopf von S. Martino zu räumen, weil er sich überzeugt, daß derselbe von der Höhe aus beherrscht werden konnte und er also nicht haltbar sei; um dieselbe Zeit, wo Clam Gallas, Liechtenstein und Reischach, nachdem sie vergeblich den Oberfeldherrn um Verstärkung beschworen, sich darauf gefaßt machten, mit ihren vereinten etwa 25,000 Mann dem größten Theile der ganzen alliirten Armee die Spitze bieten zu müssen.

In Mailand sah es gerade so schwül und unheimlich aus, wie ich es erwartet hatte. Da wir die österreichische Militärmütze trugen, waren wir der Bevölkerung kein erwünschter Anblick. Vor der Stadt hatte man sich begnügt, hinter uns drein zu zischen; jeden Augenblick war ich gefaßt darauf, einen Steinwurf im Genick zu fühlen; aber es geschah nichts der Art und unangefochten erreichten wir das Hôtel de la Ville auf dem Corso.

Dem Portier des Hôtels schienen wir nicht gerade die angenehmsten Gäste zu sein, da er aber Einen von uns bereits kannte, so machte er jene bittersüße Miene, die nach Honig und Rhabarber schmeckt. Wir trennten uns mit dem Versprechen, uns um Mitternacht wieder in dem Café des Hôtels einzufinden und dann bis ein Uhr das Hauptquartier zu erreichen. Jede Stunde konnte wichtige Ereignisse bringen und uns vielleicht von dem letzteren abschneiden.

Jeder von uns schlug seine eigne Richtung ein. Zu thun hatte ich nichts in Mailand; mein einziges Geschäft hier war, eine neue Feldflasche zu kaufen, und dies verlangte Eile, da die Mailänder, den Aufgang ihrer Freiheitssonne erwartend, den Abend so kurz als möglich zu machen suchten und bereits ihre Magazine schlossen.

Den Corso hinab schreitend, war mir etwa zu Muthe wie vor Jahren, als ich den Hekla auf Island beritt und in jeder dampfenden Lava-Spalte einen heimlichen Vulkan vermuthete. Nur die Kaffeehäuser waren noch geöffnet; brütend und mit zugeknöpftem Bewußtsein saßen die Milanesen gruppenweise um die Tische; wo ich eintrat machten die Botega oder Kellner sofort Jagd auf die Cigarre in meinem Munde, denn es war ja der große, so schmerzlich erwartete Augenblick noch nicht gekommen per fumar una pipa en liberta! Trotzdem bannte mich meine Sehnsucht, einmal wieder eine fremde Zeitung zu lesen, an einen der Tische.

Das erste Journal, welches mir in die Hand fiel, war das Siècle, und wie interessant war für mich diese Lectüre! Da stand u. A. der Speisezettel des Grafen Giulay, ein Register aller der culinarischen Bedürfnisse enthaltend, welche derselbe täglich auf Kosten der Stadt Vercelli requirirt haben sollte. Der Leser verzeihe mir, wenn ich dieses Register hier mittheile, das Sr. Excellenz oder der Erfindung des französischen Journalisten alle Ehre machte und nach den Principien von Brillat-Savarins physiologie du Goût entworfen schien.

Hienach sollte also der österreichische Feldherr täglich requiriren: „Vins fins en très grande quantité. Pain à discretion. Légumes divers et salades. Fruits, asperges pour 100 personnes. Salé pour être cuit 5 Kilogr., salé crû 5 Kil. Boeuf: 2 cuisses, veau: 2 cuisses. Un cochon femelle; 2 fromages de Gorgouzole; patisseries et confitures; poissons salés pour hors-d'oeuvre. Beurre 10 Kil. Lait 15 Litres. Fromage rapé 5 Kil. Alles dies ward „täglich für hundert Personen" verlangt, dazu nach dem Siècle: 40 gebratene Hühner, 2 Kälber, 20 Kil. feines Brod; ferner 50 Flaschen Champagner, 100 Litres des feinsten Weins, 80 Kil. Zucker, 20 Kil. Kaffee, 100 Pack Kerzen. — Wie glücklich wären wir gewesen, wenn wir auch nur die Brosamen von dieser lucullischen Tafel gehabt hätten, die wir uns in der Lomellina, selbst in der nächsten Umgebung des Grafen Giulay, die Zähne stumpf kauten an dem Hundefraß, den uns die Wirthe der Albergo's vorsetzten, auch ein Getränk mit schwerem Gelde bezahlten, das uns die Kehle zuschnürte und deßhalb von uns nur der Concentrations-Wein genannt wurde.

Doch das war noch nicht der interessanteste Artikel des Siècle. Weiter unten las ich, die österreichischen Offiziere hätten in Vercelli von der Commune Wagen für liederliche Weiber verlangt, die sie mit sich schleppten (und doch war die einzige femme publique, welche in Vercelli ihre Reize verkaufte, eine pariser Camelie, eine Angehörige der grrrande nation!). Ferner: dieselben österreichischen Offiziere hätten in Vercelli Schlösser erbrochen; man habe in den Zimmern von Generalen gestohlene Sachen, als: Lorgnetten, Rasirmesser, Cigarrentaschen, Paletots, Beinkleider, 30 Paar Strümpfe, 14 Taschentücher, 1 silbernen Löffel, 3 Paar neue Stiefel, 12 feine Hemden (alles richtig gezählt), endlich Schuhe, Cravatten und andre Gegenstände gefunden, die sämmtlich vom 2.—17. Mai gestohlen worden!

Ich mußte in der That lachen über diese boshaften Kindereien, aber in dieses Lachen mischte sich auch ein leises Herzklopfen, denn ich mußte mir gestehen, daß ich aus meinem letzten Quartier in der Lomellina einen werthlosen Haarkamm mitgenommen, da der meinige verloren gegangen war. Wenn das Siècle davon erfuhr, so war ich öffentlich blamirt. — Indeß, was war dieser kleine Diebstahl gegen die schwarzen Thaten der Generale, die Strümpfe, Beinkleider, Hemden und sogar silberne Löffel gestohlen hatten! O pfui, pfui!

So viel ich unter dem Eindrucke dieses Journal-Artikels auch nachsann, um mich einer einzigen von den Occupations-Truppen begangenen Barbarei zu erinnern, mir fiel immer nur ein, daß gerade ich mit meinen verwilderten moralischen Begriffen es immer gewesen war, der den Offizieren ihre übergroße Pietät zum Vorwurf machte, wenn ich sah, wie sie in ihren Quartieren die geringsten Bedürfnisse bezahlten; daß ich oft, wenn ich Soldaten in irgend einen Laden treten sah, diese beobachtete, um mich zu überzeugen, ob und wie sie zahlten, was sie kauften, daß ich aber niemals eine Brutalität von ihrer Seite entdeckte.

Auch ein andres Beispiel sprach von der Toleranz, mit welcher die Occupirenden in der Lomellina verfuhren. Einer meiner Bekannten hatte nämlich in Vercelli das Bedürfniß gefühlt, sich irgend ein statistisches Werk über Sardinien zu kaufen. Er machte sich also auf den Weg zur Buchhandlung, um dort nach einem Werke dieser Art zu fragen. Die libraria war geschlossen. Vergeblich suchte er den Besitzer des Magazins im Hause; der Buchhändler war nicht zu finden.

Da alle Bemühungen, des Buchhändlers habhaft zu werden oder das Magazin endlich einmal geöffnet zu sehen, vergeblich blieben, wandte sich mein guter Freund an den Polizei-Commissär des Hauptquartiers, einen von den Italienern blutig gehaßten Beamten, dem man lange den Tod geschworen. Dieser begleitete ihn nach dem bezeichneten Hause und seiner Spürnase gelang es, den Buchhändler zu erwischen.

Der Commissär erklärte ihm, der Herr da wünsche sich ein statistisches Werk auszusuchen. Der Buchhändler betheuerte, er besitze dergleichen Bücher nicht. Der Commissär befahl, das Magazin zu öffnen, man wolle sich selbst überzeugen. Zitternd wiederholte der Buchhändler seine Versicherung; an allen Gliedern bebend mußte er sich entschließen, das Magazin zu öffnen.

Hier fand man denn nicht nur die gewünschte Statistik, sondern auch die Ursache der von dem Bibliopolen an den Tag gelegten Angst, nämlich ein ganzes Magazin von Carricaturen und Schmähschriften auf Oesterreich und alle Tedeschi. Der Commissär nahm von diesen keine Notiz und wieder auflebend sah der Buchhändler die entsetzlichen Gäste sich entfernen.

Ein andres Beispiel von der durchaus grundlosen Angst dieser Bevölkerung vor den Occupationstruppen erzählte mir der Oberarzt Dr. M. Als derselbe, ehe er in's Hauptquartier commandirt worden, auf dem Marsche in der Nähe der Landstraße ein einzeln dastehendes Häuschen entdeckte, machte er einen Abstecher dahin, um sich wo möglich eine kleine Erfrischung reichen zu lassen.

Er klopfte an die Thür des Hauses. Niemand antwortete. Er fand die Thür unverschlossen, trat ein und wurde mit dem herzzerreißenden Angstgeschrei einiger alten Weiber empfangen, die ihm zu Füßen stürzten und die Hände ringend ihn anflehten: lasciate mi la vita! Laßt mir das Leben! — Nun frage ich, setzte Dr. M., seinen Beruf ironisirend, dieser Anekdote hinzu, wie konnten die alten Weiber vermuthen, daß ich ein Arzt sei! —

Das Siècle mit seiner albernen Kinderlectüre bei Seite legend, trat ich, mir zum Verdruß der Italianissimi eine neue Cigarre anzündend, wieder auf den Corso hinaus. Eine starke

Patrouille marschirte eben vorbei, mit Avant- und Arriere-Garde. Schon in der Vorstadt waren mir ein paar Reiter-Patrouillen mit gespannter Pistole begegnet; die Scenerie war also so unheimlich, wie sie nur sein konnte.

Scheinbar wesenlos, den Schatten gleich, schlichen die einzelnen Gestalten, welche noch auf dem Corso bemerkbar waren, an den Häusern entlang; aus dem Dunkel der halboffenen Hausthüren lugte hier und da ein bleiches Gesicht heraus, dessen glühende Augen den Patrouillen folgten, bis der schwere Tritt der Soldaten in der Ferne verhallte.

Trotz der späten Stunde beschloß ich, einen alten Bekannten aufzusuchen, der in einer der schmalen, auf den Domplatz auslaufenden Gassen wohnte. Nur mit Mühe fand ich das Haus und setzte den Thürklopfer in Bewegung, dessen eiserne Schläge ein dumpfes Echo aus dem Hause heraus beantwortete.

Nach einigen Minuten erschien an einem der dunklen Fenster der oberen Etage ein weiblicher Kopf, der nach meinem Begehr fragte. Ich wünschte Signor X. zu sprechen. Signor X. war nicht zu Hause, und wenn er nach Hause komme, belehrte mich die heisre Weiberstimme, so pflegte er sich sogleich zu Bette zu begeben. Wo Signor X. augenblicklich zu finden sein möge, darüber war keine Auskunft zu haben.

Mir lag daran, meinem alten Freund wenigstens ein Zeichen zurückzulassen, daß ich da gewesen. Auf meine Bitte ließ mir die Alte einen wollenen Faden herab, an welchen ich eine Karte band, nachdem ich mit Blei einen Restaurant am Corso auf die Karte geschrieben, bei welchem mich mein Freund zwischen eilf und zwölf Uhr finden werde.

Die mailändische Bevölkerung, wie still sie auch erschien, war an diesem Abend doch sehr mobil; die Spannung hielt sie wach, Niemand dachte an Schlummer. Die Wirthshäuser waren alle geöffnet, in manchem Hausflur sah ich einzelne Gruppen stehen, welche ihre Unterhaltungen von der Straße in die Häuser verlegt, und selbst an den dunklen Fenstern bewegten sich neugierige Köpfe.

Eine Promenade nach der bekannten Vorstadt der Porta Ticinese war in dieser Stimmung der Lombardenstadt für mich von großem Interesse; ich schlug also diese Richtung ein und stieß allmälich auf immer dichtere Gruppen, die sich, sobald eine Patrouille kam, vor dieser öffnete und sich hinter derselben schloß, um wieder einer neuen Patrouille Platz zu machen.

Die Physiognomien, welche mir begegneten, waren der Art, daß mir ein Conflict mit den Patrouillen fast unvermeidlich erschienen wäre, wenn ich nicht die Geschmeidigkeit des Italieners gekannt hätte, mit welcher er zu provociren und dennoch mit Aalglätte sich um jeden Conflict herum zu drücken versteht. Stets beweglich, wußten sich die Gruppen den Anschein von harmlosen Spaziergängern zu geben, die zusammenhangslos das Trottoir hinabschlenderten; sobald aber die Patrouille vorüber war, gestalteten sie sich zu kleinen Klumpen, aus deren Mitte unterdrücktes Gelächter und halblautes, sehr lebhaftes Gespräch herausdrang.

Den Hut, welchen ich für diese Promenade mitgebracht, tief auf die Stirn gedrückt, mischte ich mich, so gut es ging, unter diese Gruppen; leider aber machte der mailändische Dialect es mir sehr schwierig, der Unterhaltung zu folgen; ich verstand nur brockenweise, aber was ich verstand, bezog sich stets auf die Franzosen und auf die engen Beziehungen, in welchen die Bevölkerung der Hauptstadt mit den Franco-Sarden zu stehen schien.

Trotz aller Ueberwachung bestand zwischen Sardinien und Mailand eine so sichere und lebhafte, ich möchte sagen: electrosympathische Verbindung, daß man in Mailand ganz genau wußte, was jenseits des Ticino vorging und umgekehrt. Canrobert hätte bereits in Mailand 130,000 Brot-Rationen bestellt, so hieß es; man hatte auch schon in aller Stille die Anstalten zum Empfange der Verbündeten getroffen, ja man staune: die Mailänder erzählten sich, Giulay sei von Napoleon durch eine Summe von 2 Millionen bestochen worden, für welche er versprochen haben sollte, Napoleon die Lombardei in die Hände zu liefern. Deßhalb, so hieß es, sei Giulay eiligst aus der Lomellina marschirt. Der Kaiser Franz Joseph aber habe hievon Wind bekommen und sofort den alten treuen Heß gesandt, um Giulay überwachen zu lassen.

So absurd dieses Gerücht auch war, man glaubte es. Mochte auch dagegen eingewendet werden, daß Giulay, einer der reichsten Magnaten und selbst Millionär, den metallischen Verlockungen unmöglich zugängig sein könne, der simple Volksverstand wußte sich die Thatsache nicht anders zu erklären, daß die österreichische Armee so über Hals und Kopf die Lomellina verlassen. — Notorisch ist es, daß dieses Gerücht selbst nach der Schlacht von Magenta sich in Mailand behauptete.

Nachdem ich mich eine halbe Stunde lang in verschiedenen Birrarien und Osterien umhergetrieben und mich vergeblich bemüht hatte, aus dem mailänder Dialect der Unterhaltung klug zu werden, machte ich mich wieder auf den Rückweg nach dem Corso, um in dem erwähnten Restaurant meinen Freund zu erwarten.

Ich verließ diese Vorstadt, in welcher bekanntlich der Plebs der Mailänder Bevölkerung ihren Haß an den bei Magenta versprengten österreichischen Soldaten durch scheußliche Vandalismen ausließ. Der Pöbel ist überall derselbe und fern sei es also von mir, der Bevölkerung der Lombarden-Stadt im Allgemeinen die blutigen Excesse zum Vorwurf zu machen, deren Schauplatz zwei Tage später diese Vorstadt ward. Wie schwer vor dem Richterstuhle der Humanität auch manche der während dieser Unglücks-Episode geschehenen Extravaganzen zu rechtfertigen sein mögen, ihre Triebfeder war die plötzliche Explosion eines lange unterdrückten Hasses und sie sind also zu erklären, wenn auch nicht überall zu entschuldigen. Nur Eins wird nimmer Verzeihung finden, und dies ist die „Brutalität", welche in einzelnen italienischen Städten selbst an den hülflosen Verwundeten verübt worden. —

Zu meiner Freude fand ich meinen Bekannten bereits meiner harrend in dem Zimmer der Restaurant. Wir suchten uns ein einsames Plätzchen, um von den wenigen anwesenden Gästen nicht gestört zu werden und uns ausplaudern zu können. Was er mir erzählte, war eben nur eine Bestätigung dessen, was ich bereits gehört und aus Allem, was mich umgab, herausgefühlt hatte. Mein Freund wohnte seit acht Jahren in Mailand und war von den politischen Zuständen namentlich gut unterrichtet.

„Ihr seid auf Schritt und Tritt von Spionen umgeben," sagte er mir; „unsre Mailänder sind von den leisesten Bewegungen der Oesterreicher und der Alliirten so genau unterrichtet, daß Ihr keine Vedette ausstellen könnt, ohne daß wir hier davon wissen. Euer Generalstab könnte uns um unsre Kenntniß von der Operationslinie beneiden!"

Hierauf entfaltete er mir in der That eine so genaue Kenntniß aller bisherigen Schachzüge jenseits des Ticino, daß es mich Mühe kostete, seiner Schilderung zu folgen, und daß ich zu meinem Bedauern einsehen lernte, wie die Mittheilungen, welche mir in offizieller Weise im Hauptquartier gemacht worden, nicht immer mit dem Sachverhältniß übereinstimmten, ja daß dieselben oft gerade das Gegentheil des letzteren waren.

Mein Freund suchte mich zu überreden, ich möge in Mailand bleiben und hier ein Zeuge der Schauspiele werden, welche der Hauptstadt unfehlbar in den nächsten Tagen bestimmt seien. Trotz der Ueberzeugung, mit welcher er sprach, konnte ich mich doch nicht zu dem Glauben entschließen, daß nicht auch uns ein Sieg beschieden sein solle. Obwohl mich schon in Garlasco die Ahnung beschlichen hatte, daß ich in dem Hauptquartier des Grafen Giulay nicht lange werde verweilen können, wenn ich, außer Stande, in die Psalmen einzustimmen, welche einige Stimmen diesem Manne sangen, mich nicht zu der Pönitenz verdammte, mir ein Schloß vor den Mund zu legen, so wollte ich doch ausharren, so lange es mir möglich war. Man würde ohnehin meine Entfernung gerade jetzt mit Fug und Recht als eine Art von Desertion angesehen haben, und so wies ich denn die Gastfreundschaft, welche mir hier geboten wurde, mit Dank zurück.

Um Mitternacht lieferte mich mein Freund im Kaffeehause des Hôtel de la Ville ab und begab sich in seine Wohnung zurück. Das Café war ziemlich leer; nur einzelne Gäste saßen noch umher. Auch die Straßen waren gänzlich verödet; es schien, als habe sich die Bevölkerung auf die Kissen gelegt, um dem Freiheitsmorgen entgegen zu träumen.

Gegen zwei Uhr Morgens erreichten wir das Hauptquartier, also um dieselbe Zeit, wo Clam Gallas, alarmirt durch die Rückkehr einer Streifpatrouille, welche er für den Feind hielt, die Brücke bei Buffalora zu sprengen versuchte. Wie aber Alles mißlingen sollte, so mußte auch hier das Unglück wieder sein Spiel haben. Die Ingenieure hatten in der Ueberzeugung, daß in Mailand große Pulver-Vorräthe seien, mit den ihrigen nicht Haus gehalten, und als man nach Mailand schickte, um Pulver zu holen, war dort nichts vorhanden.

Die Streifpatrouille, welche von einer nächtlichen Recognoscirung zurückkehrend für den andringenden Feind gehalten wurde, schwamm in Nacht und Nebel durch den Ticino, die Franco-Sarden aber hatten es am andren Morgen bequemer als jene; sie kamen über die ziemlich unversehrt gebliebene Brücke und der arme Clam Gallas sah sich in der größten Klemme.

Blieb er mit seiner unbedeutenden Macht zwischen dem Ticino

und dem mit diesem hier fast parallel laufenden Canal, dem Naviglio grande, stehen, so riskirte er, daß ihm der Feind in seinem Rücken die Brücken über den Naviglio abschnitt; er entschloß sich also, das Terrain zwischen diesen beiden Wasser-Adern aufzugeben und mit Hinterlassung eines kleinen Vorpostens am Ticino sich hinter die Canalbrücken zurückzuziehen, während Mac-Mahon mit seinem Corps bereits bei Turbigo auf dem linken Ufer des Ticino stand.

Vor ihm also lag am Morgen eine practicable Brücke, auf welcher er dem Feinde den Uebergang nicht wehren konnte; in seiner Flanke stand ein ganzes französisches Armee-Corps; seine eigenen Truppen waren von dem langen, soeben erst zurückgelegten Marsch aus Deutschland geschwächt; es war sogar nur die Spitze seines Corps erst angelangt, und mit diesen Truppen, unterstützt von den beiden halben Corps Liechtenstein und Zobel, sollte er den Franzosen im Centrum und in seiner rechten Flanke nach Turbigo hin einen unmöglichen Widerstand leisten.

Eine trübselige Nacht, die vom 3. zum 4. Juni!

## Magenta.

Der verhängnißvolle Tag brach an und rechtfertigte die Befürchtungen des Abends.

Unsre Truppen, so wenig ihrer am Orte waren, hielten Magenta, Corbetta und Robecco besetzt, und zur Beobachtung des bereits diesseits des Ticino bei Turbigo stehenden Corps Mac Mahon war eine Brigade in Robecchetto und Castano aufgestellt. Wir hielten die drei Brücken über den Kanal und hatten dieselben mit Kanonen besetzt; leider aber war von diesen Brücken die von Buffalora durch die Sprengung nur wenig verletzt, und waren auch die andern beiden bereits unterminirt, so fehlte es doch an Pulver, um sie zu sprengen.

Die Franco-Sarden ihrerseits hatten folgende Schlachtordnung entworfen: Mac Mahon sollte mit seinem Corps von Turbigo diesseits des Kanals auf Buffalora und Magenta marschiren und die Dammwege, welche bei Buffalora und Ponte di Magenta zum Kanal führen, angreifen, während das Corps Canrobert von Trecatte aus diese Operation in unsrer Front unterstützen und das Niel'sche Corps als Reserve in Trecatte sich aufstellen sollte.

Gegen 7 Uhr Morgens erfuhr Clam Gallas, daß Mac Mahon in zwei Colonnen auf Buffalora und Magenta vorrücke und daß gleichzeitig der Feind von Trecatte auf San Martino (jenseits des Ticino) in Massen herandränge. Clam Gallas sandte eiligst diese Nachricht an den in Abbiategrasso befindlichen Oberbefehlshaber und bat um Unterstützung, da er in seiner Flanke durch überlegene Truppenmassen bedroht sei und jeden Augenblick den Angriff in der Front erwarte.

Inzwischen zog sich die Brigade Cordon vor dem andrängenden Mac Mahon auf Buffalora zurück. Clam Gallas erhielt anstatt der Verstärkung von Giulay die Ordre: Magenta um jeden Preis zu halten. Wie aber sollte dies mit 25,000 Mann, von denen ein Theil sogar durch langen Marsch sehr ermattet, geschehen können? Von Giulay's schnellem Handeln hing Alles ab; ein einziger Blick auf die momentane Stellung der übrigen österreichischen Corps wird beweisen, wie er das Schicksal des ganzen Tages in der Hand hatte und eine schnelle Disposition den Oesterreichern den glänzendsten Sieg verschafft haben würde.

Canrobert's Truppen marschirten in der Front gegen Clam Gallas, Liechtenstein und Zobel, deren kaum halbe Corps noch durch mehrfache Detachirungen getheilt waren. Der Gang des Gefechtes bewies, daß die Oesterreicher diesem Angriff trotz alledem nicht nur gewachsen, sondern sogar ihm überlegen waren; daß es erst der Ankunft Mac Mahons bedurfte, um das Gefecht auf französischer Seite wieder herzustellen.

Mac Mahon brach, wie gesagt, um 7 Uhr von Turbigo auf, Turbigo aber liegt vier Stunden von Magenta; gerade in entgegengesetzter Richtung, jedoch nur drei Stunden von Magenta liegt Abbiategrasso, und hier stand das Corps Schwarzenberg. In Castelletto, nur eine Viertelstunde weiter, stand die andre Hälfte des Corps Zobel und eine Abtheilung des Stadion'schen Corps, und endlich das Corps Benedek etwa acht Stunden zurück bei Binasco.

Giulay erhielt rechtzeitig von Clam Gallas die Nachricht von der mißlichen Lage desselben; hatte Mac Mahon vier Stunden zurückzulegen, um auf sehr coupirtem Wege, über abgebrochene Brücken und andre Hindernisse hinweg Magenta zu erreichen, so hatte das Corps Schwarzenberg, wenn es rechtzeitig Marschordre erhielt, auf bequemem Wege nur drei Stunden zu marschiren, um Magenta zu erreichen und den bedrohten Kameraden zu Hülfe zu kommen. Nicht weiter hatten die beiden andren Corps-Hälften Zobel und Stadion nach Magenta, und Giulay war also in der Lage, Clam Gallas zwei starke Corps zur Unterstützung zu senden, die mindestens zugleich mit Mac Mahon, wenn sie sich aber sputeten, um zwei Stunden früher als er bei Buffalora und Magenta eintreffen konnten.

Was aber that Giulay? — Nichts! Vergeblich also wartete Clam Gallas bis eilf Uhr auf die ersehnte Verstärkung und noch immer konnte er von Glück sagen, denn das Vorrücken der Franco-Sarden geschah über alle Erwartung langsam; das Brückenschlagen, die Beschaffenheit des Terrains erschwerte ihren Marsch, und so kam denn die Vorhut des Canrobert'schen Corps erst gegen zehn Uhr von Tracette an den Ticino und ging gegen Buffalora vor, nur den Brückenbau zu schützen, nicht um schon anzugreifen.

Die Ouverture des großen Drama vom 4. Juni wurde jetzt durch Clam Gallas begonnen, indem er durch eine starke Kanonade die Arbeit der Alliirten zu stören suchte. Vor sich sah er die Franzosen, unterstützt von den Piemontesen, sich zum Sturm auf Buffalora und Ponte di Magenta anschicken; in seiner Flanke sah er die Brigade Cordon sich vor dem Andringen Mac Mahons zurückziehen.

Noch einmal (es war um 11 Uhr, also vier Stunden seit seiner ersten Botschaft) sandte Clam Gallas einen Adjutanten an den noch immer in Abbiategrasso verweilenden Oberfeldherrn, um diesem seine verzweifelte Lage zu schildern und um Unterstützung zu bitten, da er sich kaum nach einer, viel weniger nach zwei Seiten zu vertheidigen im Stande.

Der Adjutant legte diesen Weg in kaum einer halben Stunde zurück und überreichte dem Grafen Giulay die Depesche. Dieser steckte dieselbe cavalierement in die Tasche; er setzte sich, wie mir von mehren Offizieren erzählt wurde, in höchster Gemüthsruhe zum Frühstück, und wie es schien, hatte ihm der Klageschrei seines bedrängten Generals den Appetit nicht verdorben, denn erst zwei Stunden später stieg er in Abbiategrasso zu Pferde, und erst zwei Stunden später auch sandte er an die Generale Schwarzenberg, Zobel und Stabion die Marschordre.

Inzwischen begannen die Franco-Sarden den Sturm auf Buffalora und Ponte di Magenta. An beiden Stellen tobte ein mörderischer Kampf anderthalb Stunden lang. Auf beiden Seiten wurde mit einer grenzenlosen Wuth gefochten, in welcher man, wenn die Munition ausging und nicht gleich neue zu fassen war, die Steine aus den Dämmen herausriß und sich damit zu Leibe ging. Endlich neigte sich der Kampf zu Gunsten der Oesterreicher; die Franzosen begannen zu wanken; nur die geringste Verstärkung durfte den Oesterreichern werden und das Gefecht war gewonnen, der Kampf wäre ein vollständiger Sieg gewesen. Ja, es ist constatirt, daß der Kaiser Napoleon, welcher dem Gefecht von dem Thurm S. Martino's zusah, seine Anstalten zum persönlichen Rückzug traf, auf dem Punkte, dem Feinde in die Hände zu fallen.

Aber anstatt der Verstärkung der Oesterreicher erschienen jetzt, und zwar erst um 2 Uhr, die beiden Colonnen Mac Mahons, die sich hier vereinigten, um sich mit ganzer Wucht auf Magenta zu werfen. Dies sowohl, wie Buffalora und die Canal-Ufer wurden von den Oesterreichern geräumt, als eben auch der Graf Giulay eintraf, um beide Punkte verloren zu sehen.

Jetzt traf auch eine Abtheilung des 7. Corps, die Division Reischach von Corbetta her bei Magenta ein; sich in zwei Colonnen theilend, von Reischach selbst und von Lebzeltern geführt, warfen sich diese auf Buffalora und Magenta.

Die Franzosen wurden zurückgeworfen und räumten Buffalora und Magenta mit Verlust zweier Kanonen. Die Tapferkeit einer einzigen Brigade hatte genügt, den Oesterreichern ihre verlorenen Vortheile wieder zu verschaffen, und wenn jetzt das nächste Corps Schwarzenberg eintraf, so war Alles wieder gut.

Aber anstatt Schwarzenberg's traf auf französischer Seite das Corps Canrobert und die Division Vinoy vom Niel'schen Corps ein, und diese warfen sich auf die siegreiche, aber schon sehr geschwächte Division Reischach.

Ein fürchterliches Gemetzel, ein Handgemenge wie es die Kriegsgeschichte kaum aufzuweisen hat, entwickelte sich. Die Handvoll Oesterreicher focht mit Löwenmuth gegen immer auf's neue anrückende frische Truppen Canroberts. Reischach und Lebzeltern fielen im dichtesten Kampfgewühl. Auch in der Flanke der Oesterreicher wüthete der Kampf nicht minder blutig vor dem Bahnhof, auf dem Eisenbahndamm und in der Cascina Nuova. Mann focht gegen Mann; es war ein Morden mit allen nur denkbaren Waffen, Bajonetten, Kolben, Steinen rc. Der Feind gewann allmählich auch hier durch seine immer frischen Truppen die Ueberhand, denn im Rücken bestürmten die Zuaven Magenta mit dem blanken Bajonette.

Die erste Unterstützung, welche Giulay seinen todesmuthigen Truppen zu bringen vermochte, war die Brigade Kintzel, die er von Robecco herbei beordert. Fast gleichzeitig erschien auch die Spitze des Corps Schwarzenberg, und diese sammt jener Brigade wurden sofort nach Ponte vecchio de Magenta gegen den Feind geworfen.

Viermal wurde gestürmt, gesiegt und wieder verloren. Zum fünften Male begann der Sturm mit einer der tollkühnsten Unternehmungen Obersten Edelsheim von den Preußen-Husaren, welcher mit seiner Schwadron über Gräben und Hecken in die Weingärten setzte, in welchen der heftigste Kampf getobt. Das Regiment Großherzog von Hessen unterstützte dieses Manöver und zum fünften Male begannen sie den Sturm, doch vergebens, denn die Oesterreicher mußten, von Norden her durch Mac Mahon in dem Dorf Magenta arg bedrängt, auf Corbetta und Robecco zurückweichen, da mehre ungarische Regimenter den Kampf versagt hatten und entweder flohen oder sich gefangen nehmen ließen, während die Brigade Kintzel, aus Italienern bestehend, ebenfalls eine widerspenstige Haltung zeigte.

Der Kampf tobte bis zum Abend. Man kämpfte um jede Straße, um jedes Haus in Magenta, aber trotz allem Heldenmuth gelang es den Oesterreichern nicht mehr, irgend einen Vortheil zu erringen, da die Alliirten immer neue Brigaden in den Kampf führten und ihre ermatteten Truppen vor den Augen des Gegners ablösten, während die österreichischen Verstärkungen nur brockenweise, in stundenlangen Zwischenräumen und zwar erst spät am Nachmittage zwischen halb vier und fünf Uhr eintrafen, das Stadion'sche Corps sogar nicht einmal zur Theilnahme am Gefechte kam.

Von sieben Uhr Morgens also bis fünf Uhr Nachmittags gebrauchte Giulay Zeit, um Truppen herbei zu rufen, die nur wenige Stunden vom Schlachtfelde entfernt standen, während doch nur das entfernteste Corps Benedek durch seine Abwesenheit zu entschuldigen war.

Die Nacht machte der mörderischen Schlacht ein Ende. Dieselbe war unentschieden, die Alliirten selbst hatten keine Idee davon, daß sie gesiegt haben könnten.

Und wie hätten sie sich als Sieger betrachten sollen? Die Oesterreicher hatten ruhig ihre Bivouacs bezogen, sie selbst gingen unter dem Schleier der Nacht zurück mit ganz entsetzlich zugerichteten und gelichteten Truppen. Die Brigade Trochu war von feindlicher Seite Alles, was in Ponte di Magenta blieb. Die französischen Generale betrachteten die Schlacht als eine unentschiedene und selbst der Kaiser wußte erst als Giulay sich am Morgen so weit vom Schauplatz entfernte, daß er eine Schlacht gewonnen habe.

Der Graf Giulay veröffentlichte alsbald einen Schlachtbericht, der nicht nur seine gänzliche Unkenntniß der Umstände, sondern auch Unwahrheiten verrieth, welche die Offiziere empörten. Die Truppen der Generale Clam Gallas und Liechtenstein, welchen er es so stoisch überlassen, sich, von zwei Seiten angegriffen, gegen eine so große Uebermacht zu behaupten, diese Truppen waren decimirt und mußten es nach einem so mörderischen Gefechte sein; sie waren versprengt und die Reste derselben hätte kein Gott am frühen Morgen zusammen finden können.

Giulay schaute sich am Morgen nach ihnen um und wunderte sich, sie nicht vorzufinden, wie er dies auch in seinem Schlachtbericht erwähnt. Dahingegen hatte er zu seiner Disposition: das noch intact gebliebene Corps Benedek, das stärkste von allen, das Corps Stadion, ebenso intact, einen Theil des Zobel'schen Corps, also mindestens eine kampfbereite Macht von 60,000 Mann, wohingegen die Franco-Sarden schon fast Alles in's Gefecht geführt hatten. Und was that Giulay mit diesen frischen Truppen? Nichts! Wieder nichts! Anstatt den Franzosen eine Fortsetzung der Schlacht zu liefern, die er da wieder aufnehmen konnte, wo sie am Abend vorher aufgehört, schickte er zur Maskirung seines Rückzuges dasselbe schon während eines mehrstündigen Gefechts mit den Zuaven arg zugerichtete Regiment Großherzog von Hessen (Brigade Hartung) etwa um 5 Uhr Morgens wieder gegen das von der Brigade Trochu besetzte Ponte di Magenta.

Die Franzosen glaubten natürlich an eine Fortsetzung des

Kampfes, die sie erwarten mußten, da Keiner gesiegt hatte und die mit den Giulay zur Disposition stehenden frischen Truppen unfehlbar den Feind über den Ticino zurück geworfen hätte. Giulay aber bezweckte hiemit nur eine Demonstration, um während derselben seinen Rückzug zu ordnen.

Zu des Gegners großem Erstaunen erklärte der österreichische Feldherr sich für besiegt und zog sich nach Binasco zurück, was er einen „Flankenmarsch" nannte. Als Napoleon dies hörte, ließ er seiner ersten Depesche nach Paris (in welcher er nur von einem heißen, unentschiedenen Kampfe gemeldet) eiligst eine zweite folgen und schrieb: „Großer Sieg bei Magenta!"

---

Es bedarf kaum der Erwähnung, daß wir während dieses heißen Tages uns in einer fieberhaften Spannung befanden. Seit zehn Uhr Morgens brüllten die Kanonen, daß die Erde unter uns erzitterte. Dichte, einen penetranten Geruch verbreitende Wolken schoben sich vor die Sonne.

Die Hitze war eine fast erstickende. Die armen österreichischen Soldaten, von Märschen ermattet, von Schweiß und Staub bedeckt, keuchten unter der Last des Gepäckes, mit welchem beladen sie in den Kampf gingen.

An Verpflegung war seit dem Aufbruch aus der Lomellina nicht mehr zu denken; mit nüchternem Magen und ermatteten Gliedern warfen sie sich einem um das Dreifache überlegenen Feind entgegen, der in dem Eisenbahnhofe seine Sturmcolonnen formiren konnte, wie er sie eben per Dampf herbeigezogen!

Niemand von uns besaß eine bestimmte Kenntniß von der Stärke, welche wir dem Feinde zu bieten hatten; das Vertrauen auf den Höchstcommandirenden war nicht groß, wie aber hätten wir glauben können, daß unsre Truppenzahl so gering, daß Giulay so wenig daran gedacht, sich so wenig Sorge darum gemacht habe, dem Feinde die Spitze zu bieten, wie es sich hinterdrein zu unsrer allgemeinen Entrüstung herausstellte, und wie ich dies oben in kurzem Umriß angedeutet.

War auch, wie uns bekannt, der rechte Flügel auf eine unverantwortliche Weise vernachläßigt worden, so mußte sich doch Jeder sagen, daß das Obercommando Zeit genug gehabt, mindestens eine Truppenzahl von 60,000 Mann nach Norden zu dirigiren, daß selbst die südlichen über Bereguardo gegangenen Corps noch rechtzeitig eingetroffen sein konnten, um jenen, wenn es zur Schlacht komme, zur Hülfe zu eilen. Daß wir so schwach sein könnten, davon machte sich Niemand eine Idee.

Im Gegentheil: die Offiziere des Hauptquartiers waren, seit sie auf lombardischem Boden standen, von neuer Zuversicht beseelt; ihrer Rechnung nach mußten bereits vier bis fünf Corps von Abbiategrasso nördlich hinauf am Ticino stehen, und nahm man bei Magenta den Kampf auf, so ward auch dies ein neuer Stützpunkt der Zuversicht, denn jenes Terrain dort war der alte österreichische Exercier-Platz, auf welchem man bereits so manches Manöver abgehalten. „Hier siegen wir; hier müssen wir siegen!" war die allgemeine Ansicht, und sie wäre auch die richtige gewesen, wenn man nicht die Rechnung ohne Giulay gemacht hätte.

Es war bereits Mittag geworden. Der Kanonendonner tobte ununterbrochen fort. Jede sichere Nachricht fehlte; wir waren noch immer der Ansicht, daß Clam Gallas genügende Verstärkungen erhalten habe. So viel im Allgemeinen verlautete, stand es nicht schlecht um uns.

Da kam eine Nachricht, die mir einen Freudentaumel verursachte. „Unsre Truppen", hieß es, „haben den französischen Generalstab umzingelt! Napoleon ist gefangen!"

Wenn mir Jemand eine Million geschenkt hätte, dies würde mir nur ein sehr laues Gefühl rege gemacht haben gegen das Freudenfeuer, das ich sofort in meinem Herzen anzündete. Der Kaiser von Frankreich gefangen! Das war ein Gedanke, der eine Welt von Glück und Frieden umspannte!

„Gott im Himmel", dachte ich bei mir, „welch ein Moment wird das werden, wenn der gekrönte Kriegsgefangene in's Hauptquartier geführt wird; wenn du an ihn heran zu treten wagst und sprichst: Majestät, darf ich Ihnen eine Cigarre offeriren?"

Aber so sind alle Freuden dieser Welt! Allerdings bestätigte es sich, daß Napoleon, obgleich er sich eine halbe Stunde entfernt hinter der Brücke hielt, wie mir am andren Morgen die gefangenen Zuaven sagten, daß Napoleon mit seiner Umgebung der Gefahr ausgesetzt gewesen, umzingelt und aufgehoben zu werden, was auch von französischer Seite zugestanden ist; Mac-Mahon aber hatte ihn herausgehauen.

Von da ab kreuzten sich die Nachrichten; offizielle Botschaften fehlten ganz; bald sah es hier gut und dort schlecht aus, bald umgekehrt. Buffalora und Magenta sollten verloren, dann wieder genommen, dann wieder verloren sein. So viel war gewiß: die österreichischen Truppen fochten mit Löwenmuth.

Der Nachmittag ging allmählich dem Abend zu. Das alte Lied, an welches wir schon gewöhnt waren, tauchte auch hier wieder auf: es fehlte an Reserven, an Unterstützung! Die Truppen hatten bereits am Morgen ihre Tornister von sich geworfen, um sich die schwere, blutige Arbeit leichter zu machen; aber der Feind wechselte die seinigen im heftigsten Feuer und die ermattenden Oesterreicher hatten es, halb decimirt wie sie waren, immer wieder mit frischen Truppen zu thun.

Jetzt zogen neue Regimenter mit klingendem Spiel in den Kampf. Die schmerzlich erwarteten Verstärkungen waren da;

stolze, prächtige Regimenter, die Käppi mit Eichenlaub geschmückt, die martialischen ungarischen Gesichter mit dem schwarzen gewichsten Schnurrbart, der vom Staub grau gefärbt war, dazwischen die olivbraunen Zigeunergesichter, die Offiziere klopfenden Herzens mit dem Säbel grüßend, indem sie an uns vorbeischritten, oder uns in der Eile die Hand drückend — vielleicht zum letzten Male!

Da kam auch die famose Regimentsbande, die große Trommel auf dem Karren, von einem Hunde gezogen. Den Kanonendonner überstimmend paukte der Trommelschläger auf das Eselsfell, daß der auf der Trommel lagernde Staub in Wolken um sie her flog; die Blechinstrumente schrieen so wild und so nahe vor unsren Ohren, daß die Pferde sich bäumten. Unabsehbar wälzten sich die Colonnen über die Felder; die eben an uns vorbeiziehende war dasselbe Regiment, dessen Bande uns vor einigen Tagen im Hauptquartier denselben Czardas aufgespielt, mit welchem es jetzt zum letzten Tanze ging.

Das Herz ward uns groß, als wir diese schönen Truppen in den Kampf ziehen sahen. Dieser entwickelte sich gegen den Abend heißer und heißer. Vier-, fünfmal war schon gestürmt; in den Weingärten, in den Straßen von Magenta, am Eisenbahndamm, überall wüthete der Kampf. Der Donner der Kanonen verdoppelte sich mit zehnfachen Schlägen, als tobe ein halbes Hundert Gewitter gegen einander. Die Wege wurden unpraktikabel, diese schmalen geraden Wege durch die Reisfelder! Verschiedene Colonnen waren aufeinander gestoßen, hatten sich verwickelt und ein so unentwirrbares Knäuel gebildet, daß kein Fuß rück- oder vorwärts konnte.

Versprengte Haufen wateten durch die Reisfelder; Munitions- und Magazinwagen lagen umgeworfen in den Gräben, die Pferde mit verschnürten Beinen wälzten sich im Morast des Reisfeldes

— Alles war von einander abgeschnitten, und dennoch wälzte sich Alles durch- und übereinander.

Und wie stand der Kampf? Niemand wußte es. Auch Benedek's Corps ward noch erwartet; Couriere brachten die Nachricht, es sei nur noch wenige Stunden entfernt. Auch Stadion's Corps sollte demnächst eintreffen. Das Erstere hatte, bei Mede in der Lomellina stehend, im ganzen Kriege noch keinen Schuß gethan (Ginlay selbst wird am besten wissen, warum), das andere hatte seit Montebello geruht. Das erstere aber erreichte den Kampfplatz zu spät, das andre warb ebenfalls nicht mehr verwendet.

Der Abend sank herab. Ein dichter Regen war gefallen, Alles durchnäßt. Die Truppen hatten sich auf den Feldern ausgebreitet. Die Lagerfeuer glänzten wie Leuchtbecken durch die Dunkelheit. Freund und Feind bedurfte der Ruhe.

Hatten wir gesiegt? Nein; so ruhig und ernst ist keine siegreiche Truppe! Waren wir geschlagen? Nein, auch das nicht; denn unsre Regimenter lagerten noch in der unmittelbaren Nähe des Kampfplatzes. Es war ein fürchterliches Stück Arbeit den Tag hindurch von 10 Uhr bis in die Dunkelheit hinein gewesen, wo noch einzelne Geschütze das letzte Wort behalten wollten; wer es aber bezahlt habe, das war noch nicht zu entscheiden.

Und doch begannen spät am Abend die Unken zu schreien. Unsre Truppen waren der Art fricassirt und zersprengt, daß kleinmüthige Seelen bereits die entsetzliche Behauptung äußerten, wir seien geschlagen worden. Diese Verzagten fanden zwar den heftigsten Widerspruch, aber auch die Zuversichtlichen schüttelten endlich den Kopf, als sie von den Schlachtdetails hörten, so viel eben am Abend eines solchen Gemetzels zu sammeln ist.

Mit dem frommen Glauben, es stehe besser um uns als einige meiner Freunde in ihrer Verzagtheit und in ihrem

Mißtrauen gegen den Höchstcommandirenden unsre Lage geschildert hatten, legte ich meinen müden Körper zur Ruhe.

Aber selbst in der Nacht noch sollte ich aus meinem schönen Vertrauen herausgeschüttelt werden. Um zwei Uhr trat einer meiner Freunde, der eben vom Schlachtfelde kam, an mein Lager, und rief mir mit einer Geisterstimme zu: „Wir sind geschlagen!"

## Adda und Mincio.

Vorwärts durch Blut und Verwüstung, über die Nacken der Besiegten, über das Wehgeschrei der Verwundeten, über die Trümmer ganzer Colonnen, das ist ein schwerer, doch schöner Weg; rückwärts aber, hinter sich lassend was treu und theuer war, was sich todesmuthig geopfert um eines ungewissen Sieges willen und nun der Gnade eines von Blut berauschten Gegners anheim gefallen — der Weg ist entsetzlich und thränenfeucht!

Wir gingen diesen letzteren Weg. Funfzehntausend Unglückliche hatten wir todt, verwundet oder versprengt an den Ufern des Ticino gelassen; zähneknirschend folgten die Soldaten dem Commando; und während der Gegner sich zum Einzug in das schöne, nur wenige Stunden von ihm entfernte Mailand anschickte, flog unser Blick irrend und trostlos über die weiten lombardischen Ebenen, die uns nirgendwo einen Halt zu bieten vermochten.

Zwischen dem Ticino und Mincio konnte unsres Bleibens jetzt nicht sein. Wohl verbreitete sich die Meinung, man werde sich hinter der Adda verschanzen; aber was konnte im besten Falle hiedurch gewonnen werden? Eine kurze Frist, die mit Verlust von Tausenden bezahlt werden mußte und dem Feinde nur Gelegenheit zu neuen wohlfeilen Siegen gab! Zu retten war nichts mehr von Dem, was wir so unverantwortlicher Weise Preis gegeben; mit blutender Hand hatten wir dem Gegner die

Schlüssel von Mailand gereicht. Der Soldat murrte zwar nicht, aber er fragte: wozu ein neues Magenta? Wir können uns wohl schlagen, und das haben wir bewiesen; aber wir verstehen ja nicht zu siegen; wir lassen uns auf die Schlachtbank führen, und der Kaiser hat keinen Vortheil davon! —

In meinem „Tagebuch vom Kriegsschauplatz" habe ich, danieder gedrückt von der Wucht des Schicksals, unter dem blutigen Eindruck der Jammerscenen, welche uns umgaben, die Verwirrung geschildert, in welcher uns der Tag nach Magenta fand. Wir hatten uns durch unsren „Flankenmarsch" dem Feinde gegenüber als geschlagen bekannt; wir wußten am Morgen, als sich die Truppen in und um Binasco sammelten, noch wenig von dem eigentlichen Verlauf der Schlacht; Jeder konnte nur von dem erzählen, was da passirt war, wo er gekämpft. Allmälich aber gestalteten sich uns diese Erzählungen zu einem Gesammtbild, welches uns die Ueberzeugung gab, daß wir ebenso gut heute jenseits wie diesseits des Ticino hätten stehen können, daß unser Rückzug ein durchaus unmotivirter war; und wenn wir die unberührt gebliebenen Corps überschauten, welche am Nachmittage Binasco passirten, so ward unsere Retraite eine unerklärliche.

Aber bald auch stellten sich die Consequenzen dieses Rückzuges und des leichtsinnig verspielten Schlachttages heraus. Schlag auf Schlag fiel das Schicksal auf uns nieder, brachen die Trümmer unsrer schönsten Hoffnungen hinter uns zusammen.

Pavia war in aller Eile geräumt worden, die ungeheuren dort aufgestapelten Vorräthe waren sammt den Geschützen dem Feind überlassen. Piacenza sollte geräumt werden und war vielleicht auch schon von der österreichischen Besatzung verlassen. Mailand war der jubelnden Bevölkerung übergeben, die Besatzung des Castels war abgezogen und die großen Transporte der österreichischen Verwundeten wurden also der Barmherzigkeit der Milanesen überlassen. Jeder Tag, welchen wir noch zwischen dem Ticino und der Abda weilten, war ein verlorener.

Wir hatten das Gesicht gewandt und was sonst unser rechter Flügel gewesen, ward jetzt unser linker. Auf der linken Flanke also waren wir von den Mailändern bedroht, welche den siegreichen Alliirten bereits Ehrenpforten errichteten und über das blutgetränkte Schlachtfeld hinweg enthusiastische Deputationen entsendeten. Der ganze nördliche Theil der Lombardei war nach der Schlacht insurgirt, Garibaldi machte die drohendsten Fortschritte und wie es hieß, waren auch Bergamo und Brescia schon für uns verloren.

Es blieb uns also nur der Weg zwischen Mailand und Pavia zum Rückzuge und wie bekannt hatte unsre Arriere-Garde unter Benedek noch nicht die Abda erreicht, als Baraguay d'Hilliers, welcher uns folgte, dem Corps des letzteren ein Gefecht bei Melegnano lieferte.

Wie schlecht unsre oberste Führung sowohl in der Lomellina als bei Magenta gewesen war, so ausgezeichnet war die Haltung der Unterbefehlshaber gewesen, und wenn auch die Alliirten ihren Verlust geringer angaben, so war derselbe doch mindestens ebenso groß als der unsrige, ja höchst wahrscheinlich noch bedeutender. Auf unsrer Seite waren einige der besten Generäle, Burdina, Reischach, Lebzeltern, Wetzlar und Dürfeld gefallen; auf französischer Seite waren die Generale Cler und Espinasse getödtet, die Generale Mellinet und Wimpffen verwundet.

Tadellos war die Bravour der österreichischen Offiziere gewesen, wie dies auch der Gesammtverlust von 1200 Offizieren in dieser kurzen Campagne beweist. Da es bei ihnen nie der Mahnung: „en avant les épaulettes!" bedurfte, pflegten sie zu sagen: „wir sind wie die Thurmspitzen: Kugel oder Kreuz! Die Kugel in der Brust oder das Kreuz auf der Brust!"

Die Stimmung während des Rückzuges war eine durchweg

mißmuthige, sogar traurige; Jeder durfte sich sagen, er habe seine Schuldigkeit gethan und werde sie auch ferner thun. Die Hoffnung, hinter dem Mincio angelangt, unter einem neuen und besseren Führer die erlittenen Scharten auswetzen zu können, zerstreute allmälig den Mißmuth und durch mancherlei drollige Anekdoten aus den unglücklichen Kämpfen vertrieb man sich im Bivouac die Zeit, die sonst zu trostlosem Nachdenken geführt haben würde.

Ich habe davon so manche schon früher erzählt und trage nur noch einzelne nach, wie sie mir eben in's Gedächtniß zurückkehren. So z. B. wurde der Feldmarschall-Lieutenant Baron R..... bei Magenta verwundet, Nachts auf einem Ochsenkarren nach Abbiategrasso hinein transportirt. Der Arzt untersuchte hier seine tiefe Wunde und sagte ihm tröstend: „Excellenz, ich gratulire; es ist kein edler Theil verletzt!" — „Oho!" antwortete der General, „ich will doch hoffen, daß an mir Alles edel ist?"

Tragischer ist die folgende Anekdote, welche mir in Binasco erzählt wurde. Der Baron S. war in jenen Tagen in Abbiategrasso bei einer liebenswürdigen, aus einer alten Dame und zwei Töchtern bestehenden Familie einquartirt, in deren Hause er bei früheren Lager-Uebungen schon Quartier gehabt hatte. S. war bei Palestro durch einen piemontesischen Offizier leicht verwundet worden, der darauf von seiner Hand fiel. Als Andenken nahm S. dem Offizier seinen Säbel und ein gesticktes Portefeuille ab.

Als er jetzt in Abbiategrasso mit jener Familie beim Thee saß, sprach man von dem Gefechte bei Palestro. S. zeigte seine leichte Verwundung und erzählte, wie er seinen Gegner niedergestochen und ihm Säbel und Portefeuille als Erinnerung an diesen Kampf abgenommen habe. Er zeigte das Portefeuille den beiden Schwestern, die mit einem Schrei zurücksanken, da sie das von ihrer Hand gestickte Portefeuille des Bruders erkannten. —

Am Abend des 5. Juni, unter den frischen Eindrücken einer kopflos verloren gegebenen Schlacht nahm ich Abschied von meinen

Bekannten im Hauptquartier der zweiten Armee. Ich gestehe, daß mich an diesem Tage der Gedanke beschäftigte, einen Schauplatz gänzlich zu verlassen, auf welchem man in so strafbarer Weise das edelste Blut vergeudete. Ich sah in diesen Niederlagen nicht nur empfindliche Schlappen für die österreichische Armee; schon damals stand in mir die Ueberzeugung fest, daß, wenn dieser Feldzug in so glänzender Weise zu Gunsten Frankreichs ausfiel, die nächste Expedition Napoleon's ein Krieg am Rhein sein werde, und eben dieser Gesichtspunkt machte mir die Befreiung Italiens nicht nur gleichgültig, sondern ließ mir dieselbe für Deuschland verhängnißvoll erscheinen. Leider blieb meine Stimme vereinzelt, ja wie sehr ich damals offen und rückhaltslos die Mängel der Organisation und der Verpflegung in der österreichischen Armee rügte, wie entschieden ich gegen die elende Führung dieser Armee auftrat und den Heldenmuth derselben, von dem ich hier täglich Beispiele sah, gegen unwürdige Verdächtigungen in Schutz nehmend, die Thorheiten des obersten Führers ans Licht stellte — ich gerieth dadurch nur zwischen Thür und Angel. Die Liberalen Deutschlands vermutheten in mir einen heimlichen Gegner dieser italienischen Freiheit, ihrer Schwärmerei, und in Oesterreich selbst nahm man von Oben herab den für das Land höchst kostspielig gewordenen Oberfeldherrn so konsequent in Schutz, daß meine ehrlich gemeinten Aufzeichnungen auch nach dieser Seite hin Anstoß zu erregen schienen. Ich schwamm somit auf eigne Hand zwischen diesem Strudel. Fast ein Jahr ist seitdem in's Land gegangen, und was ich damals als Befürchtung offen genug aussprach, hat sich zu einer allmälig immermehr heraufdämmernden Wahrheit gestaltet.

Ein Jahr lang haben wir Deutschen wie die Hühner im Käfig freudig gejackert über das, was wir neben uns vorgehen sahen; wir ahnten nicht, daß man uns schon am Abend die Hälse umzudrehen beabsichtigte, und daß wir bei Solferino schon auf den nächsten Speisezettel gesetzt waren.

Unter Denen, welche meine damaligen auf dem Schlacht-Terrain selbst gemachten Aufzeichnungen in den verschiedensten Lichtern beurtheilten, sage ich hiermit meinem liebenswürdigen Collegen Robert Heller in Hamburg meinen Dank, dessen Beurtheilung meines Tagebuchs mir auf meiner Rückkehr in die Hände fiel. „Können wir," sagte Heller, „doch nicht einmal einer Partie Whist zusehen, ohne den Karten den Sieg zu wünschen, in die wir gerade hinein blicken. Wie sollte ein Berichterstatter die Sache einer Armee mit fischblütiger Unparteilichkeit aufzufassen und darzustellen vermögen, in deren Zelten er wohnt, wo er sich Bekannte, Freunde, Kameraden erwirbt und wo dazwischen ganz andre Entscheidungen als wie durch die Trümpfe eines Kartenspiels fallen." Heller hatte Recht. Als ich nach Magenta einsah, daß der Spieler, welcher alle Trümpfe in der Hand hatte, dennoch das Spiel verlor, wandte ich mich ab mit dem Gedanken, der blutigen Partie ganz den Rücken zu drehen.

Auf eigne Hand erreichte ich die Abba. Kaum war ich in Lodi eingetroffen, als Baraguay d'Hilliers gewissermaßen vor den Thoren Lodi's dem F.-M.-L. Benedek das erwähnte Gefecht von Melegnano lieferte, in welchem die Franzosen mehr verloren als die Oesterreicher. Ich weiß nicht, ob dieses Rencontre im Sinne Napoleon's lag, der an der Verfolgung kein Interesse zu haben schien; in Lodi erregte dieses Gefecht jedoch die größte Aufregung. Auch hier wie in Mailand bereiteten sich die Einwohner eiligst zum Empfang der Alliirten; anstatt ihrer lagerten sich aber die zurückkehrenden österreichischen Truppen in den weiten Feldern, auf welchen im Jahre 1796 der erste Napoleon den Sieg über die Oesterreicher unter Beaulieu erfocht.

Lodi war gewissermaßen ein Sammelplatz der Truppen. Man hatte auch hier wohl Verschanzungen aufgeworfen, um dem Andringen der Franzosen einen eventuellen Widerstand zur Deckung des Rückzuges zu leisten, indeß war die Idee, sich an der Abba zu verschanzen, längst aufgegeben. Napoleon wußte, daß die ganze Lombardei jetzt offen und unbestritten vor ihm lag, seine eigenen Truppen bedurften nach der harten Rauferei bei Magenta einer gründlichen Toilette; er mochte es also vorziehen, erst in Ruhe seinen Triumph-Einzug in die Lombardenstadt zu sceniren. Während wir uns rechts von Mailand zurückzogen, sammelte er seine Truppen links und schickte seine Vorhut nur so weit hinaus, um sich vor jeder plötzlichen Offensiv-Bewegung der Oesterreicher zu sichern, an welche von diesen jedoch nicht gedacht wurde.

Unser Rückzug ging in der höchsten Ordnung von Statten. Giulay, man muß es gestehen, war unermüdlich in der Leitung desselben. Sein Hauptquartier bewegte sich in einem unberechenbaren Zickzack rückwärts, ohne Rast und Ruhe, Tag und Nacht. Von Binasco ging es südlich zum Po nach Belgiojoso, von da nach Codogno, überschritt die Abba bei Pizzighettone und ging nach Aquanegra. Von dort machte es plötzlich, gedeckt durch die noch im Ueberschreiten der Abba begriffenen Corps, eine Schwenkung nordwärts, über Verolanova bis gegen Brescia und näherte sich dann von da erst dem Mincio, über Lonato, Montechiari, Castiglione und Volta, bis es, den Mincio possirend, sich in Valeggio etablirte.

Inzwischen hatte ich mich nach Lodi in das sogenannte „schreibende Hauptquartier" des General-Commando begeben. Aber auch dieses brach schon am Morgen nach meiner Ankunft nach Aquanegra auf, um von da direct nach Mantua zu gehen. In der Absicht, mich lieber der Nachhut anzuschließen, mit der ich den Mincio doch immer noch früh genug erreichen konnte, blieb ich, um etwaigen weiteren Zusammenstößen der französischen Vorposten mit unsrer Arriere-Garde beizuwohnen.

Was man hintendrein mit einem Blick zu überschauen vermag, ist auf dem Kriegsterrain stets für den Moment in das tiefste Dunkel gehüllt. Die vom Obercommando anbefohlenen

Bewegungen sind ein Geheimniß, die Bewegungen des Feindes stets ein Gegenstand der abenteuerlichsten Muthmaßungen. Die Einbildungskraft der Leute ist stets durch Hoffnungen oder Befürchtungen aufgescheucht und in Thätigkeit, und so geschah es denn, daß sich in Lodi während meiner Anwesenheit plötzlich ein wilder Tumult in den Straßen erhob, daß Alles mit dem Ruf: „vengono i Francesi!" (die Franzosen kommen!) durch einander lief und in einem Nu sämmtliche Magazine und Hausthüren geschlossen waren, weil die Bevölkerung nichts Geringeres als einen Kampf der Gegner in oder vor der Stadt erwartete.

Lodi ist eine freundliche, hübsche Stadt; seine Bevölkerung war auch jenem incarnirten Hasse fremd, welchen ich in mehren andren Städten zu beobachten Gelegenheit gehabt. Mein Quartier war ein vortreffliches und sicher wäre es mir gelungen, mich hier für einige Tage auszuruhen und die Gemüthsruhe wieder zu gewinnen, um welche mich die letzten erschütternden Ereignisse gebracht, wenn nicht die Ankunft der Verwundeten-Transporte auch hier wieder die Erinnerung an jene letzten Tage stündlich von Neuem aufgefrischt hätte. Wir führten großartige Colonnen von Blessirten mit uns, und wie viele hatten wir zurück gelassen, die der Feind vom Schlachtfelde aufgelesen und schlechtweg immer unter seinen Gefangenen aufzählte!

Diese armen Opfer, welche wir mit uns schleppten, um sie nicht in die Hände des Feindes gerathen zu lassen (was ja stets ihre größte Angst war) diese armen Opfer mußten das Schicksal, welches die Armee getroffen, am bittersten empfinden. Von Station zu Station geschleppt, nirgendwo Rast und Obdach findend, mußten sie den weiten Weg vom Ticino, ja zum Theil sogar von der Sesia über die Abda und den Oglio bis hinter den Mincio zurücklegen, stets der Gluth der Sonne auf den offnen Karren ausgesetzt, schlecht verpflegt, wie es selbst auf dem geordnetsten Rückzuge nur möglich ist, der ärztlichen Pflege wochenlang entbehrend, bis sie endlich die Hospitäler innerhalb des Festungsvierecks erreichten!

Lodi war eine Hauptstation für diese Unglücklichen. Hier brachte man sie, ehe sie weiter geschleppt werden konnten, in Kirchen und Magazinen unter, und zur Ehre der Frauen von Lodi sei es nochmals erwähnt, sie nahmen sich der Armen barmherzig an; sie reichten ihnen zur Erleichterung, was sie vermochten, und oft sah ich zu, wie sie, einen Transport von Blessirten in der Straße erblickend, aus den Häusern kamen und ihnen Suppen, Wein, Wasser, Brod und was sie sonst an Erfrischungen besaßen, mitleidig darboten. Freilich fehlte es auch hier nicht am Gegentheil, doch darüber sei kein Wort mehr verloren.

Auch in Lodi ward es allmälig stiller und stiller. Die Truppen, die sich an der Abba gelagert, brachen nach einander auf. Alle Brücken über die Abba wurden zerstört. Von den Magazinen wurde geräumt, was transportabel war, und selbst die Telegraphen-Beamten, welche beim Rückzug stets die letzten und deshalb oft eine angenehme Beute des Gegners sind, machten sich zum Aufbruch bereit. Die Stadt ward der französischen Vorhut, die nur noch einige Stunden von uns entfernt stand, überlassen.

Jetzt war es auch für mich Zeit, an den Mincio zu denken. Es gelang mir und einem Bekannten, uns des letzten Postwagens zu bemächtigen, der ebenfalls sich nach Mantua retirirte. Spät am Abend warfen wir uns in die geräumige und bequeme Diligence. Dem sehr launenhaften Bette der Abba folgend, ließen wir dieselbe erst nach Mitternacht bei Pizzighettone hinter uns und erreichten früh am Morgen das Po-Ufer bei Cremona.

In Aquanegra waren wir in der Nacht dem Hauptquartier der zweiten Armee noch einmal begegnet, als es eben im Begriff war, sich nach mehrstündiger Rast weiter zu begeben.

Von Cremona ging's über den Oglio bei Marcaria und am nächsten Abend erreichte ich glücklich den Mincio. Ich war in Mantua.

## Villafranca.

Mantua ist kein angenehmer Aufenthalt und war es am allerwenigsten zu einer Zeit, wo sich diese Festung von Truppen überfüllte und Alles sich auf eine Belagerung gefaßt machte. Das Klima ist ungesund, erschlaffend und während der acht Tage, welche ich hier verbrachte, fühlte ich auf meiner Haut stets jene feuchte Wärme, welche uns etwa ein Hafergrütz-Umschlag bereitet.

Die Umgegend ist trostlos öde und ward es gerade jetzt um so mehr, da man Alles umher zu rasiren begann. Stundenweit schweift das Auge über den sumpfigen See, dessen Schleusen gerade bei meiner Ankunft geöffnet wurden, um die Festungsgräben zu füllen.

Truppen über Truppen zogen allmälig herein; die Stadt füllte sich von Offizieren, die in die neuen Läger gingen, oder versprengt von ihren Regimentern, diese am Mincio aufzusuchen im Begriff waren. Auch die Bataillone der von Plon-Plon bedrohten kleinen Potentaten von Modena und Parma rückten in Mantua ein, die letzteren persönlich geführt von ihrer muthigen Herzogin. Magazin-Transporte zogen in unabsehbaren Reihen in die Festung, die in großartigem Maßstabe verproviantirt wurde, und schließlich trafen auch die langsamen und traurigen Karavanen der Blessirten ein, um hier nach einer langen, schmerzhaften Reise endlich einer ruhigen Pflege zu genießen.

Der Zielpunkt dieser melancholischen Ochsenzüge war gerade die breite Via vescovada, in welcher ich bei einem Advokaten einquartirt worden. Den ganzen Tag hindurch war die Straße von diesen Transporten gesperrt und die Mehrzahl der großen mit geräumigen Binnenhöfen versehenen Gebäude war in Lazareths umgeschaffen worden. Zu jeder Stunde, wenn ich meine Wohnung verließ, mußte ich wiederum Zeuge der gemütherschütternden Prozedur sein, wie man die Unglücklichen von den Karren hob und sie unter herzzerreißendem Jammer in das Hospital trug; ja sogar die Nächte hindurch wurde diese traurige Arbeit fortgesetzt, und immer wieder trafen neue Unglückliche ein.

Die Via vescovada mündet auf der einen Seite in die Piazza virgiliana, den einzigen freundlichen und freien Platz Mantua's, der deshalb die Promenade der schönen Welt bildet, gegenwärtig aber der Sammelplatz Tausender von Transport-Karren und ganzer Heerden von Schlachtochsen war, mit welchen man die Festung verproviantirte.

Am oberen Ende der Straße war die Kirche eine Wallfahrtsstätte der Bevölkerung, namentlich aber der aus den Kämpfen am Ticino kommenden Soldaten. Mir war's, als werde hier ein ununterbrochenes Aller-Seelen-Fest gefeiert; in Trauerkleidern sah ich weinende Mütter und Schwestern die Kirche betreten, um für die Seelen der Theuren zu beten, welche Blei und Schwert dahingerafft; es waren großentheils Offiziersfrauen, welche ihre Gatten bis hierher begleitet hatten, um ihnen nahe zu sein und die ihnen jetzt doch so unendlich fern waren. Es war ein wehmüthiger Anblick, diese Versammlung von Trauernden und Trostsuchenden; mit verschleiertem Antlitz knieten die unglücklichen Frauen vor der Mutter Gottes, die ja auch geduldet; ein unterdrücktes Schluchzen mischte sich in die Liturgie und tief hinten am Hochaltar zitterten die Flammen der Kerzen so matt und trübe durch die Weihrauchwolken, als möchten sie jeden Augenblick erlöschen.

Ich kann nicht sagen, daß ich sehr erbaut diese Kirche wieder verließ, wie oft ich auch im Vorbeigehen hinein trat; ja aufrichtig gesprochen, kam ich stets mit der gotteslästerlichen Frage aus dem Tempel: Himmel, kannst Du diese Schlächterei verantworten? Sind wir denn ein Schlachtvieh, wir, Deine Ebenbilder, und ist das hier die Nächstenliebe, die Dein gekreuzigter Bote uns lehrte, und ist das die Saat, welche seine Jünger, Dein Wort verbreitend, unter uns ausgesäet? Wenn Löwe und Panther sich gegenseitig bekämpfen, so thun sie es aus Hunger, um einander zu fressen; wir aber, wir schlachten uns gegenseitig, scharren uns in die Erde und senden Dir eine unsterbliche Seele zurück, die hienieden nach Deinen Geboten gelebt, um schließlich auf ein Bajonett gespießt zu werden und zu Dir heimzukehren! Mögen uns Schule und Kirche an erhabenen Grundsätzen und Lehren einprägen, was sie wollen, wir säugen uns doch nur an einer Phrase groß, um uns schließlich von einem reellen Stück Eisen in unsren Eingeweiden beweisen zu lassen, daß wir sammt unsrer unsterblichen Seele nichts als elendes Kanonenfutter sind! Was ist Moral, Religion, Recht und Gerechtigkeit hienieden, wenn die Fürsten über ihnen stehen! Einem Halunken, der Dir Hab und Gut, Ehre und Zufriedenheit geraubt, darfst Du nicht einmal eine Tracht Prügel geben, ohne dieser Gerechtigkeit als Opfer zu fallen, weil das gegen Moral, Religion und Staatsordnung ist, wenn „sich aber die Fürsten befehden, müssen die Völker sich hassen und tödten." Schöne Weltordnung das! — — —

Mantua war damals, um wieder zu den Thatsachen zurückzukehren, der Mittelpunkt der ersten Armee unter Wimpffen, welche bei der neuen Aufstellung der Truppen den linken Flügel bilden sollte. Die vom Ticino zurückgekehrte zweite (die bisher allein operirende) Armee breitete sich zwischen Mincio und Chiese von Mantua-Marcaria bis Peschiera-Lonato am Garda-See aus. Es hatte somit den Anschein, als beabsichtige der Kaiser, der nunmehr das oberste Commando selbst übernahm, sich zwischen diesen beiden Flüssen zu halten. Die Franzosen waren mit der Wiederherstellung der von uns abgebrochenen Brücken über alle die Lombardei durchschneidenden Flüsse beschäftigt genug, um uns nur langsam folgen zu können, und drangen mit dem linken Flügel, also im Norden vor. Es verstrichen mithin einige Wochen, ehe es zu neuen Ereignissen kommen konnte.

Auch Mantua ward allmälig wieder stiller; die Offiziere gingen in ihre neuen Aufstellungen; es blieb nur die Garnison zurück. Das General-Commando der zweiten Armee und die Feldpost waren bereits abgezogen, das erstere nach Verona, die letztere nach Villafranca. Mantua ward also langweilig. Selbst die Beschäftigung, um derenwillen ich einen endlichen Ruhepunkt in Mantua gesucht, das Sammeln der Schlachtdetails, ward mir vereitelt, da die Truppen der Lomellina sich alle im Centrum und auf dem rechten Flügel sammelten, und wie viel Mühe ich mir auch gegeben, um ein klares Bild der Kämpfe zu bekommen, ich mußte mir endlich gestehen: die Data, welche ich mir von den Offizieren der verschiedensten Bataillone eingeholt hatte, waren in den Hauptsachen so widersprechend, daß ich sie nicht zu reimen vermochte.

Fern vom Kriegsschauplatz erhält das Publikum von dem Geschehen in der Regel ein Bild durch diese oder jene Zeitung, das in alle übrigen Blätter hinüberschwimmend so lange als authentisch und abgerundet dasteht, bis es wiederlegt und von einem andren, positiveren verdrängt wird. Hier am Schauplatze selbst aber fragt man den Offizieren aus den verschiedenen Lägern die Thatsachen ab, an denen sie persönlich betheiligt gewesen, sucht dieselben zusammen zu stellen und auf Grund seiner eigenen Beobachtung und dessen, was im Hauptquartier zusammenläuft, in

Einklang zu bringen. Bleibt die Armee in festen Positionen oder schreitet sie vor, so lassen sich Widersprüche leicht rectificiren durch neue Nachfragen; was aber beginnt man mit diesen Widersprüchen, wenn die Gewährsmänner auseinander gefahren und selbst die Detail-Kanzlei noch nicht daran denken konnte, die verschiedenen Berichte zusammen zu tragen?

Müde dieser Sysiphus-Arbeit, packte ich meine Mappe zusammen und begab mich am 16. Juni nach Villafranca, wo mich ein Quartiermeister, den ich nach dem Bureau der Commune fragte, mit der Nachricht überraschte, der Kaiser werde in den nächsten Tagen sein Hauptquartier hieher verlegen. Dies, sowie die überaus freundliche Lage von Villafranca, wo die Tyroler Berge mir in mein Fenster schauten, bestimmte mich, einige Tage in diesem Oertchen zu verweilen und den nächsten Verlauf der Dinge abzuwarten. Das alterthümliche Schloß, die Nähe der Gebirge, die Sauberkeit des ganzen Fleckens und endlich die Bequemlichkeit des Quartiers, welches ich inne hatte, alles Dies übte seine Anziehungskraft auf mich, und zudem befand ich mich in Villafranca gerade im Mittelpunkt der neuen Aufstellung. Vor mir lag Valeggio am Mincio-Ufer, hinter mir Verona, und da ich zunächst dem Regimente Großherzog von Hessen, das, wie ich hörte, jetzt in Goito liegen sollte, einen Besuch machen wollte, um mich persönlich zu überzeugen, was von diesem decimirten tapfern Regimente nach Magenta und seinem letzten Kampf am Morgen des 5. Juni übrig geblieben sei, so war ich geographisch sehr vortheilhaft postirt. Zudem war Villafranca der Mittelpunkt des Eisenbahn-Weges von Mantua nach Verona, dem Hauptquartier des Kaisers, und dies bot mir Gelegenheit, bei den durchpassirenden Offizieren Nachrichten über die neuen Stellungen der verschiedenen Corps einzuziehen, um danach meine Excursionen zu regeln.

Schon befand sich eine Jägerabtheilung der kaiserlichen Hauptquartiersbedeckung in Villafranca. Als ich am nächsten Mittage unter der Marquise der Trattoria an der Ecke der breiten Hauptstraße saß und die Luftspiegelung beobachtete, welche die Sonne auf den Schneegipfeln der Alpen hervorbrachte, hieß es plötzlich, der Kaiser komme. In der That war er es. Neben ihm in der Equipage saß Graf Grünne. Da für das Obercommando noch keine Quartiere besorgt waren, mußte der Kaiser in besonderen Zwecken hierher gekommen sein.

Zu meiner angenehmen Ueberraschung vernahm ich eine Stunde später, der Kaiser habe dem Grafen Giulay, der ebenfalls sich in Villafranca befinde, persönlich seinen Abschied gegeben; Graf Schlick habe das Commando der zweiten Armee übernommen.

Diese Nachricht verbreitete sich wie ein wohlthuender Hauch unter den zahlreich hier anwesenden Offizieren, von denen einzelne den Hospitälern entlaufen und auf dem Wege nach Verona waren, um dort mit Sorgfalt ihre Wunden pflegen zu lassen. Die Nachricht von der Entlassung Giulay's traf uns gerade, als wir im Albergo an der Tafel saßen und mit den Milliarden von Fliegen um das zähe Rindfleisch kämpften, die Villafranca zu einer Muskitoküste machen. Ein Jubel erhob sich unter den Offizieren und jetzt erst, nachdem der stolze Magnat gefallen, zeigte sich's, wie wenig beliebt er selbst bei Denen war, welche ihn zunächst umgaben. Der lange verhaltene Unwille machte sich plötzlich Luft und noch am späten Abend, als man vor dem Albergo an den auf der Straße gedeckten Tafeln saß, blieb die Entlassung Giulay's der einzige Gegenstand, der Aller Interesse vereinigte.

Man erzählte sich so mancherlei Details von dem Zwiegespräch, welches der Kaiser mit Giulay gehalten, ja man sagte sogar, Giulay selbst habe keineswegs diese Entlassung als eine gerechte und verdiente betrachtet; er sei weit entfernt, einzusehen, wie sehr er durch seine Unfähigkeit gefehlt, und habe den Kaiser gebeten, sich wieder an die Spitze seines Regimentes stellen zu dürfen.

Ich weiß nicht, ob dies gegründet. Ich sah die gefallene Größe zwei Tage später, als ich im Hôtel der „due torri" logirte, in Verona, wie er mit mehren Offizieren sich unterhaltend gemüthlich seine Cigarre rauchte. Auf seinem Antlitz stand dasselbe glatte Lächeln, dieselbe liebenswürdige Unbefangenheit — wenn Giulay also fühlte, was er fühlen mußte, so war er Kavalier genug, dies nicht zu zeigen. —

Wiewohl Verona der Zerstreuung ungleich mehr zu bieten vermochte, als ich in dem stillen Villafranca finden konnte, war es mir doch hier viel behaglicher, und ungern trennte ich mich.

Auch meine Bekannten im Hauptquartier der zweiten Armee hatte ich auf einem Ausfluge in die Läger wieder getroffen. Es war mir, als liege ein Jahr zwischen dem Tage, wo ich sie in Binasco verließ, und dem Heute, als habe man sich Vieles zu erzählen, was inzwischen geschehen; und dennoch war Alles, was man zu erzählen hatte, der Art, daß man sich gegenseitig nichts Neues sagen konnte. Einer dachte dasselbe, was der Andere dachte, und was Einer wußte, das wußten wir Alle.

Auch der alte Glanz des Hauptquartiers war verschwunden mit dem Nimbus der glänzenden Tafel und der persönlichen Behäbigkeit, welchen Giulay um sich verbreitet hatte. Der alte Schlick mit der schwarzen Binde quer über der Stirn und dem einen Auge, kommandirte jetzt; man aß Kommißbrod an seiner Tafel, und Alles ging ernst und gemessen in diesem Hauptquartier zu, wie es der Ernst des Augenblicks verlangte.

Auch die Lage von Pozzolengo, wo sich das Hauptquartier der zweiten Armee jetzt befand, trug dazu bei, demselben einen düstren Anstrich zu geben. Pozzolengo ist ein finstres Bergnest, das mich an die Auls des Kaukasus erinnerte. Mir war's, als mache ich einem Müriden meinen Besuch, da ich von Valeggio am Mincio entlang mich nach Monzambano und von da über den Fluß die steile Gebirgsstraße hinauf nach Pozzolengo begab. Und als ich in den engen, düstren Gassen den alten bekannten Gesichtern begegnete, sahen sie so verdrossen und verbissen drein, daß mir dieses Nest noch zehnmal düstrer erschien als es wirklich war. Aber kein Wunder: unsre Hoffnungen, unsre Wünsche waren bankerott geworden; hinter uns lag eine lange freudlose Irrfahrt durch die ganze Lombardei, und vor uns ein neues mühseliges Stück Arbeit, nämlich die Aufgabe, wieder zu gewinnen, was wir verloren hatten.

Mir selbst war's oft, als gehe ich im Taumel umher, als sei das Alles ein böser Traum gewesen, als hätten wir gar nicht zwischen dem Ticino und der Sesia gestanden; mit einem Wort, es war mir zu Muthe wie Einem, der nach starkem Aderlaß erwacht und anfangs glaubt, er habe nur geträumt, bis ihn der Verband vom Gegentheil überzeugt.

Die Tage vom 17. bis zum 20. Juni, während welcher die österreichische Armee ihre neue Aufstellung vollendete, verflossen mir unter den interessantesten Ausflügen diesseits und jenseits des Mincio. In meiner Wohnung, wie bequem sie auch war, litt es mich nicht; die Fliegenschwärme machten jede Beschäftigung zur Unmöglichkeit, und überdies bemächtigte sich des Gemüths allmälich jene instinctive Spannung, welche neue Ereignisse ahnt und uns unmöglich macht, sich in das soeben Erlebte hinein zu vertiefen.

In den Lägern um Villafranca herum erzählte man sich, die Spitzen der französischen Heersäulen (von den Piemontesen wurde in diesem Kriege wenig Notiz genommen) seien bereits über den Oglio gegangen und auf dem Wege zum Chiese. Die Streifpatrouillen, welche man an unsrem äußersten rechten Flügel entsandte, hatten indeß noch nichts über eine feindliche Annäherung erfahren können und das Gerücht ließ den Feind also schneller marschiren, als es wirklich der Fall war.

Villafranca liegt in einer weiten fruchtbaren Ebene, westlich begrenzt von dem hügeligen, nach Norden ansteigenden Ufer des Mincio, östlich gesäumt von den Ausläufern der Alpen, an welche sich das schöne Verona anschmiegt. Mein Weg in die Läger am Mincio führte mich zunächst stets an dem romantischen Hügel von Custozza vorbei. Als ich diesen das erste Mal besuchte, fand ich auch den Kaiser Franz Joseph dort, der den Gräbern der im letzten Kriege hier Gefallenen seinen Besuch machte. Ein herrlicher Blick von hier oben auf die weite Ebene! Dort drüben im Norden Alles waldige Höhe, beherrscht von den Schneegipfeln der Alpen, und dort gen Süden die weite unabsehbare Ebene, durch welche sich der Mincio dem Po zuschlängelt. Wer hätte ahnen können, daß die dunklen Höhen dort im Westen in wenigen Tagen schon der Schauplatz eines Blutbades werden sollten, das selbst Magenta übertraf!

Ein imposantes Denkmal entschwundener Zeiten, streckt die alterthümliche Burg von Valeggio, einst der Wächter des Mincio, ihre Thürme in den blauen Aether, ihre Schatten auf die zu ihren Füßen liegende Stadt werfend. Aus den Feldern und den Weingärten steigen leichte Rauchwolken, die Bivouacs der jenseits des Mincio vorrückenden Truppen verrathend. Dort jene schwarze Fläche, die sich von dem bleichen Felde abzeichnet, ist eine rastende Magazin-Colonne; und dort wieder jener bewegliche Haufe mit den Sonnenblitzen auf den Käppi's zwischen den von den Guirlanden der Weinranken phantastisch verbundenen Maulbeer- oder Faulbäumen ist ein Cavallerie-Lager, das sich eben zum Aufbruch rüstet.

Die Sonne schickte ihre Strahlen kerzengerade auf meinen Scheitel herab, als ich um Mittag auf der so denkwürdigen Höhe von Custozzo stand. Ueberall umgaben mich die Hügel der in jenem denkwürdigen Gefecht am 26. Juli 1848 Gefallenen. Eine kleine Cavalcade sprengte auf dem Wege nach Valeggio hin. Es war der Kaiser Franz Joseph, der nach einer frommen Wallfahrt zu diesen Gräbern seinen Weg in die Läger fortsetzte.

Ein lustiges, liebliches Bild, das ich hier von Custozza herab überschaute. In allen Richtungen blitzten die Bajonette der sich zum Mincio bewegenden Truppen im Sonnenschein; überall ein heiteres Bivouac-Leben, überall Beweglichkeit.

Hier also standen wir auf dem mit Blut getränkten Boden, auf welchem Radetzky die kühnen Träume des unglücklichen Karl Albert zertrümmerte. Alle die zerstreut in dieser Ebene liegenden Dörfer waren Zeuge der Bravour, aber auch des kriegerischen Mißgeschicks jenes ehrgeizigen Savoyarden gewesen, dessen Erbschaft sein Sohn unter Napoleons Auspicien jetzt angetreten. Volta, Valeggio, Goito, Somma Campagna, S. Lucia waren demüthigende Erinnerungen für den zukünftigen König des Regno italico, und auch diesmal, da er kam, sich für die Niederlagen seines unter Thränen vom Schlachtfeld gegangenen Vaters zu revanchiren, sollte ihn das Loos treffen, auf der ganzen uns gegenüber stehenden feindlichen Linie der einzige Geschlagene zu sein.

Die hohen Thürme der Burg von Valeggio, des alten Mincio-Wächters, winkten mir zu, als ich von Custozza den Landweg wieder erreichte. Der Weg war von Truppen-Colonnen bedeckt; es war schwer hindurch zu kommen; ich zog es daher vor, einen Abstecher in dem dicht am Wege in den Gärten errichteten Bivouac vor der Stadt, zu machen und mich hier mit einem frugalen Frühstück regaliren zu lassen.

Valeggio ist nicht so freundlich, wie seine romantische Burg aus der Ferne verheißt. Seine Straßen sind regellos, eng und düster, und von Truppen überhäuft boten diese ein chaotisches Gewirre. Das einzige größere Kaffeehaus an der Ecke eines kleinen Platzes war so von Offizieren gefüllt, daß kaum der Eintritt möglich, ich eilte daher nach der Trattoria, in welcher ich, da es Mittag war, einige Freunde zu finden hoffte.

Diese Trattoria war eine würdige Schwester derer in der Lomellina; über einen mit Pferdemist verschwenderisch geschmückten Flur gelangte man in den oberen Raum, der den Offizieren als Restauration diente, während vor den unteren in die Schenke führenden Eingängen mehre Schildwachen aufgestellt waren, um den Wirth vor dem Andrang der durstigen Soldaten zu schützen. Auch hier waren Wein und Speisen elend genug, indeß hier gab es keine Zeit und keinen Raum, erst zu prüfen, was man aß und was man trank. Wenn es nur Fleisch, Brot oder Flüssigkeit war — eine Kritik gab es hier nicht.

Von mehren Offizieren begleitet machte ich am Nachmittag einen kleinen Ausflug den Mincio entlang. Nie hatte ich diesem Fluß auf meinen früheren Reisen in Italien eine besondere Aufmerksamkeit gewidmet; ich hatte den Mincio bei Mantua gesehen und vor ihm einigen Respect gewonnen, ich erstaunte also, an seinem bergan führenden, oft ziemlich hohen Ufer entlang reitend, in diesem Mincio, der vor Kurzem das Ziel unsrer Sehnsucht gewesen, einen Bach zu finden, der hier oben nur durch die Formation seiner Ufer von irgend einer strategischen Bedeutung sein kann. An einzelnen Stellen war der Mincio an diesem Nachmittage so belebt, daß man vor all den darin badenden Soldaten kaum das Wasser sah.

Fast interessanter, jedenfalls malerischer ist das auf der Höhe liegende Monzambano mit seiner großen Burg-Ruine. Alles war still in dem kleinen Ort; die Bewohner hatten sich vor den durchziehenden Truppen in ihre Häuser geflüchtet und die Thüren geschlossen, so daß es selbst schwer ward, in den öden Straßen eine Osterie zu finden. Von Monzambano führt der Weg immer steiler hinan über Ponti nach Peschiera an das Ufer des Garda-See; links nach Pozzolengo, in welchem damals das Hauptquartier Schlicks sich befand. Noch östlicher zeichnet sich die Höhe von Cavriana am blauen Aether und seitwärts von ihr ragt von dem Kegel Solferino's die „Spia d'Italia", jener alterthümliche breite Thurm empor, zu dessen Füßen das Loos der Lombardei entschieden werden sollte.

Die Höhen von Monzambano nach Pozzolengo hinauf waren dazumal namentlich von den Jägern besetzt; bekanntlich aber gaben wir jene Stellung nach dem 20ten wieder auf und zogen uns nach Salionze zurück, ein Umstand, der mich bei einer späteren Excursion von Peschiera aus um ein Haar in piemontesische Gefangenschaft gebracht hätte.

Am 19. Juni begab ich mich zurück nach Villafranca und von da nach Verona, um Näheres über die Offensiv-Bewegungen zu erfahren, deren Zeuge ich jenseits des Mincio gewesen, eventuell auch einen kleinen Ausflug nach Deutschland zurück zu machen, wenn für die nächsten Tage nichts zu erwarten sei. Es ging nämlich seit einigen Tagen in der österreichischen Armee das Gerücht, das preußische Heer habe bereits am Rhein ein Lager bezogen, die Intervention sei beschlossen, der Krieg dort unvermeidlich. Zeitungen waren mir hier fast gar nicht mehr zu Gesicht gekommen; es lag mir also daran, Genaues zu erfahren und wenn sich dieses Gerücht bestätige, sofort in das preußische Lager zu gehen.

In Verona angelangt, hörte ich, daß die preußische Intervention noch keineswegs eine Thatsache sei, auch vielleicht nie zur Thatsache werde. Oberstlieutenant v. L. hatte meinen Namen bereits in das kaiserliche Hauptquartier eingetragen und proponirte mir, mit diesem wieder vorzugehen. Am nächsten Tage schon werde das kaiserliche Hauptquartier nach Villafranca verlegt werden. Ich nahm dies an und so befand ich mich denn am nächsten Abend wieder in Villafranca — freilich nicht so bequem situirt, wie ich es gewesen war, denn der Erbprinz von Toscana, sein Bruder und deren Hofmeister hatten meine schöne Wohnung inzwischen eingenommen und ich wurde in das Hofgebäude einer elenden Osteria einquartirt. Dort in jener Wohnung hatte mir die Tochter des Hauses ihr von Spitzen umsäumtes und von Gaze umwölltes Bett abgetreten, und hier lag ich auf einem Sack von Bohnenstroh, den ich sogar mit einem Kameraden theilen mußte. Dort hatte die hübsche Wirthstochter mit Sorgfalt mir jeden meiner Wünsche abgelauscht; hier kümmerte sich kein Teufel um mich und das Ungeziefer machte die verzweifeltsten Angriffe auf meine arme Person, sobald ich den Fuß in dieses elende Nest setzte.

## Solferino.

Unsre Zeit in Villafranca war kürzer, als ich erwartet hatte. Während das kaiserliche Hauptquartier sich hieher verlegte, ging das der zweiten Armee von Pozzolengo nach Valeggio zurück; sämmtliche jenseits des Mincio stehenden Corps wurden über den Fluß zurückgezogen, um den Feind glauben zu machen, wir hätten die Lombardei gänzlich geräumt. In den Lägern erzählte man jedoch, man würde in den nächsten Tagen auf der ganzen Linie von Mantua nach Peschiera eine Offensiv-Bewegung unternehmen.

Ueber die Stellung, welche der Feind inzwischen eingenommen, schien man keine genaue Data in Villafranca zu haben; wir wußten nur, daß er seine Vorposten bereits über den Chiese, nach Montechiaro, und von da nach Castiglione delle Stiviere, unmittelbar an den Fuß des sich von Volta nach Lonato ziehenden Hochlandes vorgeschoben.

Schon am 22. erhielt man durch eine Recognoscirung die Gewißheit, daß die feindlichen Vorposten die Strecke von Castiglione über Esenta und Lonato bis nach Desenzano, hart am Garda-See, besetzt hatten, das Hauptquartier Napoleons aber in Montechiaro am Ufer des Chiese sei.

Hienach beschloß der Kaiser Franz Joseph im Einverständniß mit Schlick und Heß, seine ganze Armee conzentrisch gegen Sol-

ferino und Cavriana vorrücken zu laſſen, ſo daß ſich dieſelbe in
Caſtiglione zuſpitze, während ihr rechter Flügel die Höhe von
S. Martino bis Pozzolengo beſetzen, der linke bis Caſtel Gof=
fredo vorgehen ſolle. Dieſe Bewegung war eine überaus vor=
ſichtige und zweckmäßige, konnte aber in einem Tage nicht vol=
lendet werden, und ſo geſchah es, daß dieſe Geſammtaufſtellung
durch die Leichtfüßigkeit des Gegners vereitelt wurde.

Der Kaiſer verlegte am Morgen des 23. ſein Hauptquartier
nach Valeggio. Sämmtliche Truppen rückten gleichzeitig in die
ihnen bezeichneten Aufſtellungen vor; das Centrum erreichte am
Nachmittage die Höhen von Solferino und Cavriana, um ſich
am nächſten Morgen gegen Caſtiglione zu bewegen, und ſtellte
ſeine Vorpoſten bis le Grole aus. Man bezog am Abend des
25. die Bivouacs in folgenden Poſitionen:

Stadion's 5. Corps war in Solferino, ihm zur Seite gen
Süden nach Cavriana zu, Clam Gallas mit dem 1. Corps, mit
jenem das Centrum bildend. Der rechte Flügel, das 8. Corps
unter Benedek und ein Theil des 4. Corps unter Paumgarten,
lehnte ſich an das Centrum, von Solferino über Pozzolengo bis
Rivoltella in der Nähe des Garda=Sees, mit den Reſerven in
Salionze und Peschiera, alſo in einem ſtumpfen Winkel die Höhen
des Gebirges beſetzend. Der linke Flügel ſtand in Volta, Gui=
bizzolo, Medole und Caſtel Goffredo, nämlich: Schaffgotſche mit
dem 9. Corps in Guidizzolo, ſeine Vorhut in Rebecco und Medole,
Schwarzenberg mit dem 3. Corps und Zobel mit dem 7., ſich
an Guidizzolo anlehnend, in Foreſto, Wernhardt mit dem 10. Corps
weiter nördlich in Caſtel Goffredo; Weigl mit dem 11. Corps
ſo wie Zedwitz und Mensdorf mit ihren Cavallerie=Diviſionen als
Reſerven bis ganz nördlich nach S. Caſſiano. Den äußerſten
linken Flügel bildete das 2. Corps Liechtenſtein, das von Mantua
aus zur Unterſtützung der Operation bis Caſtel Goffredo vorzu=
gehen beſtimmt war.

Um 9 Uhr des nächsten Morgens sollte zunächst die Vorrückung des Centrums auf Castiglione geschehen, der rechte Flügel auf Lonato marschiren, der linke Flügel von Medole und Guidizzolo sich ebenfalls auf Castiglione zu bewegen und Liechtenstein jenen Flügel decken.

Ein neuer Geist war in die Armee gefahren, das Vertrauen war zurückgekehrt; heiteren Muthes und lustiger Dinge legten die Truppen unter den versengenden Strahlen der Sonne den ermattenden Marsch zurück. Die gesammte österreichische Armee stand ja am Mincio; der Kaiser hatte den Oberbefehl übernommen; Niemand zweifelte an dem glänzendsten Erfolge. Ein stolzeres und schöneres Heer als dieses ist nie zum Angriff geschritten.

In der That war der Schlachtplan ein vortrefflicher; die ganze Disposition versprach Gelingen, und nur in einem Punkte hatten wir uns verrechnet: wir glaubten den Feind zu suchen, der Feind aber suchte uns bereits.

Wie schon in der Lomellina und am Ticino waren die Alliirten auch hier von Allem, was bei uns geschah, aufs gründlichste unterrichtet und ihre Spione hätten blind und taub geworden sein müssen, wenn sie nicht von Dem Wind bekommen hätten, was in unsrem Hauptquartier schon seit drei Tagen erzählt wurde: daß der Kaiser eine großartige Vorwärts-Bewegung beschlossen habe.

In dem Wesen dieses Gegners lag es durchaus nicht, sich im Sonnenschein liegend suchen und finden zu lassen. Der oft in unsren Lägern hier ausgesprochene Gedanke, der Feind habe unterwegs so viel technische Schwierigkeiten in seinem Vorrücken gefunden, daß er unmöglich hinter oder diesseits dem Chiese schon Aufstellung genommen haben könne, hatte wohl Mancherlei für sich, aber seit Magenta waren bereits vierzehn Tage verstrichen und die natürliche Beweglichkeit der französischen Truppen sowohl als ihre Fertigkeit im Brückenschlagen, überhaupt im Ueberwinden localer Hindernisse hatte sie schneller geführt, als wir es vermutheten.

Napoleon stand schlagfertig diesseits des Chiese; er war unterrichtet von Allem, was bei uns vorging, hatte deshalb von unsrer nah bevorstehenden Offensive die sicherste Kunde und da das Terrain, auf welchem wir vorrückten, durch die gewöhnlichen Mittel nicht gut zu recognosciren war, so griff er zu außergewöhnlichen — er schickte einen der seltsamsten, aber zuverlässigsten Eclaireurs aus, nämlich einen Luftballon, der uns denn auch in bester Arbeit fand, den Franzosen auf den Leib zu rücken.

Als Napoleon wußte, was er wissen wollte, ertheilte er bereits am Abend seinen Truppen die Marschordre. Schon um Mitternacht, während unsre Soldaten noch von den Strapazen des Marsches ausruhten und wir, den Feind noch fern glaubend, die Aussendung von Streifpatrouillen für unnöthig hielten, ward es im französischen Lager lebendig. Die Soldaten gaben sich an das Abkochen; um ein Uhr waren sie marschbereit und gegen zwei Uhr rückten die ersten Colonnen der Alliirten aus den Ebenen gegen das von uns besetzte Gebirge vor.

Um dem Leser dieses Schlachtterrain im Centrum zu veranschaulichen, wiederhole ich hier die localen Andeutungen, welche ich in meinem „Tagebuche" damals niederschrieb: „Zwischen Pozzolengo und Volta, den beiden Endpunkten der österreichischen Aufstellung, springt in einem spitzen Winkel das Dorf Solferino vor, wo die österreichische Schlachtlinie dem Feinde also gleichsam ihre Spitze bot. Nördlich von Solferino ziehen sich die zum Theil steilen Hügel des Gebirgslandes nach Pozzolengo, dem Mittelpunkt des letzteren, südlich zieht sich ein langer Hügelrücken über Cavriana bis nach Volta, wo er endet. Der kegelförmige Hügel von Solferino ist rings von Häusern umgeben, auf seinem Gipfel steht jener von krenelirten Mauern umgebene viereckige

Thurm, die Spia d'Italia (der Späher Italiens), von welchem man die ganze südliche Seite, das Flachland, bis zum Po überschaut, wohingegen die nördliche durch das Hügelland verdeckt bleibt.

Auf der südöstlichen Seite von Solferino zieht sich ein etwa eine Viertelstunde langes Thal bis zu dem Dorfe Cavriana hin, einem unfreundlichen und unregelmäßigen Klumpen von steinernen Häusern, wie sie in Italien überall zu finden und deren Baumaterialien es zur Unmöglichkeit machen, ein Dorf in Brand zu stecken. Kaum tausend Schritt südwestlich von Solferino führt der Weg von dem Hügelland hinab nach dem auf einer kleinen Erhöhung liegenden Dörfchen San Cassiano. Von da aber beginnt die sich nach Medole und Guidizzolo ausdehnende Ebene."

Den linken Flügel der Alliirten bildeten die Sardinier; diese theilten sich in zwei Colonnen, von denen die eine von Lonato links der Eisenbahn auf Rivoltella, die andre rechts der Bahn auf San Martino und Pozzolengo marschirte. Baraguay d'Hilliers, der mit seinem Corps in Esenta (zwischen Lonato und Castiglione) stand, marschirte nördlich an dem Hügelrücken entlang nach Solferino; Mac Mahon brach von Castiglione westlich von demselben Hügel auf, ebenfalls nach Solferino; Niel rückte auf Guidizzolo und Medole, und Canrobert endlich von dem jenseits des Chiese liegenden Dorf Mezzano, am andren Ufer dieses Flusses entlang, um über Aqua-Frebba nach Castel Goffredo zu marschiren.

Im ersten Dämmerschein des Morgens, als der Nebel noch den Thurm von Solferino umhüllte, stieß die französische Vorhut auf die Vedetten der Oesterreicher am Fuße der Höhe von Solferino. Der Alarm rief die Oesterreicher in ihrem Bivouac zu den Waffen; die beiden französischen Divisionen Ladmirault und Bazaine bereiteten sich sofort bei ihrer Ankunft zum Sturm auf die von den Oesterreichern besetzten Höhen, wurden jedoch von den beiden Brigaden Bils und Puchner (Kinsky- und Culoz-

Infanterie), die sich auf dem Friedhofe der Kirche S. Pietro sowohl wie in dem kleinen Dorfe festgesetzt, mit einem mörderischen Feuer empfangen und mit blutigen Köpfen zurückgewiesen. Wieder und wieder stürmten sie an und immer wieder mußten sie zurückweichen, bis endlich auch im Norden in Le Grole die französischen gezogenen Kanonen auf den Höhen aufgefahren wurden und diese den Sturm unterstützten, während die österreichischen Geschütze denselben auf so große Tragweite nicht zu antworten vermochten.

So stand das Gefecht, als Napoleon in Montechiaro, den Kanonendonner hörend, seine Garden marschiren ließ und um 5 Uhr selbst in den Sattel stieg. Der Kaiser von Oesterreich hingegen, dem Kampfplatz ferner und in der Unmöglichkeit, den Donner der Geschütze über die Berge hin zu vernehmen, wurde erst mehre Stunden später von dem Beginn der Schlacht unterrichtet.

Inzwischen war Mac Mahon auf S. Cassiano marschirt, um von hier die südwestliche Abdachung der Höhen von Solferino zu stürmen. Canrobert war in der Ebene jenseits des Chiese auf Castel Goffredo gegangen und hatte von demselben Besitz genommen; Niel war auf Medole marschirt, und hatte, nachdem er einen heftigen Cavallerie-Angriff zurückgeschlagen, sich dieses Punktes bemächtigt. Die Franzosen hatten also auf dem linken Flügel der Oesterreicher schnelle Fortschritte gemacht, da das Corps Liechtenstein, welches diese Flanke zu decken hatte, Mantua nicht verlassen, sondern auf die Nachricht hin, daß Plon-Plon bei Marcaria über den Oglio heran bringe, seine Position inne behielt. Canrobert hatte daher friedlich Castel Goffredo besetzen können.

Die Franzosen beherrschten somit die ganze Ebene von Castiglione nach Medole und S. Cassiano. Auf dem Punkte, wo die große Straße von Castiglione nach Goito von dem Landwege von Medole nach S. Cassiano durchschnitten wird, hatten sie mehre

Batterien aufgeführt, durch welche sie ihren auf Solferino und S. Cassiano operirenden Corps den Rücken frei hielten und jedes Vordringen der Mensdorff'schen Cavallerie-Brigade um so leichter vereitelten, als die österreichischen Geschütze auch hier den gezogenen Kanonen gegenüber in unverhältnißmäßigem Nachtheil waren. Alle Anstrengungen von Mensdorff's Cavallerie, die gegen die gezogenen Kanonen ohnmächtigen österreichischen Batterien zu unterstützen (ein Versuch, der sehr getadelt wird), blieben vergebens, sie gerieth mehrmals in ein mörderisches Kreuzfeuer, erlitt schwere Verluste und rettete sich nur mit Mühe vor gänzlichem Ruin.

Inzwischen war es acht Uhr geworden. Napoleon vermißte alsbald jeden Zusammenhang seines Centrums mit seinem linken Flügel; er fürchtete, es könne den Oesterreichern gelingen, sich zwischen die vereinzelt an den Höhen und in der Ebene operirenden französischen Corps zu werfen, und war Solferino schon von zwei Seiten angegriffen, so mußte jetzt auch Mac Mahon seinen Sturm auf den westlichen Abhang eröffnen, zumal sich herausgestellt hatte, daß die Seitenabhänge leichter zu forciren sein würden, als die Front des Hügels.

Demnach traf er neue Dispositionen, zog zunächst die in der Front noch in fruchtlosem Kampf mit Bils und Puchner kämpfende Division Ladmirault aus dem Feuer und warf seine Kerntruppen auf den westlichen Abhang zum Dorfe Solferino, welcher von den österreichischen Jägern mit einer einzigen aber gut auf dem äußersten Rande des Felsens postirten Kanone besetzt war. Auf allen Punkten geschah jetzt der Angriff gleichzeitig und mit gleicher Heftigkeit. Ueberall kämpften die Oesterreicher mit Löwenmuth. Die Brigaden Puchner und Bils, die am längsten schon dem Sturm begegnet, wankten nicht trotz ihrer schweren Verluste; die Jäger am westlichen Abhang richteten ein wohlgezieltes, vernichtendes Feuer aus ihren Stutzen und namentlich aus ihrer einzigen Kanone auf die Stürmenden. Im Dorfe und nach Norden tobte der Kampf; die beiden Brigaden Koller und Gaal kamen den Oesterreichern zur Hülfe; wie heldenmüthig aber auch ihre Gegenwehr, die Position wurde allmälig unhaltbar durch den vereinten Angriff der Stürmenden, namentlich durch Forey's zwei frische Brigaden, welche aus dem Bal de Quadri und von den Höhen, unterstützt durch die Garde-Voltigeurs, heranbrangen.

Schon tobte der Kampf in dem Dorfe zwischen den Bauerhäusern, im Kirchhofe und in der Kirche selbst. Diese wurden von den Franzosen, unterstützt durch einen Kugelregen der gezogenen Geschütze, genommen; es galt jetzt der Spia und der Commune noch, in welcher die Oesterreicher, denen bereits die Munition ausging, sich festgesetzt hatten. Endlich wurde auch die Spia von zwei Seiten eingeschlossen. Der Rest der tapfern Vertheidiger zog sich zurück, im Stiche gelassen durch die ausbleibenden Reserven Clam's und durch den Verrath des Regiments Wasa, das den Kampf versagt hatte, gänzlich erschöpft durch einen von fünf Uhr Morgens bis zwei Uhr Nachmittags geleisteten heldenmüthigen Widerstand.

Inzwischen war es in der Ebene, wo das Niel'sche Corps im Laufe des Vormittags von den Oesterreichern stark bedrängt worden, einer Division vom 7. Corps, freilich sehr spät, gelungen, S. Cassiano zu besetzen, während eine andre Division, Prinz von Hessen, von demselben Corps aus eigenem Antrieb ihres Führers, des Prinzen Alexander von Hessen, zur Vertheidigung von Cavriana herangezogen war.

Ein zweiter Akt des großen blutigen Tages-Drama entwickelte sich. Solferino war verloren, es begann der Kampf um S. Cassiano. Die Division Forey wandte sich von dem eroberten Solferino gegen Cassiano, der größere Theil des Corps Mac Mahon und die erste Brigade der Division Motterouge stürmte, theils aon Solferino, theils von der Ebene die neuen Hügel, ihr Angriff aber wurde von Zobel tapfer zurückgeschlagen und Mac Mahon mußte schon zu Anfang seine zweite Division in's Gefecht ziehen.

Hätte es den Oesterreichern in Folge ihrer unvollendeten Aufstellung jetzt nicht an Reserven gefehlt, hätten sie die nöthigen Truppen zur Hand gehabt, um sich jetzt, da das Niel'sche Corps allmälich durch Schaffgotsche und Schwarzenberg zurückgedrängt wurde, zwischen die, die Hügel stürmenden und die in der Ebene bedrängten Franzosen zu werfen, der Tag wäre selbst jetzt noch gerettet worden, denn während das Corps Liechtenstein den Prinzen Napoleon von Marcaria her erwartete und gegen diesen Front machte, war Canrobert sich stets des Anmarsches des Corps Liechtenstein gewärtig und konnte also Niel bei Medole anfangs nicht unterstützen, um seine eigene Flanke nicht bloß zu stellen.

Zobel hatte indeß dem vereinten Angriff auf S. Cassiano weichen müssen; die Oesterreicher zogen sich um drei Uhr langsam auf Cavriana zurück. Schaffgotsche und Schwarzenberg erhielten Ordre, im linken Flügel zu diesem Zweck eine neue Attaque zu machen. Diese hatten vergeblich gesucht, Niel aus seiner Stellung in Robecco, zwischen Medole und Guidizzolo, zu verdrängen, und ebenso wenig hatte es Niel gelingen wollen, sich Guidizzolo's zu bemächtigen. Das 3. und 9. Corps griffen von Neuem an, aber da der General Zedwitz sich mit seiner Cavallerie unverantwortlicher Weise bis nach Goito zurückgezogen hatte, waren sie nicht im Stande, gegen den Feind etwas auszurichten, und aller Todesmuth der Truppen in einem bis 6 Uhr währenden Kampfe war umsonst.

Indeß wurde unter diesem wüthenden Gefecht, sowie unter einem heldenmüthigen Cavallerie-Angriff der zum dritten Mal angreifenden Division Mensdorf und des Oberst Edelsheim von den Preußen-Husaren der Rückzug bewerkstelligt. Jeden kleinsten Hügel vertheidigend, nur schrittweise zurückweichend, verließ man die Höhen, sich nach Madonna delle Pieve in die Ebene gegen

Volta ziehend. Die Division Prinz von Hessen hatte durch den Scharfblick ihres Führers vorzügliche Dienste geleistet; sie folgte, sich zurückziehend, dem Kaiser, der nach der übereinstimmenden Aussage aller Derer, welche ihn umgaben, im dichtesten Bomben- und Kugelregen der durch Cavriana nachbringenden Franzosen von Madonna delle Pieve noch einmal das Schlachtfeld überblickte.

In der Ebene ward der Kampf des 3. und 9. Corps mit derselben Wuth noch fortgesetzt, als endlich ein Unwetter mit einer infernalischen Heftigkeit sich über die Kämpfenden stürzte; der Sturm überheulte den Donner der Kanonen und der Himmel ergoß eine Sündfluth über das Schlachtfeld.

Am glücklichsten war Benedek auf dem durch die Höhen und Thäler vom Centrum ganz isolirten rechten Flügel gewesen. Die Piemontesen, welche in diesem ganzen Feldzuge sich nur durch siegestrunkene Bülletins und durch Ueberrumpelung einiger österreichischen Bataillone mit einer ganzen Division ausgezeichnet hatten, waren hier von Benedek zu wiederholten Malen auf's gründlichste geschlagen. Mit Zähneknirschen empfing Benedek die Ordre zum Rückzuge in dem Augenblick, wo er den nach der ersten Niederlage noch durch die Division Fanti verstärkten und auch von Paumgarten geschlagenen Piemontesen den Rückzug abzuschneiden in der Lage war. Er hatte die Piemontesen wiederholt bis zum Ufer des Garda-Sees in ihre ursprünglichen Positionen zurückgeworfen, hatte ihnen 400 Gefangene abgenommen und trat erst spät am Abend von Pozzolengo den Rückzug an.

Der Rückzug der österreichischen Truppen also geschah unter Deckung durch die beiden Flügel, namentlich aber durch den Prinzen von Hessen. Dem Grafen Schlick die Führung der Truppen überlassend, zog sich Franz Joseph zu Fuß nach Volta zurück, während der Kampf auf dem linken Flügel mit äußerster Hitze fortgesetzt wurde. Die Franzosen versuchten die Verfolgung auf der Straße Cavallara wurden aber hier durch die Brigade

Gablenz aufgehalten. Das Unwetter sowohl als die Ordnung, in welcher die Oesterreicher sich aus dem Centrum zurückzogen, machte jede weitere Verfolgung unmöglich. Der Kaiser erreichte Valeggio. Guidizzolo wurde bis spät in die Nacht gehalten und erst als man die Verwundeten in Sicherheit gebracht, verließen die letzten Truppen Volta und passirten um Tagesanbruch den Mincio. —

Eine Thatsache ist es, die von keiner Seite bestritten werden, daß die österreichischen Truppen wiederum mit nüchternem Magen, wie das einmal ihr Verhängniß sein sollte, sich in diesem fürchterlichen Kampfe mit der tadellosesten Bravour schlugen. Im Centrum von den Reserven im Stiche gelassen (wiederum ihr Verhängniß) haben die Soldaten des Clam Gallas, freilich wieder verstärkt, aber doch immer noch mitgenommen von dem Kampfe bei Magenta, das Unerhörte geleistet, indem sie vom frühen Morgen bis zum Nachmittage trotz den unglücklichen Wirkungen der französischen Geschütze, den von allen Seiten stürmenden Feind zurückwiesen, bis sie endlich, von jeder Unterstützung entblößt und mit verschossener Munition den Kampf aufgeben mußten. Ebenso bestätigt ist die auf den beiden Flügeln bewiesene Tapferkeit der Oesterreicher.

War die Schlacht von Magenta eine unentschiedene geblieben, so war diese um so entschiedener verloren. Zwischenfälle vereiteln in jedem Treffen die berechneten Resultate, und nimmt man auch an, daß das Ausbleiben von Clam's Reserven, das Stillstehen Liechtenstein's und das Retriren des Zedwitz von ausschlaggebender Wirkung waren, ja daß allein das rechtzeitige Eintreffen der Reserven im Centrum wahrscheinlich dem Kampfe eine andre Wendung gegeben haben würde, so war es doch von Anfang der unvermuthete Angriff der Franzosen, welcher die Vollendung des etwas langsamen Vorrückens und Aufstellens der österreichischen Truppen hinderte und eine Reihe von unvorhergesehenen Fällen nach sich zog, die nur durch die schleunigste und umfassendste Disposition während des Kampfes hätte verhindert werden können. Leider aber war Franz Joseph noch zu weit vom Schauplatz entfernt, als bereits der Kampf auf der ganzen Linie wüthete, und die einheitliche Wirkung fehlte also schon während der ersten Stunden des Gefechtes.

Daß von Seiten Napoleons oder was richtiger ist: seiner Generale in dieser Schlacht eine strategische Ueberlegenheit gezeigt worden wäre, kann nicht behauptet werden; im Gegentheil, wir finden auf französischer Seite ebenfalls eine auffallende Zerfahrenheit der einzelnen Streitkräfte, einen Mangel an Zusammenwirken, der wenn die Oesterreicher nicht so sehr von Reserven entblößt gewesen wären, von ihrer Seite leicht zu einem Durchbrechen der französischen Schlachtlinie hätte benutzt werden können. Die Geschütze namentlich haben hier die Entscheidung herbei geführt. Waren sie auf den Höhen von einer vernichtenden mechanischen Gewalt, gegen welche jede moralische und physische Anstrengung der Oesterreicher ohnmächtig wurde, so waren sie es in der Ebene doppelt; die österreichische Artillerie glich bei Solferino einem Fechter, der mit dem Dolch gegen eine große Raufklinge ausfällt und den Gegner nicht einmal erreicht.

Auch die österreichische, der französischen bei Weitem überlegene Reiterei, auf deren Mitwirkung die Pläne des Kaisers Franz Joseph hauptsächlich basirt waren, da nach seiner Disposition die Ebene, von welcher aus die Franzosen ihn angriffen, das Terrain sein sollte, von welchem er den Angriff machen wollte — auch diese treffliche Reiterei kam diesmal wiederum nicht zur Thätigkeit, denn auf dem rechten Flügel und im Centrum war sie des gebirgigen Terrains wegen nicht zu benutzen, auf dem linken Flügel aber hielten die Franzosen die Reiterei durch ihre Halbmond-Batterie im Schach und massacrirten ihr bei einem einzigen Angriff gegen fünfhundert Pferde. Die verzweifelten Chargen

Mensdorffs und Edelsheims waren also die einzigen Momente, wo diese Cavallerie ins Spiel kam und ihren wohlverdienten Ruf aufrecht erhielt.

Mit einem Verlust von gegen 19,000 Todten und Verwundeten räumten die Oesterreicher unter dem Toben des Unwetters das Schlachtfeld und zogen sich hinter den Mincio in ihr Festungsviereck zurück. Die Franco-Sarden, von denen der eine Theil gesiegt hatte, der andre geschlagen war, zählten einen Verlust von 22,000 Mann an Todten und Verwundeten. Der heiße Tag also hatte etwa 41,000 Mann, und gegen 16,000 Offiziere gekostet.

———

Der andere Morgen kam. Es war in der That, wie einer der Offiziere im Hauptquartier schon nach unsren ersten Mißerfolgen in der Lomellina ausgerufen: „Der Himmel hat sich neutral erklärt und der Teufel regiert die ganze Geschichte!"

Welch ein Meer von Blut hatte sich zwischen den vorgestrigen Morgen, wo die Armee mit Eljen und Zsivio! den Mincio überschreitend die Anhöhen hinanklomm, und den heutigen Morgen gedrängt, wo sie entsetzlich zerrauft, gelichtet und zersprengt sich wieder an den grünen Abhängen sammelte!

Wie viele der tapfersten Kameraden hatte man drüben zurückgelassen, wie viele schleppte man mit sich, die ihren Verband mit Thränen der Verzweiflung über eine Niederlage netzten, die man für unmöglich gehalten!

Traurig ließ Alles die Köpfe hängen; ein Fluch entschlüpfte den bärtigen Lippen; man war schon wieder um eine Hoffnung ärmer geworden. Schweiß und Blut bedeckte die grauen Waffenröcke der Offiziere; mühselig schleppte sich eine große Anzahl von ihnen, leicht verwundet auf den Säbel gestützt, daher, und das „Grüß Dich Gott" derer, die einander begegneten, klang zu mürrisch und verdrossen.

Das Unwetter, welches am gestrigen Abend über das Schlachtfeld hinweg und in der ganzen westöstlichen Richtung der südlichen Alpenabhänge mit solcher Gewalt wüthete, daß selbst die Züge der Eisenbahnen unterwegs still stehen mußten, dieses Unwetter hatte sich schon zur Nacht ausgetobt. Fliegendes, bleiches und schwarzes Gewölk, in wilden Schattirungen, zerfahren und zerrissen, jagte bereits vor Mitternacht gleich kreisenden Möwen am Firmament, ein Wiederschein unsrer eignen Stimmung, der zerrissenen Illusionen am Himmel unsrer Siegeshoffnungen. Alles war todesmatt, bis auf die Haut durchnäßt, von Koth und Blut bedeckt; Alles sank erschöpft und mißmuthig zusammen nach dieser mehr als zwölfstündigen Fleischer-Arbeit. Und dennoch fand das erschütterte Gemüth keine Ruhe, das Auge keinen Schlummer, und das Herz, pochend und hämmernd, wollte sich noch immer nicht beschwichtigen lassen.

Ununterbrochen vom Abend bis zum Morgen zogen die Truppen über den Mincio zurück; die Nachhut traf sogar erst gegen Mittag ein, nachdem sie die Brücke bei Goito hinter sich abgebrochen. Man bezog während der Nacht auf dem vom Regen durchweichten Boden das Bivouac; die Lagerfeuer brannten in den Ebenen und an den Abhängen der Mincio-Hügel; aber auch sie waren ein Bild der allgemeinen Stimmung. Das Reisig war naß und wollte nicht brennen, Niemand dachte an's Abkochen, stumpf und mißmuthig starrten die Soldaten in die Flamme. Händeringend sah man wohl hie und da die Offiziere auf- und abgehen, hörte man sie ausrufen: „Ist es denn nicht möglich, eine einzige Schlacht zu gewinnen? Wie haben wir uns gerauft, haben wir uns in Stücke zerhauen lassen! Und doch ist Alles vergebens! ..."

Schweigend und fast ohne Unterbrechung bewegten sich die Nacht hindurch die schwarzen Colonnen herüber; schweigend auch kamen die langsamen, melancholischen Karavanen wieder, deren Anblick mir so oft in's Herz geschnitten, alle die Unglücklichen wie man sie vom Schlachtfeld aufgehoben und frisch vom Verbandplatz zurückgesandt . . . Die Nacht sank herab; das bleiche nach dem Sturm am Himmel fliegende Gewölk spielte über die weiten Felder, und erst gegen Morgen machte der Schlummer dem ermatteten Soldaten eine der fürchterlichsten Wahrheiten zum wüsten Traum, bis ihn die Sonne wieder zur Wirklichkeit zurückführte. Wir waren geschlagen.

Trauriges Erwachen am Morgen des fünf und zwanzigsten! Die Truppenkörper, welche im Centrum gekämpft, waren schrecklich decimirt; unter den Offizieren hatte der Tod eine fürchterliche Ernte gehalten; die einzelnen jungen und die älteren doppelten oder dreifachen Sterne wurden in den einzelnen Bataillonen bis auf einige vermißt, und selbst von den Generalen waren vier verwundet und todt.

Fortwährend trafen ganze Haufen von Versprengten, ebenfalls im elendesten Zustande, erschöpft und von Schmutz bedeckt, ihre Regimenter suchend, diesseits des Flusses ein; aber die Besten waren sie nicht, denn diese lagen drüben auf dem Schlachtfelde.

Die Sonne ging auf, so klar und schön wie gestern, und ebenso erstickend heiß brannte sie auf die Tausende von Wunden herab. Der Morgen nach Magenta war trübe und schmerzlich gewesen, der heutige aber ließ jenen an Schrecken bei weitem zurück. Es war eine stille, eine verzweifelte Todtenfeier nach dem blutigsten Morden und Schlachten, das seit Jahrhunderten die Welt erlebt!

Während der folgenden Tage ging die Armee in die ihr angewiesenen neuen Aufstellungen innerhalb der Mincio-Linie. Viel Versprengte fanden sich täglich noch ein, darunter so manche Offiziere. Auch von den Kriegsgefangenen kehrte u. A. der Oberst M. zurück, der mit seinem Pferd über einen Graben setzend gestürzt, besinnungslos von den Zuaven gepackt und hinter die Front geschleppt worden war. Noch während der Schlacht wieder zu sich kommend, sah er sich, nur mit einer Contusion an der Stirn, gefangen auf einem Blessirten-Karren, für das französische Hospital in Castiglione bestimmt. Dort angelangt, bat er um Feder und Dinte und schrieb an den Kaiser Napoleon:

„Sire! Das ist keine Manier, Gefangene zu machen, wenn man Besinnungslose zusammen packt und fortschleppt. Ich bin nicht verwundet und bitte, mich meiner Armee zurückzustellen."

Der Kaiser kam persönlich, war sehr freundlich und erklärte ihm, sobald seine Contusion geheilt, möge er wieder zu seiner Armee gehen. — Drei Tage später befand sich der Oberst in Verona ...

Die Lombardei war jetzt verloren; an eine Wiedereröffnung der Offensive war einstweilen nicht zu denken. War das Heer auch immer noch ein großes und imposantes, waren die Lücken, welche es am Ticino erlitten auch schnell wieder ausgefüllt worden, zumal es sich hier um die ganze 1. Armee verstärkt hatte, so mußten doch die moralischen Spuren, welche jene Schlacht hinterließ, erst wieder verwischt werden, und dies erforderte ganze Wochen. Zudem war anzunehmen, daß der Feind, wenn auch nicht augenblicklich, (denn seine Verluste waren größer als die unsrigen), so doch in nächster Zeit das Mincio-Ufer besetzen werde und wir innerhalb unsres Festungsvierecks seine vereinten Angriffe zu Lande und zur See erwarten und zurückschlagen mußten.

Wie bekannt, geschah dies letztere nicht. Am 6. Juni schon traf der französische General Fleury mit seinem Adjutanten, dem Hauptmann de Verbière aus Valeggio in Verona, im Hauptquartier Franz Joseph's, mit Friedensvorschlägen seines Kaisers ein. Schon am nächsten Tage übersandte Franz Joseph seine Antwort; am 8ten ward der Waffenstillstand in Villafranca unterzeichnet und am 11. Juli vereinbarten die beiden Kaiser persönlich in Villafranca die Friedenspräliminarien, die am 12ten von Beiden unterschrieben wurden.

Das Glück war in diesem Feldzug nicht mit Oesterreichs Waffen; aber nicht die Armee war es, die hier unterlag, sondern das System! Frei von jedem politischen Gesichtspunkt — denn die Politik ist mir stets als eine kalte Göttin erschienen — habe ich diese Blätter niedergeschrieben, soweit es den letzteren Theil derselben betrifft, als Erinnerung an jene Campagne und zugleich als Berichtigung jener Aufzeichnungen, welche ich im Sommer des vorigen Jahres unter den Keulenschlägen des Schicksals am Schauplatz dieser Kämpfe gemacht.

Lange war es schwer, das Dunkel zu lichten, welches über so manchen verhängnißvollen Momenten dieses Feldzuges lag; die österreichischen Quellen waren und blieben trübe, denn wo sie jene Punkte berührten, sprach man von „unglücklichen Zwischenfällen, welche die Verhältnisse aufzudecken verbieten." Ich meinestheils kenne diese Verbote nicht; ich kenne nur eine Rücksicht, und diese gebietet mir: die Anerkennung einer braven und tapfren Armee, welcher ich in Italien gefolgt bin, und die Aufdeckung alles Dessen, was auf ihre dort gezeigte Bravour den leisesten Schatten zu werfen im Stande wäre.

www.ingramcontent.com/pod-product-compliance
Lightning Source LLC
Chambersburg PA
CBHW021402230426
43666CB00006B/612